Michail Bulgakow

Gesammelte Werke
Band 12
1. Halbband

Aus dem Russischen von
Thomas Reschke

Bulgakow
Don Quijote

Stücke

Verlag Volk & Welt
Berlin

Herausgegeben
und mit literaturgeschichtlichen Anmerkungen
versehen von Ralf Schröder

Die Übersetzung stützt sich auf folgende Originalausgabe:
M. Bulgakov, Sobranije sočinenij v pjati tomach, Bd. 4,
Vlg. »Chudožestvennaja literatura«, Moskau 1990.

Der Verlag dankt Philipp Reemtsma
für die Unterstützung dieser Ausgabe.

Die Deutsche Bibliothek – CIP-Einheitsaufnahme

Bulgakov, Michail A.:
Gesammelte Werke / Bulgakow. [Hrsg. und mit literaturgeschichtlichen
Anm. vers. von Ralf Schröder]. – Berlin : Verl. Volk und Welt.
NE: Schröder, Ralf [Hrsg.]; Bulgakov, Michail A.: [Sammlung <dt.>]
Bd. 12. Aus dem Russ. von Thomas Reschke.
Halbbd. 1. Don Quijote [u. a.] : Stücke. – 1996
ISBN 3-353-00953-1 (Bd. 12, Halbbd. 1 und 2)

Copyright © 1996 der deutschen Ausgabe by
Verlag Volk und Welt GmbH, Berlin.
Alle Rechte der Verbreitung, auch durch Film, Funk und Fernsehen,
fotomechanische Wiedergabe, Ton- und Bildträger jeder Art,
auszugsweisen Nachdruck oder Einspeicherung und Rückgewinnung
in Datenverarbeitungsanlagen aller Art, sind vorbehalten.
Lektorat: Christina Links
Buchgestaltung: Lothar Reher
Gesetzt aus der Baskerville ITC, Linotype
Satz: deutsch-türkischer fotosatz, Berlin
Druck und Bindearbeiten: Wiener Verlag
Printed in Austria
ISBN 3-353-00953-1

Inhalt

Die toten Seelen

7

Krieg und Frieden

77

Der verrückte Jourdain

169

Don Quijote

201

Die toten Seelen

Komödie nach dem Poem von Nikolai Gogol
in vier Akten
(zwölf Bilder nebst Prolog)

Personen

Sprecher · Tschitschikow, Pawel Iwanowitsch · Sekretär des Vormundschaftsrats · Kellner in einer Hauptstadtschenke · Gouverneur · Frau des Gouverneurs · Tochter des Gouverneurs · Iwan Grigorjewitsch, Präsident · Iwan Andrejewitsch, Postmeister · Alexej Iwanowitsch, Polizeimeister · Antipator Sacharjewitsch, Staatsanwalt · Ilja Iljitsch, Gendarmenoberst · Anna Girgorjewna · Sofja Iwanowna · Makdonald Karlowitsch · Syssoj Pafnutjewitsch · Petruschka · Selifan · Pljuschkin/Sobakewitsch, Michail Semjonowitsch/Manilow/Nosdrjow, Gutsbesitzer · Korobotschka, Nastassja Petrowna, Gutsbesitzerin · Lisanka Manilowa · Mawra · Parascha · Fetinja · Polizist · Diener des Gouverneurs · Polizeihauptmann · Kopejkin, Hauptmann · Mishujew, Schwager

Die Handlung spielt in den dreißiger Jahren des vorigen Jahrhunderts.

8

Prolog

SPRECHER *erscheint im Regenmantel, bei Sonnenuntergang*
Und ich blickte auf Rom zur Stunde des Sonnenuntergangs, und vor mir lag das strahlende Panorama der Ewigen Stadt.

Da ist sie, da ist sie, die flache Kuppel des Pantheons, und die fernen Felder dahinter verwandeln sich in eine Flamme gleich dem Himmel.

Oh, Rom!

Die Sonne neigt sich tiefer zur Erde. Die Stadt wird lebendiger und rückt näher, die Pinien werden schwärzer, und aus dem Himmel schwindet das Licht.

Oh, Rom!

Und nun errichtet der Abend in dir sein dunkles Bild. Über den Ruinen steigen wie Feuerfontänen leuchtende Fliegen auf, und ein plumpes geflügeltes Insekt, das stehend dahereilt wie ein Mensch, stößt sinnlos gegen meine Augen.

O Nacht, o Nacht! Himmlischer Raum! Luna, du meine alte Schönheit, meine treue Geliebte, was guckst du mich so nachdenklich an? Warum schmeichelst du mir so sanft und liebevoll in der Stunde, in der Rom erfüllt ist vom Wohlgeruch der Rosen und anderer Blumen, deren Namen mir entfallen sind? Ich zünde die Lampe an, in deren Schein die alten Konsuln geschrieben haben, doch mich deucht, daß es eine Straßenlaterne ist und ein Polizeiwächter, in Bastgewebe gehüllt, der die

Leiter hinaufsteigt, um sie anzuzünden, kaum daß die Nacht auf Steine und Straßen fällt.

Ach, weg nur, weg von der Laterne! Und schnell, so schnell wie möglich daran vorbei. Und es ist noch ein Glück, wenn Ihnen nichts weiter widerfährt, als daß sie Ihnen den stutzerhaften Gehrock mit stinkendem Öl bekleckert.

Sie und alles ringsum atmet Betrug! Sie betrügt mich, das ist nicht die Via Felice, ich sehe den Newski-Prospekt.

Du, Prospekt, lügst auch immerwährend! Am meisten aber dann, wenn sich wie eine verdichtete Masse die Nacht auf dich legt und die weißen und strohgelben Hauswände hervorhebt, wenn sich die ganze Stadt in Glanz und Donner verwandelt, wenn Myriaden von Kutschen über die Brücken rollen, wenn die Vorreiter schreien und springen und wenn ein Dämon die Lampen anzündet, um alles nicht in seiner wirklichen Form zu zeigen!

Und du, mein sonderbarer Held! Muß ich, in meinen Regenmantel gehüllt, noch lange hinter dir herlaufen, wohin es dich bedünkt? Du bist ganz und gar mein Herr!

Man hört Gitarrenklänge, und eine Stimme singt.

... und er kam um das Kriminalgericht herum! Doch sein stattliches Vermögen und die viele schöne Auslandsware, das war futsch. Ihm verblieben knapp zehntausend Rubel, zwei Dutzend holländische Hemden, eine kleine Halbchaise und zwei Leibeigene: der Kutscher Selifan und der Lakai Petruschka. In solch gedrückter Lage fand unser Held sich wieder! Er krümmte sich und sank hinunter in den Schmutz und in das niedrige Leben. *Pause.* Aber Hut ab vor seiner unbeugsamen Charakterstärke! Seine Unternehmungslust war durchaus nicht abgestorben! Während er auf bessere Zeiten hoffte, zwang ihn die Not, der edlen Zunft der Rechtsvertreter beizutreten. Das ist ein Beruf, der von den kleinsten Subalternbeamten und sogar von den eigenen Klienten verachtet wird. Eines Tages bekam er den

Auftrag, einige hundert Bauern beim Vormundschaftsrat zu verpfänden ... *Verschwindet.*

*Der Vorhang geht auf, man hört Gitarrenklang. Ein Zimmer in
einer Hauptstadtschenke. Abendessen. Kerzenlicht. Champagner. Aus dem Nebenzimmer hört man die Geräusche eines Gelages. Es wird gesungen:* »*Ich starre wie irr auf den tief-
schwarzen Schal, mein eiskaltes Herz leidet grausame Qual ...*«

TSCHITSCHIKOW Die menschlichen Leidenschaften sind so
zahllos wie der Sand am Meer, Verehrtester. *Schenkt dem
Sekretär Champagner ein.*

SEKRETÄR Zahllos, in der Tat. Sie verspielen, versaufen und
verplempern alles. Das Gut ist hochgradig ruiniert. Wer
würde es noch als Pfand nehmen?

TSCHITSCHIKOW Warum so streng, Verehrtester? Ruiniert
ist es duch Viehsterben, Mißernten und den Gauner von
Verwalter.

SEKRETÄR Hm ...

Man hört Gelächter. Ein stählerner Baß singt: »*Vom Haupte der
Toten nehm ich mir den Schal und wische das Blut von dem blit-
zenden Stahl!*« *Die Zimmertür geht auf. Man sieht einen
betrunkenen Gardekavalleristen vorübergehen, ein Kellner
läuft, eine Zigeunerin schreitet vorbei. Die Tür wird wieder geschlossen. Tschitschikow holt Bestechungsgeld hervor und gibt
es dem Sekretär.*

SEKRETÄR Aber ich bin nicht allein im Rat, da sind noch andere Leute.

TSCHITSCHIKOW Die anderen kommen auch nicht zu kurz.
Ich war selbst Beamter und weiß, was sich gehört.

SEKRETÄR Gut! Geben Sie mir die Papiere.

TSCHITSCHIKOW Aber da wäre noch eine Kleinigkeit: Die
Hälfte der Bauern auf diesem Gut ist gestorben, daß ich
damit nachher keine Scherereien kriege.

SEKRETÄR *lacht* Ein feines Gut! Nicht nur verwahrlost, auch
die Leute gestorben!

TSCHITSCHIKOW Bitte, Verehrtester ...

SEKRETÄR Also werden sie in der Revisionsliste noch geführt?

TSCHITSCHIKOW Ja.

SEKRETÄR Na also, warum dann so ängstlich? Der eine stirbt, der andere wird geboren, mit allem läßt sich ein Geschäft machen. *Nimmt von Tschitschikow die Papiere entgegen.*

TSCHITSCHIKOW *wird plötzlich blaß* Aah!

SEKRETÄR Was ist?

TSCHITSCHIKOW Nichts.

Man hört Stimmen: »Sascha! Alexander Sergejewitsch! Der Durst verlangt nach mehr Champagner ...« Gelächter. Wieder Stimmen: »Und schon erklingt der Breguet Läuten!« Sekretär holt seine Breguetuhr hervor, drückt Tschitschikow die Hand, geht hinaus.

steht nach seinem Abgang schweigend, sein Gesicht ist verklärt Ach, ich Einfaltspinsel! Ach, ich! Ach, ich! Suche meine Handschuhe, und da stecken sie im Gürtel! Wenn ich die alle kaufe, die gestorben sind ... *Schließt die Zimmertür sorgfältig.* Noch ehe die neuen Revisionslisten heraus sind ... Ich kaufe, mal angenommen, tausend Stück und kriege, mal angenommen, vom Vormundschaftsrat für jede Seele zweihundert Rubel, das wären schon zweihunderttausend Kapital. Ach, ohne Land kann ich sie nicht kaufen und nicht verpfänden. *Verklärt.* Ach, dann kaufe ich sie eben zur Ansiedlung. Land kriegt man im Gouvernement Cherson umsonst, wenn man es nur besiedelt. Dort siedle ich meine toten Seelen an. Im Gouvernement Cherson! *Bekreuzigt sich.* Dort können sie leben, die Toten. Ach, aber man wird die gekauften Bauern beglaubigen wollen ... *Lacht.* Ich lege eine fertige Beglaubigung vor. Mit der eigenhändigen Unterschrift des Polizeihauptmanns. Die Zeit ist günstig, kürzlich war eine Epidemie, die Güter sind verlassen, werden verwaltet, wie es grade kommt. Unter dem Vorwand, mir einen Wohnsitz auszusuchen, kann ich all die Winkel auskundschaften, wo man günstig und billig kauft ...

SPRECHER Wenn er da man keinen Ärger kriegt ...

TSCHITSCHIKOW Der Mensch hat doch seinen Verstand, um
  ihn zu gebrauchen! Das glaubt mir kein Mensch. Kei-
  ner! Alle werden das unwahrscheinlich finden. Kein
  Mensch glaubt das. Ich fahre. *Schüttelt das Glöckchen.*
  Kellner eilt herein. Man hört den Lärm des Gelages. Chor:
  »Und kaum wird es dunkel, die Nacht bricht herein, werf ich
  ihren Leib in die Donau hinein!«
  Wieviel kriegst du?
  Kellner gibt ihm die Rechnung. Tschitschikow wirft ihm Geld
  hin.
  Ich fahre!
                        Vorhang

Erster Akt

Erstes Bild

Arbeitszimmer des Gouverneurs. Der Gouverneur sitzt im Hausmantel, den Annenorden um den Hals, am Stickrahmen und summt vor sich hin.

DIENER Der Kollegienrat Pawel Iwanowitsch Tschitschikow möchte Euer Exzellenz sprechen.

GOUVERNEUR Gib mir den Frack.

Diener reicht ihm den Frack.

Bitte ihn herein.

Diener ab.

TSCHITSCHIKOW *kommt herein* Nach meiner Ankunft in der Stadt halte ich es für meine vornehmste Pflicht, dem obersten Beamten meine Ehrerbietung zu bekunden ... Ich betrachte es als meine wichtigste Aufgabe, Euer Exzellenz persönlich meine Aufwartung zu machen.

GOUVERNEUR Sehr erfreut, Sie kennenzulernen. Bitte nehmen Sie Platz.

Tschitschikow setzt sich.

Wo haben Sie gedient?

TSCHITSCHIKOW Mein Dienst begann im Steueramt. Der weitere Verlauf desselben fand an verschiedenen Stellen statt. Ich war in der Kommission für den Bau ...

GOUVERNEUR Für den Bau von was?

14

TSCHITSCHIKOW Für den Bau der Moskauer Erlöserkirche, Euer Exzellenz.

GOUVERNEUR Aha!

SPRECHER *kommt herein* Ein wohlgesinnter Mensch, dachte der Gouverneur. Ein Glück, daß mir die Kirche eingefallen ist, dachte Tschitschikow.

TSCHITSCHIKOW Ich habe beim Hofgericht und auch beim Zoll gedient, Euer Exzellenz. Ich bin überhaupt ein unbedeutender Wurm in dieser Welt. Die Geduld hab ich schon mit der Muttermilch eingesaugt, und ich bin die verkörperte Geduld. Aber was meine Feinde für Anschläge auf mein Leben verübten, das ist mit Worten und Farben und Pinseln nicht wiederzugeben. Mein Leben läßt sich mit einem Schiff im Wellengang vergleichen, Euer Exzellenz.

GOUVERNEUR Mit einem Schiff?

TSCHITSCHIKOW Mit einem Schiff, Euer Exzellenz.

SPRECHER Ein gelehrter Mann, dachte der Gouverneur. Dieser Gouverneur ist ein Dummkopf, dachte Tschitschikow.

GOUVERNEUR Und welche Gegenden werden Sie aufsuchen?

TSCHITSCHIKOW Ich reise, um mir für meine alten Tage ein Plätzchen auszusuchen, wo ich den Rest meines Lebens verbringen kann. Die vornehme Welt und den Kreislauf des Lebens zu beobachten, das ist sozusagen ein lebendiges Buch und eine zweite Wissenschaft.

GOUVERNEUR Richtig, richtig.

TSCHITSCHIKOW Im Gouvernement Eurer Exzellenz reist es sich wie im Paradies.

GOUVERNEUR Warum denn?

TSCHITSCHIKOW Die Straßen sind überall glatt wie Samt.

Gouverneur grinst verlegen.

Regierungen, die tüchtige Beamten einsetzen, sind großen Lobes wert.

GOUVERNEUR Mein liebenswürdiger ... Pawel Iwanowitsch?

TSCHITSCHIKOW Pawel Iwanowitsch, Euer Exzellenz.

15

GOUVERNEUR Bitte kommen Sie heute zu einer kleinen Soiree in mein Haus.

TSCHITSCHIKOW Es wird mir eine besondere Ehre sein, Euer Exzellenz. Ich habe die Ehre, mich zu verabschieden. Ach ... Wer hat denn diese Kante so kunstvoll gestickt?

GOUVERNEUR *verschämt* Ich sticke auf Tüll.

TSCHITSCHIKOW Was Sie nicht sagen. *Betrachtet bewundernd die Stickerei. Ich habe die Ehre ... Geht rückwärts zur Tür, ab.*

GOUVERNEUR Ein umgänglicher Mensch!

Vorhang

Zweites Bild

Salon im Hause des Gouverneurs. Hinter einer Portiere das Spielzimmer. Von weitem hört man Klavierspiel. Herein schweben Frau des Gouverneurs, Gouverneur und Tochter. Präsident, Postmeister und Tschitschikow verbeugen sich.

FRAU DES GOUVERNEURS Sie ...

GOUVERNEUR *sagt vor* Pawel Iwanowitsch!

FRAU DES GOUVERNEURS Pawel Iwanowitsch, kennen Sie schon meine Tochter? Sie hat eben das Studium abgeschlossen.

TSCHITSCHIKOW Euer Exzellenz, es ist mir eine Freude. *Tochter knickst, Frau des Gouverneurs, Gouverneur und Tochter entschweben.*
Aus dem Spielzimmer tönt Gelächter.

POSTMEISTER Ein leckerer Happen, mein lieber Mann!

PRÄSIDENT Griechische Nase.

TSCHITSCHIKOW Vollkommen griechisch! Sagen Sie, Iwan Grigorjewitsch, wer ist der Herr dort?

PRÄSIDENT Der Gutsbesitzer Manilow.

POSTMEISTER Manilow, Gutsbesitzer. Ein sehr feinfühliger Mensch, mein Herr.

TSCHITSCHIKOW Ich würde ihn gern kennenlernen.

POLIZEIMEISTER *in der Portiere* Iwan Andrejewitsch, du wirst verlangt!

PRÄSIDENT Pawel Iwanowitsch, erlauben Sie mir, Ihnen den Gutsbesitzer Manilow vorzustellen.

POLIZEIMEISTER Iwan Grigorjewitsch, Iwan Grigorjewitsch!

PRÄSIDENT Bitte entschuldigen Sie mich. *Geht ins Spielzimmer. Tschitschikow und Manilow verbeugen sich, nehmen Platz.*

MANILOW Wie gefällt Ihnen unsere Stadt?

TSCHITSCHIKOW Eine sehr schöne Stadt, eine sehr umgängliche Gesellschaft.

MANILOW Sie beehren uns mit Ihrem Besuch. Das ist uns wirklich ein Vergnügen, ein Maitag, ein Namenstag des Herzens.

TSCHITSCHIKOW Ich bitte Sie, ich habe weder einen großen Namen noch einen besonderen Rang!

MANILOW Oh, Pawel Iwanowitsch! Wie finden Sie unsern Gouverneur? Ist er nicht ein höchst ehrenwerter Mann?

TSCHITSCHIKOW Vollkommen richtig, höchst ehrenwert.

MANILOW Wie er sich darauf versteht, wissen Sie, jedermann zu empfangen. Diese Feinfühligkeit in seinen Handlungen.

TSCHITSCHIKOW Ein sehr umgänglicher Mann, und so kunstfertig, er hat mir eine selbstgemachte Geldbörse gezeigt. So schön kann kaum eine Dame sticken.

MANILOW Gestatten Sie, wie gefällt Ihnen der Polizeimeister? Ein sehr angenehmer Mensch, nicht wahr?

TSCHITSCHIKOW Ein überaus angenehmer Mensch, und so klug. Ein sehr würdiger Mann.

MANILOW Und was für eine Meinung haben Sie von der Frau des Polizeimeisters?

TSCHITSCHIKOW Oh, sie ist eine der würdigsten Frauen, die ich kenne.

MANILOW Und der Kammerpräsident, nicht wahr?

TSCHITSCHIKOW *beiseite* Das ist ja sterbenslangweilig! *Laut* Ja, ja, ja …

MANILOW Und der Postmeister?

TSCHITSCHIKOW Verbringen Sie Ihre Zeit ständig auf dem Lande?

MANILOW Den größten Teil der Zeit. Manchmal allerdings fahren wir in die Stadt, um uns mit gebildeten Menschen zu treffen. Wissen Sie, man verwildert in der Einöde. Pawel Iwanowitsch, bitte erweisen Sie mir die Ehre, mich im Dorf zu besuchen.

TSCHITSCHIKOW Nicht nur mit großer Freude, ich halte es für meine heilige Pflicht.

MANILOW Es sind nur fünfzehn Werst vom Stadttor. Das Dorf heißt Manilowka.

TSCHITSCHIKOW *holt sein Büchlein hervor und notiert* Dorf Manilowka.

SPRECHER ... um die Wirtschaft kümmert er sich nie, er fährt nicht einmal auf die Felder.

SOBAKEWITSCH *tritt plötzlich aus der Portiere* Kommen Sie bitte auch zu mir.

Tschitschikow fährt zusammen, dreht sich um.

Sobakewitsch.

TSCHITSCHIKOW Tschitschikow. Eben hat der Kammerpräsident Iwan Grigorjewitsch von Ihnen gesprochen.

Sie nehmen Platz.

Ein wunderbarer Mensch ...

SOBAKEWITSCH Wer denn?

TSCHITSCHIKOW Der Präsident.

SOBAKEWITSCH Das kommt Ihnen nur so vor. Er ist ein Freimaurer und ein Dummkopf, wie ihn die Welt noch nicht hervorgebracht hat.

TSCHITSCHIKOW *bestürzt* Natürlich, jeder Mensch hat seine Schwächen. Aber der Gouverneur ist doch ein ausgezeichneter Mann.

SOBAKEWITSCH Der größte Räuber der Welt.

TSCHITSCHIKOW Was, der Gouverneur ein Räuber? Ich muß gestehen, das hätte ich nie gedacht. Er ist doch so ein sanfter Mensch. Mit eigenen Händen stickt er Geldbörsen, und er hat so ein freundliches Gesicht ...

SOBAKEWITSCH Ein freundliches Räubergesicht. Geben Sie ihm ein Messer in die Hand, und stellen Sie ihn an die Landstraße, dann wird er Ihnen eine schöne Geldbörse sticken, er sticht Sie wegen einer Kopeke ab. Er und der Vizegouverneur, die sind wie Gog und Magog.

SPRECHER Nein, mit denen steht er auf Kriegsfuß! Lieber auf den Polizeimeister zu sprechen kommen, der scheint sein Freund zu sein ...

TSCHITSCHIKOW Übrigens, was mich betrifft, so gefällt mir der Polizeimeister am besten. Er ist ein geradliniger Charakter.

SOBAKEWITSCH Ein Gauner. Ich kenne die Bande. Die ganze Stadt ist von der gleichen Sorte: Ein Gauner sitzt dem andern auf dem Hals und schimpft ihn Gauner. Sie alle sind Christusverkäufer. Der einzige ...

Hinter Sobakewitsch erscheint der Staatsanwalt.

... anständige Mensch ist noch der Staatsanwalt ...

Staatsanwalt lächelt.

... und auch der, um die Wahrheit zu sagen, ist ein Schweinehund.

Staatsanwalt verschwindet.

Also, besuchen Sie mich! *Verbeugt sich zum Abschied.*

Im Spielzimmer eine Gelächterexplosion. Von dort erscheinen Gouverneur, Polizeimeister, Präsident, Staatsanwalt und Postmeister.

PRÄSIDENT Ich hab ihr eins vor den Schnurrbart geknallt!

POSTMEISTER Wie du ihm den König weggeschnappt hast!

DIENER Euer Exzellenz, Herr Nosdrjow.

GOUVERNEUR *mühsam* Oh ...

STAATSANWALT Du lieber Gott, mit nur einem Backenbart!

NOSDRJOW *kommt herein, und hinter ihm trottet Mishujew, beide sichtlich betrunken* Euer Exzellenz! Ba, ba, ba ... Der Staatsanwalt ist auch hier? Grüß dich, Polizeimeister. *Zum Gouverneur* Mein Schwager, Mishujew. Euer Exzellenz, ich komme vom Jahrmarkt zu Ihnen.

GOUVERNEUR Das sieht man. Sie haben tüchtig gezecht.

NOSDRJOW Euer Exzellenz, mein Schwager, Mishujew.

GOUVERNEUR Sehr, sehr erfreut. *Verbeugt sich, ab.*

NOSDRJOW Nun, meine Herren, Sie können mir gratulieren, ich habe alles verspielt. Glauben Sie mir, ich war noch nie im Leben so pleite! Ich habe nicht nur meine vier Traber verjuxt, sondern alles, glauben Sie mir, alles! Ich habe keine Kette mehr und keine Uhr. Mein Schwager, Mishujew.

POLIZEIMEISTER Die Kette! Aber der eine Backenbart ist bei dir kleiner als der andere.

NOSDRJOW *vor dem Spiegel* Unsinn!

PRÄSIDENT Darf ich bekannt machen: Pawel Iwanowitsch Tschitschikow.

NOSDRJOW Ba-ba-ba … Was führt Sie in unsere Gegend? Laß dich abküssen! Das ist schön! *Küßt Tschitschikow.* Mein Schwager, Mishujew. Wir haben den ganzen Morgen von dir gesprochen.

TSCHITSCHIKOW Von mir?

NOSDRJOW Paß auf, hab ich gesagt, wir treffen noch heute Tschitschikow.

Präsident lacht schallend, winkt ab, geht.

Wie ich verloren habe! Wenn ich zwanzig Rubel in der Tasche hätte, nur zwanzig, ich würde alles zurückgewinnen. Und nicht nur das, ich könnte als ehrlicher Mensch dreißigtausend in meine Brieftasche stecken.

MISHUJEW Das hast du vorher auch schon gesagt. Und als ich dir fünfzig Rubel gab, hast du sie in den Sand gesetzt.

NOSDRJOW Das wäre nicht passiert, wenn ich nicht so blöd gewesen wär, nach dem Paroli auf die verdammte Sieben zu setzen, dann hätte ich die Bank sprengen können!

POLIZEIMEISTER Aber du hast sie doch nicht gesprengt!

NOSDRJOW Haben wir gezecht, Euer Exzellenz! Ach, er ist weg … *Zum Postmeister* Glaub mir, ich habe nach dem Mittagessen allein siebzehn Flaschen Champagner getrunken.

POSTMEISTER Na, siebzehn Flaschen schaffst du nicht.

NOSDRJOW Als ehrlicher Mensch sage ich dir, ich hab sie getrunken.

POSTMEISTER Sagen kannst du viel ...

MISHUJEW Du schaffst ja nicht mal zehn!

NOSDRJOW *zum Staatsanwalt* Na, willst du wetten, daß ich sie schaffe?

STAATSANWALT Nein, wozu denn wetten?

NOSDRJOW *zu Mishujew* Los, setze das Gewehr, das du dir gekauft hast!

MISHUJEW Ich will nicht.

NOSDRJOW Du wärst es auch los wie deine Mütze. Bruder Tschitschikow, es tut mir ja so leid, daß du nicht dabei warst!

TSCHITSCHIKOW Ich?

NOSDRJOW Ja. Ich weiß, du hättest dich nicht von Oberleutnant Kuwschinnikow getrennt.

TSCHITSCHIKOW Wer ist dieser Kuwschinnikow?

NOSDRJOW Und Stabsrittmeister Pozelujew! Ein feiner Kerl. Solch ein Schnurrbart! Ihr hättet gut zusammengepaßt! Der ist nicht so wie der Staatsanwalt und die anderen Geizhälse im Gouvernement ...

Polizeimeister, Postmeister und Staatsanwalt ab.

Ach, Tschitschikow, was hätte es dir ausgemacht hinzukommen? Gemein ist das von dir, du Viehkerl! Gib mir einen Kuß, Herzblatt!

Mishujew ab.

Mishujew, siehst du, das Schicksal hat uns zusammengeführt. Na, was ist er für mich, was bin ich für ihn? Er ist von irgendwo hierhergekommen, und ich lebe ausgerechnet hier. Wo fährst du morgen hin?

TSCHITSCHIKOW Zu Manilow, dann zu einem anderen Mann, auch ins Dorf.

NOSDRJOW Na, was kann das schon für einer sein, laß ihn sausen, komm zu mir.

TSCHITSCHIKOW Das geht nicht, ich muß geschäftlich zu ihm.

NOSDRJOW Ich wette, du lügst. Sag schon, zu wem fährst du?

TSCHITSCHIKOW Nun, zu Sobakewitsch.

Nosdrjow lacht schallend.

Was gibt's da zu lachen?

NOSDRJOW *lacht* Au, verschone mich, ich lach mich schief.

TSCHITSCHIKOW Da gibt es nichts zu lachen. Ich habe es ihm versprochen.

NOSDRJOW Aber du wirst deines Lebens nicht mehr froh, wenn du zu ihm fährst. Du irrst dich schwer, wenn du glaubst, du findest dort eine Bank oder eine gute Flasche Bonbon. Zum Teufel mit Sobakewitsch! Komm zu mir, es sind nur fünf Werst.

SPRECHER ... wirklich, warum sollte er nicht zu Nosdrjow fahren, war der schlechter als die anderen? Genauso ein Mensch, und er hatte im Spiel verloren!

TSCHITSCHIKOW Wenn du erlaubst, komme ich übermorgen zu dir. Nun, ich halte dich nicht auf, Zeit ist kostbar.

NOSDRJOW Na, mein Herzblatt, das ist schön! Dafür kriegst du einen Kuß. Großartig. *Küßt Tschitschikow.* Hurra, hurra, hurra!

Man hört Klavierspiel.

Vorhang

Drittes Bild

Bei Manilow. In der Tür. Manilow trägt einen Seidenrock, nach Gogols Originalbeschreibung von »bleicher« Farbe.

MANILOWA Sie essen ja gar nichts.

TSCHITSCHIKOW Ergebensten Dank, ich bin vollkommen satt.

MANILOW Gestatten Sie mir, Sie in den Salon zu führen.

TSCHITSCHIKOW Verehrter Freund, ich muß eine wichtige Angelegenheit mit Ihnen besprechen.

MANILOW Dann gestatten Sie mir wohl, Sie in mein Arbeitszimmer zu bitten.

Manilowa ab.

TSCHITSCHIKOW Erweisen Sie mir die Güte, meinetwegen keine Umstände. Nach Ihnen.

MANILOW Nein, Pawel Iwanowitsch, nein, Sie sind der Gast.

TSCHITSCHIKOW Bemühen Sie sich bitte nicht, gehen Sie vor.

MANILOW Nein, entschuldigen Sie schon, ich kann doch nicht einem so gebildeten Gast den Vortritt nehmen.

TSCHITSCHIKOW Gebildet, ich? Gehen Sie bitte vor.

MANILOW Nein, gehen Sie bitte vor.

TSCHITSCHIKOW Aber warum?

MANILOW Aber darum!

Sie gehen in das Arbeitszimmer.
Das ist mein Schmollwinkel.

TSCHITSCHIKOW Ein reizendes Gemach.

MANILOW Nun machen Sie mir das Vergnügen, in diesem Sessel Platz zu nehmen.

TSCHITSCHIKOW Gestatten Sie mir, einen Stuhl zu nehmen.

MANILOW Gestatten Sie mir, Ihnen dieses nicht zu gestatten. *Nötigt Tschitschikow in den Sessel.* Gestatten Sie mir, Ihnen jetzt ein Pfeifchen anzubieten.

TSCHITSCHIKOW Danke, ich rauche nicht. Rauchen gilt ja für ziemlich ungesund.

MANILOW Gestatten Sie mir eine Bemerkung.

TSCHITSCHIKOW Gestatten Sie mir vorher eine Bitte. *Sieht sich um.*
Manilow sieht sich um.
Ich möchte Bauern kaufen.

MANILOW Aber gestatten Sie mir die Frage, wie Sie die Bauern kaufen wollen: mit Grund und Boden oder zur Umsiedlung und deshalb ohne Grund und Boden?

TSCHITSCHIKOW Nein, ich möchte ja nicht richtige Bauern kaufen ... Ich möchte tote Bauern ...
Sprecher erscheint.

MANILOW Wie bitte? Entschuldigung ... ich bin ein wenig schwerhörig, ich habe ein seltsames Wort verstanden.

TSCHITSCHIKOW Ich möchte tote Seelen kaufen, die aber in den Listen noch als lebend geführt werden.
Manilow läßt die Pfeife fallen. Pause.
Ich wollte also wissen, ob Sie gewillt und in der Lage wären, mir Bauern, die in Wirklichkeit nicht mehr am

Leben sind, wohl aber noch formell im Sinne des Gesetzes leben, ob Sie mir solche Bauern überlassen, abtreten könnten ... *Pause.* Sie scheinen noch Bedenken zu haben?

MANILOW Ich? Nein. Das nicht. Bloß ich bin mir noch nicht klar. Entschuldigen Sie ... Ich habe natürlich nicht so eine hervorragende Bildung genossen wie Sie, wenn ich so sagen darf, die Ihnen an jeder Bewegung anzusehen ist ... Vielleicht verbirgt sich da etwas anderes? Vielleicht haben Sie sich nur um des schönen Stils willen so ausgedrückt?

TSCHITSCHIKOW Nein, ich meine es ganz wörtlich, ich denke an Seelen, die wirklich gestorben sind. *Pause.* Also, wenn weiter nichts im Wege steht, dann könnten wir in Gottes Namen unseren Kaufvertrag über die Leibeigenen bald verbriefen lassen.

MANILOW Was, einen Kaufvertrag über tote Seelen?

TSCHITSCHIKOW Nicht doch! Wir schreiben, daß sie leben, so, wie es in der Revisionsliste steht. Es liegt mir fern, irgendwie gegen die bürgerlichen Gesetze zu verstoßen. Ich respektiere das Gesetz. *Pause.* Vielleicht haben Sie noch irgendwelche Zweifel?

MANILOW Oh, ich bitte Sie, keineswegs. Es kann doch keine Rede davon sein, daß ich kritische Vorbehalte gegen Sie hätte. Aber gestatten Sie mir die Frage, wäre das nicht ein Unternehmen oder, um es sozusagen noch schärfer zu umschreiben, eine Transaktion, also ob nicht vielleicht diese Transaktion gegen die bürgerlichen Vorschriften und die höheren Gesichtspunkte Rußlands verstoßen könnte?

TSCHITSCHIKOW Oh, nicht im geringsten. Der Fiskus hat sogar seinen Nutzen davon, da er ja die gesetzlichen Gebühren einstreicht.

MANILOW Meinen Sie?

TSCHITSCHIKOW Ich meine, die Sache ist einwandfrei.

MANILOW Nun, wenn sie einwandfrei ist, dann ist das was anderes. Dann habe ich nichts dagegen.

TSCHITSCHIKOW Jetzt hätten wir uns nur noch über den Preis zu einigen.

MANILOW Wieso über den Preis? Sie werden doch nicht annehmen, ich ließe mir Geld zahlen für Seelen, die doch gewissermaßen aus dieser Zeitlichkeit geschieden sind? Wenn Sie schon diesen, wenn ich so sagen darf, phantastischen Wunsch haben, laß ich Ihnen die Seelen selbstverständlich unentgeltlich und übernehme die Verbriefungskosten.

TSCHITSCHIKOW Verehrter Freund, oh! *Drückt Manilow die Hand.*

MANILOW *ergriffen* Ich bitte Sie, das ist doch rein gar nichts, die toten Seelen sind doch gewissermaßen der reinste Dreck.

TSCHITSCHIKOW Das Gegenteil von Dreck. Wenn Sie nur wüßten, welch hohen Dienst Sie mit diesem Dreck mir armem Teufel ohne Stand und Namen erweisen! Wirklich, was habe ich nicht alles durchgemacht! Ein kleiner Kahn im wilden Wellengang ... *Plötzlich* Es wäre gut, den Kauf baldmöglichst zu verbriefen. Machen Sie bitte eine ausführliche Liste mit sämtlichen Namen. Und es wäre nicht schlecht, wenn Sie sich persönlich in die Stadt bemühten.

MANILOW Oh, verlassen Sie sich darauf. Ich trenne mich höchstens für zwei Tage von Ihnen.

Tschitschikow nimmt seinen Hut.

Was? Sie wollen schon wieder weg? Lisanka, Pawel Iwanowitsch will uns verlassen.

MANILOWA *kommt herein* Nun, unsere Gesellschaft langweilt Pawel Iwanowitsch.

TSCHITSCHIKOW Hier, hier in meinem Herzen bleibt die Zeit, die ich so angenehm mit Ihnen verbracht habe! Leben Sie wohl, gnädige Frau. Leben Sie wohl, verehrter Freund. Vergessen Sie meine Bitte nicht.

MANILOW Wirklich, bleiben Sie doch, Pawel Iwanowitsch. Schauen Sie, die Wolken.

TSCHITSCHIKOW Ach, das bißchen Wolken.

MANILOW Wissen Sie den Weg zu Sobakewitsch?

TSCHITSCHIKOW Ich wollte Sie grade danach fragen.

MANILOW Wenn Sie gestatten, erkläre ich's Ihrem Kutscher.

TSCHITSCHIKOW Selifan!

SELIFAN *kommt mit der Peitsche herein* Was ist gefällig?

MANILOW Mein Bester, das ist so: Du mußt an zwei Feldwegen vorbei und in den dritten einbiegen.

SELIFAN Das kriegen wir schon, Euer Wohlgeboren. *Ab.*
Tschitschikow und Manilow umarmen sich. Tschitschikow verschwindet. Pause.

MANILOW *allein* Ob er gescherzt hat? Womöglich ist er verrückt? Nein, seine Augen waren völlig klar!

SPRECHER In ihnen war nicht das wilde, unruhige Feuer, das in den Augen eines Wahnsinnigen zu lodern pflegt; alles war gut und in Ordnung. *Lacht.* Wie Manilow die Sache auch drehte und wendete, sie blieb unerklärlich.

MANILOW Tote Seelen?

Vorhang

SPRECHER *erscheint* ... und wieder zu beiden Seiten der Straße Werstpfähle, Brunnen, Fuhrwerke, graue Dörfer mit Samowaren, Weibern und einem fidelen bärtigen Hausherrn, der mit Hafer aus dem Ausspannhof gelaufen kommt, ein Fußgänger mit durchgewetzten Bastschuhen, der achthundert Werst weit trottet, unübersehbare Felder, Reisewagen von Gutsbesitzern, grüne, gelbe und frisch aufgewühlte schwarze Streifen in den Steppen, ein langgedehntes Lied in der Ferne, Kiefernwipfel im Nebel, ein in der Weite vergehender Glockenton, Krähen wie Fliegen und ein Horizont ohne Ende ... Rußland! Rußland! Ich sehe dich, aus meiner wunderbaren schönen Ferne sehe ich dich: arm, unordentlich verstreut, ungemütlich bist du; offen, flach und menschenleer bist du; wie Punkte, wie Zeichen, unauffällig erheben sich deine niedrigen Städte aus den Ebenen; nichts schmeichelt dem Blick, nichts verzaubert das Auge. Aber welche unfaßbare geheime Kraft zieht zu dir hin? Warum hört man es immerfort, warum klingt es nie verstummend in den Ohren, dein wehmütiges Lied, das über deine ganze Länge und Breite, von Meer zu Meer, tönt? Was ist in ihm, in diesem Lied? Was ruft und schluchzt und greift ans Herz? Was für Töne sind es, die schmerzhaft küssen und mir in die Seele dringen und sich um mein Herz winden? Rußland! Was willst du von mir?

Viertes Bild

Bei Sobakewitsch.

SPRECHER Tote Seelen? Tschitschikow nahm Platz und betrachtete die Wände und die Bilder, die dort hingen. Die Bilder stellten lauter tapfere Männer dar, griechische Feldherren. Da waren Maurokordatos in roter Hose, Miaulis und Kanaris. Alle die Helden hatten so gewaltige Schenkel und so riesenhafte Schnauzbärte, daß einen Zittern überlief! Neben den starken Griechen hing aus irgendwelchen Gründen Bagration, dürr und mager ...

TSCHITSCHIKOW Die alte römische Monarchie, hochverehrter Michail Semjonowitsch, war nicht so groß wie der russische Staat, und die Ausländer wundern sich mit Recht darüber. Nach den bestehenden Gesetzen dieses Staates gibt es Revisionslisten, in denen die verstorbenen Leibeigenen bis zum Erscheinen der neuen Liste wie lebende zu zählen sind. Bei aller Gerechtigkeit dieser Maßnahme ist sie manchmal belastend für viele Gutsbesitzer, da sie sie verpflichtet, die Abgaben so zu leisten, als ob die Bauern noch lebten. *Pause.* Da ich Achtung für Sie verspüre, bin ich sogar bereit, diese schwere Last auf mich zu nehmen, das heißt ... diese ... nicht existenten Seelen ...

SOBAKEWITSCH Sie brauchen tote Seelen?

TSCHITSCHIKOW Ja, nichtexistente.

SOBAKEWITSCH Nun, ich wäre nicht abgeneigt, sie zu verkaufen.

TSCHITSCHIKOW Was haben Sie sich für einen Preis gedacht? Obwohl die Ware nach ihrer Beschaffenheit … Sonderbar, da überhaupt von einem Preis …

SOBAKEWITSCH Ich will Ihnen nicht zuviel abnehmen – hundert Rubel pro Stück.

TSCHITSCHIKOW Hundert Rubel?

SOBAKEWITSCH Finden Sie das zu teuer? Was hatten Sie sich denn gedacht?

TSCHITSCHIKOW Ich? Mir scheint, wir mißverstehen uns. Achtzig Kopeken für die Seele, das ist doch ein sehr schöner Preis.

SOBAKEWITSCH Na, das ist ja heiter! Achtzig Kopeken. Ich verkaufe doch keine Bastschuhe.

TSCHITSCHIKOW Aber Sie werden doch zugeben, es sind ja auch keine Leute.

SOBAKEWITSCH Sie glauben wohl, Sie werden einen Dummen finden, der Ihnen eine eingetragene Seele für einen Zwanziger verkauft?

TSCHITSCHIKOW Aber gestatten Sie, diese Seelen sind doch längst tot … Von ihnen ist doch nur leere Luft übrig. Aber damit wir uns nicht in längere Erörterungen einlassen, ich gebe anderthalb Rubel, mehr kann ich nicht.

SOBAKEWITSCH Schämen Sie sich, eine solche Zahl auszusprechen. Sie wollen feilschen. Sagen Sie mir ihren genauen Preis.

TSCHITSCHIKOW Einen halben Rubel lege ich drauf.

SOBAKEWITSCH Warum so geizig? Manch ein Halunke würde Sie betrügen und Ihnen Dreck verkaufen, keine Seelen. Bei mir bekommen Sie erlesene Ware, wie Nüsse. Wo nicht Handwerker, so doch kerngesunde Kerle. Schauen Sie, zum Beispiel der Stellmacher Michejew … Er hat Kutschen gebaut und sie selbst gepolstert und lackiert. Er verstand sein Fach und trank nicht.

TSCHITSCHIKOW Erlauben Sie mal!

SOBAKEWITSCH Und Stepan Probka, der Zimmermann! Ich wette meinen Kopf, daß Sie nie wieder solch einen Mushik auf Erden finden. Wenn der in der Garde gedient hätte, man würde ihm sonstwas gegeben haben. Über zwei Meter groß. Und beispielhaft nüchtern.

TSCHITSCHIKOW Erlauben Sie mal!

SOBAKEWITSCH Und Miluschkin, der Ziegelbrenner! Der konnte in jedem Hause die Öfen setzen. Und erst Maxim Teljatnikow, der Schuster! Ein Stich mit seiner Ahle, und schon war ein Paar Stiefel fertig, und was für welche! Und er trank keinen Tropfen Schnaps. Und dann Jeremej Sorokopljochin! Der hat in Moskau verkauft! Allein an Zins hat er fünfhundert Rubel an mich gezahlt!

TSCHITSCHIKOW Aber erlauben Sie mal! Warum zählen Sie mir ihre Vorzüge auf? Es sind doch tote Leute!

SOBAKEWITSCH *nachdenklich* Ja, natürlich sind sie tot … *Pause.* Doch muß man eins bedenken: Was hat man schon von den Leuten, die noch als lebend geführt werden …

TSCHITSCHIKOW Aber sie sind noch existent, und die andern sind nur ein Traum.

SOBAKEWITSCH Nein, durchaus kein Traum. Ich sage Ihnen, Michejew war ein Kerl, wie Sie ihn nie wieder finden. Nein, ein Traum ist er nicht!

TSCHITSCHIKOW Nein, mehr als zwei Rubel kann ich nicht zahlen.

SOBAKEWITSCH Also, damit Sie nicht sagen, ich verlangte zuviel – fünfundsiebzig Rubel, nur aus Freundschaft zu Ihnen.

TSCHITSCHIKOW Zwei Rubelchen.

SOBAKEWITSCH Nein, aber wirklich, der Kuckuck ruft nur immer wieder Kuckuck. Sagen Sie mir den genauen Preis.

SPRECHER Den Kerl soll der Teufel holen. Legen wir noch einen halben Rubel drauf, als Trinkgeld.

TSCHITSCHIKOW Ich lege einen halben Rubel drauf.

SOBAKEWITSCH Dann sage ich Ihnen mein letztes Wort: fünfzig Rubel.

TSCHITSCHIKOW Was soll das, wirklich wahr. Als ob das hier ein ernstes Geschäft wäre. Anderswo krieg ich sie für umsonst.

SOBAKEWITSCH Na, wissen Sie, diese Art von Einkäufen ...
Und wenn ich jemandem davon erzähle ...

SPRECHER Ach, so will er ihm kommen, der Schuft!

TSCHITSCHIKOW Ich kauf die Seelen nicht, weil ich sie drin-
gend brauchte, sondern nur so, weil es mir Spaß macht.
Wenn Ihnen zweieinhalb nicht genügen, leben Sie wohl.

SPRECHER Den kriegt man nicht herum, der Kerl ist zäh
wie Leder! dachte Sobakewitsch.

SOBAKEWITSCH Na dann, in Gottes Namen! Geben Sie mir
dreißig pro Stück, und nehmen Sie sie mit.

TSCHITSCHIKOW Nein, ich sehe, Sie wollen sie mir nicht verkaufen. Leben Sie wohl, Michail Semjonowitsch.

SOBAKEWITSCH Erlauben Sie ... erlauben Sie ... Wie wär's
mit einem weißen Lappen?

TSCHITSCHIKOW Sie meinen fünfundzwanzig? Keine Kopeke lege ich mehr drauf.

SOBAKEWITSCH Wahrhaftig, Sie haben eine Menschenseele
wie eine gebrühte Rübe. Geben Sie wenigstens drei
Rubel.

TSCHITSCHIKOW Ich kann nicht.

SOBAKEWITSCH Mit Ihnen ist nichts anzufangen, von mir
aus. Ich zahle drauf, doch ich bin nun mal so hun-
demäßig dumm, ich muß meinem Nächsten gefällig
sein. Aber man wird die Sache wohl verbriefen müssen,
damit sie ihre Ordnung hat?

TSCHITSCHIKOW Selbstverständlich.

SOBAKEWITSCH Na, da haben wir's. Man wird in die Stadt
fahren müssen. Da darf ich um ein kleines Handgeld
bitten.

TSCHITSCHIKOW Wozu brauchen Sie denn Handgeld? Sie
kriegen in der Stadt die ganze Summe auf einmal.

SOBAKEWITSCH Es ist doch üblich.

TSCHITSCHIKOW Ich weiß nicht, wie ich's machen soll ...
Zehn Rubel hab ich bei mir.

SOBAKEWITSCH Geben Sie mir wenigstens fünfzig.

TSCHITSCHIKOW Hab ich nicht.

SOBAKEWITSCH Doch.

TSCHITSCHIKOW Schön, hier haben Sie noch fünfzehn. Macht fünfundzwanzig. Schreiben Sie mir eine Quittung.

SOBAKEWITSCH Wozu brauchen Sie denn eine Quittung?

TSCHITSCHIKOW Für alle Fälle ... Man weiß nie, was passiert ...

SOBAKEWITSCH Geben Sie mir das Geld.

TSCHITSCHIKOW Hier ist es, in meiner Hand. Wenn Sie die Quittung geschrieben haben, bekommen Sie es im selben Moment.

SOBAKEWITSCH Gestatten Sie, wie soll ich denn quittieren? Ich muß doch erst das Geld sehen ... *Schreibt die Quittung.* Der eine Schein ist ziemlich alt. Weibliche Seelen möchten Sie nicht kaufen?

TSCHITSCHIKOW Nein, danke.

SOBAKEWITSCH Ich hätte sie Ihnen billig abgelassen. Aus Freundschaft – ein Rubelchen das Stück.

TSCHITSCHIKOW Nein, weibliche Seelen brauche ich nicht.

SOBAKEWITSCH Na, wenn Sie keine brauchen, hat das Reden keinen Zweck. Über Geschmack läßt sich nicht streiten.

TSCHITSCHIKOW Ich möchte Sie bitten, daß dieses Geschäft unter uns bleibt.

SOBAKEWITSCH Das versteht sich doch von selbst ... Leben Sie wohl, danke für den Besuch.

TSCHITSCHIKOW Gestatten Sie eine Frage: Wenn ich durch Ihr Tor fahre, geht es dann zu Pljuschkin nach rechts oder nach links?

SOBAKEWITSCH Ich kann Ihnen nur raten, nicht einmal den Weg zu diesem Hund zu kennen. Geizhals! Er hat seine Leute vor Hunger sterben lassen!

TSCHITSCHIKOW Nein, ich frage nicht wegen irgendwelcher ... Ich interessiere mich für verschiedene Gegenden. Leben Sie wohl. *Ab.*

Sobakewitsch schaut aus dem Fenster.

SPRECHER Ein Kulak, ein Kulak, obendrein eine Bestie!

Vorhang

Zweiter Akt

Fünftes Bild

Bei Pljuschkin. Ein verwilderter Park. Morsche Säulen. Eine Terrasse voller Trödel. Sonnenuntergang.

SPRECHER Vor langer Zeit, in den Jahren meiner Jugend, hat es mir Spaß gemacht, zum erstenmal in einen nie gesehenen Ort zu fahren, gleichviel ob es ein Dörfchen war, ein armes Kreisstädtchen, ein Flecken oder eine Vorstadt – der kindlich neugierige Blick entdeckte viel Interessantes. Überall blieb ich stehen und staunte. Lockend blinkten in der Ferne inmitten des Grüns der Bäume das rote Dach und die weißen Schornsteine eines Gutshauses, und ich wartete ungeduldig, daß die Gärten nach beiden Seiten auseinanderwichen und es mit seinem damals noch keineswegs banalen Aussehen ganz in Sicht käme. Heute fahre ich gleichgültig in jedes fremde Dorf und betrachte gleichgültig sein banales Aussehen, mein kalter Blick findet nichts Anheimelndes, ich kann nicht lachen, und was in früheren Jahren bei mir ein lebhaftes Mienenspiel, Gelächter und unablässiges Reden ausgelöst hätte, gleitet jetzt vorüber, und mein unbeweglicher Mund bewahrt teilnahmsloses Schweigen. Oh, meine Jugend! Oh, meine Frische!
Es klopft ans Fenster. Pljuschkin erscheint auf der Terrasse und blickt argwöhnisch.

TSCHITSCHIKOW *geht zur Terrasse* Hören Sie, gute Frau, ist der gnädige Herr zu Hause?

PLJUSCHKIN Nein. Was wollen Sie?

TSCHITSCHIKOW Ich komme in Geschäften.

PLJUSCHKIN Treten Sie ein. *Öffnet die Terrassentür. Schweigen.*

TSCHITSCHIKOW Wo ist der gnädige Herr? In seinem Zimmer?

PLJUSCHKIN Hier ist er.

TSCHITSCHIKOW *sieht sich um* Wo denn?

PLJUSCHKIN Herr, sind Sie blind oder was? Hier! Der Hausherr bin ich.

Schweigen.

SPRECHER ... wenn Tschitschikow ihn vor der Kirchentür getroffen hätte, würde er ihm wahrscheinlich eine Kupfermünze gegeben haben. Aber vor ihm stand kein Bettler, sondern der Gutsbesitzer.

TSCHITSCHIKOW Nachdem ich von Ihrer Sparsamkeit und Ihrer mustergültigen Wirtschaftsführung gehört habe, empfinde ich es als meine Pflicht, Sie persönlich kennenzulernen und Ihnen meine Hochachtung auszudrücken ...

PLJUSCHKIN Der Teufel soll dich holen mitsamt deiner Hochachtung. Nehmen Sie bitte Platz. *Pause.* Ich sehe schon lange keine Gäste mehr bei mir, und ehrlich gestanden, ich sehe auch wenig Sinn darin, Besuch zu bekommen. Das ist so eine ungehörige Sitte, sich gegenseitig zu besuchen, es kostet Geld und Zeit, und man muß auch die Pferde der Gäste mit Heu füttern. Ich habe längst zu Mittag gegessen, meine Küche ist niedrig und schlecht, und der Schornstein ist ganz zerfallen; wenn ich heize, brennt mir noch das Haus ab.

SPRECHER So ist das also!

TSCHITSCHIKOW So ist das also.

PLJUSCHKIN Und so ein ärgerlicher Zufall, ich habe kein einziges Bündel Heu in der Wirtschaft. Woher soll es auch kommen? Mein Land ist klein, meine Bauern sind faul ... und es kann mir passieren, daß ich auf meine alten Tage betteln gehen muß.

TSCHITSCHIKOW Aber man hat mir gesagt, Sie hätten mehr als tausend Seelen.

PLJUSCHKIN Wer hat das gesagt? Mein Herr, Sie hätten ihm ins Gesicht spucken sollen! Das war ein Witzbold, der Sie nur zum besten halten wollte. In den letzten drei Jahren hat das verfluchte Fieber mir eine ganze Menge Mushiks hinweggerafft.

TSCHITSCHIKOW Was Sie nicht sagen! Wie viele?

PLJUSCHKIN Hundertzwanzig kommen zusammen.

TSCHITSCHIKOW Wirklich, hundertzwanzig?

PLJUSCHKIN Mein Herr, ich bin zu alt, um zu lügen. Ich gehe auf die Siebzig zu.

TSCHITSCHIKOW Mein Beileid, Verehrtester, mein Beileid.

PLJUSCHKIN Für Ihr Beileid kann ich mir nichts kaufen. Hier in der Nähe wohnt ein Hauptmann, weiß der Teufel, wo der herkommt, er sagt, er wäre mit mir verwandt. Onkelchen, sagt er und küßt mir die Hand. Wenn ich sein Onkel bin, ist er mein Großvater. Wenn der mit seinem Beileid anfängt, stimmt er ein Geheul an, daß ich mir die Ohren zuhalten muß. Wahrscheinlich hat er sein Geld als Offizier durchgebracht, deshalb macht er jetzt in Beileid.

TSCHITSCHIKOW Mein Beileid ist nicht von der Art wie das vom Hauptmann. Ich bin bereit, für alle gestorbenen Bauern die Abgabenzahlung zu übernehmen.

PLJUSCHKIN *prallt zurück* Wie denn das? Das ist doch Ihr Schaden!

TSCHITSCHIKOW Wenn ich Ihnen gefällig sein kann, nehme ich den Schaden auf mich.

PLJUSCHKIN Ach, lieber Herr! Ach, mein Wohltäter! Was Sie mir altem Mann für eine Freude machen! Ach, lieber Gott! Ach, ihr Heiligen ... *Pause.* Ja, aber gestatten Sie, Sie wollen also Jahr für Jahr die Steuern zahlen? Schicken Sie das Geld an mich oder ans Finanzamt?

TSCHITSCHIKOW Das machen wir so: Wir schließen einen Kaufvertrag, als ob sie noch lebten und Sie sie mir verkauft hätten.

PLJUSCHKIN Ja, einen Kaufvertrag. Aber solch ein Kaufvertrag kostet Geld.

TSCHITSCHIKOW Aus Hochachtung für Sie bin ich bereit, auch noch die Verbriefungskosten zu übernehmen.

PLJUSCHKIN Mein Gott, mein Gott! Ich wünsche Ihnen und Ihren Kinderchen alles Glück. Auch den Kinderchen. *Argwöhnisch* Es wäre nicht schlecht, den Kaufvertrag bald abzuschließen, denn heute lebt man noch, und was morgen ist, weiß nur Gott.

TSCHITSCHIKOW Von mir aus sofort. Aber zur Verbriefung werden Sie sich in die Stadt bemühen müssen.

PLJUSCHKIN In die Stadt? Wie denn das? Ich soll mein Haus ohne Aufsicht lassen? Meine Leute sind doch sämtlich Diebe und Spitzbuben, die stehlen an einem Tag so viel weg, daß nicht mal ein Nagel übrigbleibt, an den ich meinen Kaftan hängen kann.

TSCHITSCHIKOW Haben Sie nicht wenigstens einen Bekannten in der Stadt?

PLJUSCHKIN Was für einen Bekannten? Alle meine Bekannten sind weggestorben, oder sie sind nicht mehr meine Bekannten. Ach, lieber Herr, ich habe ja doch einen. Ich kenne den Präsidenten, der hat mich in alten Zeiten sogar besucht. Wie sollte ich ihn nicht kennen! Wir waren Tischkameraden. Wir sind zusammen über die Zäune gestiegen. Ob ich ihm schreibe?

TSCHITSCHIKOW Natürlich ihm.

PLJUSCHKIN Ja, ich schreibe ihm!

Der leuchtende Sonnenuntergang wirft einen Strahl auf Pljuschkins Gesicht.

Wir waren Schulfreunde … *Erinnert sich.* Später war ich verheiratet … Nachbarn kamen zu Besuch … Mein Garten, mein Garten … *Sieht sich wehmütig um.*

SPRECHER … die ganze Nacht strahlte der Garten im Lichterschmuck, Musik spielte …

PLJUSCHKIN Meine Frau war freundlich, gesprächig … Alle Fenster im Hause standen offen … Aber die gute Hausfrau ist gestorben, und seitdem ist es leer.

TSCHITSCHIKOW Leer.

SPRECHER ... das einsame Leben bot dem Geiz reichlich Nahrung, denn er hat bekanntlich einen Wolfshunger, und je mehr er frißt, desto unersättlicher wird er.

PLJUSCHKIN Auf meine Tochter konnte ich mich nicht verlassen ... Habe ich nicht recht? Sie ist mit einem Stabsrittmeister von irgendeinem Regiment durchgebrannt ...

SPRECHER Geizhals, warum hast du sie auf die Straße geschickt?

PLJUSCHKIN Es ist ein Fluch ... Jetzt bin ich alter Mann allein, bin Wächter und Bewahrer ...

SPRECHER Ein vom Abendlicht beschienener Zweig ohne Grün!

TSCHITSCHIKOW *düster* Und die Tochter?

PLJUSCHKIN Sie kam wieder. Mit zwei kleinen Kindern. Einen Osterkuchen zum Tee hat sie mir mitgebracht und einen neuen Schlafrock. *Betrachtet seine Lumpen.* Ich habe ihr verziehen, verziehen, aber gegeben habe ich ihr nichts. So ist sie wieder weggefahren ...

SPRECHER Oh, blasser Widerschein eines Gefühls. Aber das Gesicht des Geizhalses wurde nach dem darüber hinweggehuschten Gefühl noch fader und fühlloser ...

PLJUSCHKIN Auf dem Tisch hat doch ein sauberes Viertelblatt Papier gelegen, und ich weiß nicht, wo es geblieben ist, meine Leute taugen ja nichts. Mawra, Mawra!
Mawra kommt herein, abgerissen, schmutzig.
Wo hast du das Papier hingetan, du Diebin?

MAWRA Bei Gott, gnädiger Herr, ich habe kein Papier gesehen, bloß ein kleines Stück, mit dem der gnädige Herr das Schnapsglas zugedeckt hat.

PLJUSCHKIN Ich seh's dir an den Augen an, daß du es gemaust hast.

MAWRA Wozu sollte ich es mausen? Es ist nutzlos für mich, ich kann ja nicht schreiben.

PLJUSCHKIN Du lügst, du hast es dem Kirchendiener hingebracht, der schmiert ja dauernd was, du hast es ihm gebracht.

MAWRA Der Kirchendiener … der hat Ihr Stück Papier nicht zu sehen gekriegt.

PLJUSCHKIN Warte nur, beim Jüngsten Gericht werden dich die Teufel dafür mit glühenden Zangen kneifen.

MAWRA Was sollen sie mich kneifen, wenn ich das Viertelblatt nicht mal in die Hand genommen habe. Andere Weiberschwächen, na ja, aber stehlen, das hat mir noch niemand vorgeworfen.

PLJUSCHKIN Die Teufel werden dich schon kneifen. Sie werden sagen: Das ist dafür, du Gaunerin, daß du den gnädigen Herrn bestohlen hast. Mit glühenden Zangen werden sie dich kneifen.

MAWRA Dann werde ich sagen: Ich hab es nicht getan. Bei Gott, ich war es nicht. Ich hab es nicht genommen. Da liegt es doch. Immer diese sinnlosen Vorwürfe. *Ab.*

PLJUSCHKIN Sei doch nicht so zänkisch. Dir braucht man nur ein Wort zu sagen, schon hast du zehn dagegen. *Schreibt.*

SPRECHER Kann ein Mensch so niedrig, kleinlich, scheußlich sein? Kann er sich so verändern? Und das alles soll wahr sein? Es ist wahr. Der Mensch kann sich grauenhaft verändern! Und manch ein flammender Jüngling würde entsetzt zurückprallen, wenn man ihm das Bild seines Alters zeigte. Eilet, beeilt euch, wenn ihr das finstere Mannesalter erreicht, nehmt die menschlichen Regungen mit fort! Es kommt, das Alter, und packt euch mit unerbittlichen Klauen. Es ist wie ein Sarg, wie ein Grabstein, es gibt euch nichts zurück! Aber auf dem Grabstein steht wenigstens »Hier liegt ein Mensch begraben«. In den fühllosen Falten des unmenschlichen Alters dagegen ist nichts zu lesen!
Tschitschikow schweigt düster.

PLJUSCHKIN Haben Sie nicht einen Bekannten oder Freund, der entflohene Seelen braucht?

TSCHITSCHIKOW *auffahrend* Haben Sie denn auch entflohene?

PLJUSCHKIN Das ist es ja, ich habe welche.

TSCHITSCHIKOW Um wie viele handelt es sich?

PLJUSCHKIN So an die siebzig kommen zusammen. *Gibt ihm
die Liste.* Alle Jahre laufen mir welche davon. Die Leute
sind ja so gefräßig, und weil sie nichts tun, fressen sie sich
voll, und ich habe selber nichts.

TSCHITSCHIKOW Ich empfinde Teilnahme für Sie, darum
bin ich bereit, für jede entflohene Seele fünfundzwanzig Kopeken zu zahlen.

PLJUSCHKIN Werter Herr, in Anbetracht meiner Armut
könnten Sie schon vierzig geben.

TSCHITSCHIKOW Verehrtester, ich würde Ihnen nicht vierzig Kopeken, sondern fünfhundert Rubel geben ...
Aber dazu reicht mein Vermögen nicht ... Fünf Kopeken will ich gerne drauflegen.

PLJUSCHKIN Nun, mein Herr, wie Sie wollen, aber zwei
Kopeken könnten Sie schon noch dazutun.

TSCHITSCHIKOW Gut, ich lege zwei Kopeken dazu ... Acht-
undsiebzig mal dreißig ... macht vierundzwanzig Rubel. Schreiben Sie eine Quittung.
*Pljuschkin schreibt die Quittung, nimmt das Geld und steckt es
ein. Pause.*

PLJUSCHKIN Wenn ich ihn nur finden könnte, ich hatte ein
großartiges Likörchen, wenn sie ihn mir nicht schon
weggetrunken haben. Meine Leute stehlen ja so. Ist er
das nicht? Den hat noch meine Selige gemacht. Meine
Beschließerin, diese Gaunerin, hat ihn nicht mal zu-
gekorkt, diese Kanaille. Da sind lauter Insekten und
alles mögliche Ungeziefer reingefallen, aber ich hab
den ganzen Dreck rausgeschöpft, jetzt ist er sauber, ich
schenk Ihnen ein Gläschen ein.

TSCHITSCHIKOW Nein, ergebensten Dank ... Ich habe
schon gegessen und getrunken. Ich muß weg.

PLJUSCHKIN Sie haben schon gegessen und getrunken? Ja,
natürlich, einen Mann der guten Gesellschaft erkennt man
daran, daß er nicht ißt, sondern satt ist. Leben Sie wohl, mein
Herr, Gott möge Sie segnen. *Begleitet Tschitschikow hinaus.*
Das Abendrot erlischt. Schatten.

38

PLJUSCHKIN *kommt wieder herein* Mawra! Mawra!
*Niemand antwortet. Man hört, wie Tschitschikows Glöckchen
sich entfernen.*
SPRECHER Und man wird ihn begraben, zur unbeschreibli-
chen Freude des Schwiegersohns und der Tochter, vielleicht
auch des Hauptmanns, seines angeblichen Verwandten.

Vorhang

Sechstes Bild

*Im Hause Nosdrjows. An der Wand Säbel, zwei Flinten und ein
Bild Suworows. Heller Tag. Das Mittagessen geht zu Ende.*

NOSDRJOW Doch, probier mal. Das ist Burgunion und
Schampanion zusammen. Schmeckt wie Pflaumen ...
Schenkt ein.
MISHUJEW *stockbetrunken* Na, ich fahr los ...
NOSDRJOW Nein und nein. Ich laß dich nicht weg.
MISHUJEW Ach, mein Freund, sei nicht so ekelhaft, ich muß
wirklich weg.
NOSDRJOW Von wegen! Blech, Blech. Wir legen jetzt eine
kleine Bank auf.
MISHUJEW Nein, leg du sie nur alleine auf, ich kann nicht.
Meine Frau ist in größer Sorge, wirklich, ich muß ihr
doch vom Jahrmarkt erzählen ...
NOSDRJOW Hol doch der Satan deine Frau. Was wollt ihr
schon zusammen machen?
MISHUJEW Nein, mein Lieber, sie ist eine herzensgute
Frau ... so treu und anständig. Was sie für mich nicht
schon getan hat ... du kannst mir glauben, ich hab ja
Tränen in den Augen.
TSCHITSCHIKOW *leise* Laß ihn fahren, was brauchen wir ihn.
NOSDRJOW Das ist auch wahr. Ich kann solche Schlaf-
mützen nicht leiden. Los, scher dich zum Teufel, du
Schlappschwanz, mach Männchen vor deiner Frau.

MISHUJEW Nein, mein Lieber, du sollst mich nicht Schlappschwanz nennen. Ich schulde ihr mein Leben. Sie ist
wirklich gutherzig, schenkt mir solche Zärtlichkeiten.
Sie will wissen, was ich auf dem Jahrmarkt erlebt hab.

NOSDRJOW Na dann fahr, lüg ihr die Hucke voll. Hier hast
du deine Mütze.

MISHUJEW Nein, mein Lieber, du solltest nicht so von ihr
reden.

NOSDRJOW Na, dann scher dich schleunigst zu ihr!

MISHUJEW Ja, mein Lieber, ich fahre. Entschuldige, daß ich
nicht bleiben kann.

NOSDRJOW Fahr schon, fahr schon …

MISHUJEW Ich würd ja von Herzen gern, aber ich kann
nicht …

NOSDRJOW Scher dich doch zum Teufel!
Mishujew ab.
Solch ein Dreckskerl. Da zieht er nun ab. Seine Frau wird
eine Menge Einzelheiten von ihm hören über den Jahrmarkt. Sein Beipferd ist nicht übel, das möcht ich ihm seit
langem abknöpfen. *Nimmt ein Kartenspiel.* Na, so zum Zeit-
vertreib, ich halte eine Bank von dreihundert Rubeln.

TSCHITSCHIKOW Ach, daß ich's nicht vergesse: Ich hätte
eine Bitte an dich.

NOSDRJOW Nämlich?

TSCHITSCHIKOW Gib mir zuerst dein Wort, daß du es tust.

NOSDRJOW Bitte.

TSCHITSCHIKOW Ehrenwort?

NOSDRJOW Ehrenwort.

TSCHITSCHIKOW Ich hätte also eine Bitte: Du hast doch bestimmt eine Menge Bauern, die gestorben sind, aber
noch in der Revisionsliste stehen?

NOSDRJOW Ja, hab ich. Warum?

TSCHITSCHIKOW Laß sie auf meinen Namen überschreiben.

NOSDRJOW Was willst du denn mit ihnen?

TSCHITSCHIKOW Ach, ich brauch sie eben.

NOSDRJOW Dahinter steckt bestimmt irgend ein Kniff. Also
beichte mal.

TSCHITSCHIKOW Was für ein Kniff? Mit solch einem Nichts kann man keinen Kniff machen.

NOSDRJOW Wozu brauchst du sie dann?

TSCHITSCHIKOW Ach, warum so neugierig? Einfach so, eine verrückte Laune.

NOSDRJOW Also schön, wenn du es nicht sagst, kriegst du sie auch nicht.

TSCHITSCHIKOW Na weißt du, mein Lieber, das ist unanständig von dir. Erst gibst du mir dein Wort, und dann machst du einen Rückzieher.

NOSDRJOW Na, wie du willst, aber ich tu's nicht, ehe du mir sagst, was du damit willst.

TSCHITSCHIKOW *leise* Was soll ich ihm bloß sagen ... Hm ... *Laut* Ich brauche die toten Seelen, um mir eine angesehenere Stellung zu verschaffen.

NOSDRJOW Erstunken und erlogen.

TSCHITSCHIKOW Na, dann will ich dir die Wahrheit sagen ... Ich möchte heiraten; nun mußt du wissen, die Eltern meiner Braut, die wollen hoch hinaus ...

NOSDRJOW Erstunken und erlogen ...

TSCHITSCHIKOW Na weißt du, das ist beleidigend ... Warum soll ich unbedingt lügen?

Eine Gewitterwolke zieht herauf. Das Gewitter scheint sich bald entladen zu wollen.

NOSDRJOW Ich kenne dich schließlich: Du bist ein ausgemachter Gauner, das will ich dir in aller Freundschaft sagen. Wenn ich dein Vorgesetzter wäre, ich ließe dich am nächsten Baum aufhängen. Das muß ich dir offen sagen, nicht um dich zu beleidigen, sondern in aller Freundschaft.

TSCHITSCHIKOW Alles hat seine Grenzen ... Wenn du jemandem mit solchen Redensarten imponieren willst, mußt du schon in die Kaserne gehen. *Pause.* Wenn du sie mir nicht schenken willst, verkauf sie mir.

NOSDRJOW Verkaufen? Ich kenne dich doch, du Schuft, du gibst mir bestenfalls ein Butterbrot dafür.

TSCHITSCHIKOW Ach, du bist ja gut! Deine toten Bauern sind wohl mit Brillanten besetzt?

41

NOSDRJOW Na, hör mal zu: Um dir zu beweisen, daß ich durchaus kein Knauser bin, geb ich sie dir umsonst. Kauf mir den braunen Hengst ab, dann geb ich sie dir dazu.

TSCHITSCHIKOW Ich bitte dich, was soll ich mit dem Hengst?

NOSDRJOW Was du mit ihm sollst? Ich habe zehntausend Rubel dafür bezahlt, und du kriegst ihn für viertausend.

TSCHITSCHIKOW Was soll ich denn mit dem Hengst?

NOSDRJOW Du verstehst mich nicht, du brauchst mir jetzt nur dreitausend zu bezahlen, die restlichen tausend gibst du mir später.

TSCHITSCHIKOW Ich brauche keinen Hengst, hol ihn der Kuckuck.

NOSDRJOW Na, dann kauf die Fuchsstute.

TSCHITSCHIKOW Ich brauch auch keine Stute.

NOSDRJOW Für die Stute und das graue Pferd nehm ich zusammen nur zweitausend.

TSCHITSCHIKOW Ich brauche aber keine Pferde!

NOSDRJOW Du kannst sie ja wieder verkaufen, du kriegst auf jedem Jahrmarkt das Dreifache dafür.

TSCHITSCHIKOW Dann verkauf sie doch selber, wenn du so sicher bist, das Dreifache zu kriegen.

NOSDRJOW Ich möchte, daß du den Vorteil hast.

TSCHITSCHIKOW Schönen Dank für die gute Absicht. Ich brauche die Fuchsstute nicht.

NOSDRJOW Dann kaufe mir Hunde ab. Ich verkaufe dir ein Paar, da läuft es dir kalt den Rücken herunter. Stichelhaarig, mit Schnurrbart …

TSCHITSCHIKOW Was soll ich mit schnurrbärtigen Hunden? Ich bin kein Jäger.

NOSDRJOW Wenn du keine Hunde willst, dann kaufe mir die Drehorgel ab.

TSCHITSCHIKOW Was soll ich mit der Drehorgel? Ich bin doch kein deutscher Leiermann, der damit auf der Straße bettelt.

NOSDRJOW Das ist doch keine Drehorgel, wie die deutschen Leiermänner sie haben. Das ist ein Orchestrion … Ganz aus Mahagoni.

Zieht Tschitschikow zu dem Orchestrion.
Es spielt »Malbrough s'en va-t-en guerre«. In der Ferne beginnt es zu grummeln.

Ich gebe dir die Orgel und die toten Seelen, und du gibst mir deine Kutsche und dreihundert Rubel in bar.

TSCHITSCHIKOW Und womit soll ich dann fahren?

NOSDRJOW Ich geb dir einen andern Wagen. Du mußt ihn bloß frisch lackieren lassen, dann ist er tadellos.

TSCHITSCHIKOW Dich Gierschlund reitet ja der Teufel!

NOSDRJOW Den Wagen, die Orgel und die toten Seelen ...

TSCHITSCHIKOW Ich mag nicht ...

NOSDRJOW Hör mal zu, legen wir eine kleine Bank auf? Ich setze die toten Seelen auf eine Karte ... dazu die Drehorgel ... Wenn du Schwein hast, kannst du höllisch viel gewinnen. *Deckt die Karten auf.* So was von Schwein. Da liegt sie ...

TSCHITSCHIKOW Wer?

NOSDRJOW Die verfluchte Neun, auf die ich alles verloren hab. Mir ahnte schon, daß sie mich im Stich läßt, aber ich hab die Augen zugekniffen ... und mir gedacht, hol's der Satan, hin ist hin. Du willst nicht spielen?

TSCHITSCHIKOW Nein.

NOSDRJOW Du bist ein dreckiger Filz.

TSCHITSCHIKOW *beleidigt* Selifan! Fahr vor ... *Nimmt seine Mütze.*

NOSDRJOW Ich hatte gedacht, du wärst ein anständiger Mensch, aber du hast ja überhaupt kein Benehmen ...

TSCHITSCHIKOW Warum beschimpfst du mich? Bin ich schuldig, weil ich nicht spiele? Verkauf mir die Seelen!

NOSDRJOW Einen glatzköpfigen Teufel verkauf ich dir! Ich hätt sie dir umsonst gegeben, aber jetzt kriegst du gar nichts!

TSCHITSCHIKOW Selifan!

NOSDRJOW Warte. Hör mal zu ... wir spielen Dame, und wenn du die Partie gewinnst, gehören sie dir. Das ist schließlich keine Bank, da kann man nicht mogeln. Ich will dir sogar sagen, ich kann gar nicht spielen ...

SPRECHER *leise* Und wenn ich ein Partiechen mit ihm spiele? dachte Tschitschikow bei sich. Ich habe früher gar nicht so schlecht Dame gespielt, und schummeln kann er hier nicht.

TSCHITSCHIKOW Also meinetwegen, Dame spiel ich.

NOSDRJOW Ich setz die Seelen gegen hundert Rubel.

TSCHITSCHIKOW Fünfzig sind genug.

NOSDRJOW Fünfzig, das ist doch gar kein Satz ... Dann setz ich zu den toten Seelen noch einen Hund mittlerer Größe und ein goldenes Petschaft für die Uhrkette.

TSCHITSCHIKOW Na, von mir aus ...

NOSDRJOW Wieviel gibst du mir vor?

TSCHITSCHIKOW Warum sollte ich? Ich spiele selber schlecht. *Sie spielen.*

NOSDRJOW Das kennen wir schon, wie schlecht ihr spielt.

TSCHITSCHIKOW Ich habe ewig keinen Stein mehr angefaßt.

NOSDRJOW Das kennen wir schon, wie schlecht ihr spielt.

TSCHITSCHIKOW Ich habe ewig keinen Stein mehr angefaßt.

NOSDRJOW Das kennen wir schon, wie schlecht ihr spielt.

TSCHITSCHIKOW Ich habe ewig keinen Stein ... Hehe, was soll das? Nimm den Stein zurück!

NOSDRJOW Welchen?

TSCHITSCHIKOW Den Stein da ... Und den auch! Nein, mit dir kann man nicht spielen! So wird nicht gezogen, drei Steine auf einmal ...

NOSDRJOW Wofür hältst du mich? Meinst du, ich mogle?

TSCHITSCHIKOW Ich halte dich für gar nichts, aber ich werde nie wieder mit dir spielen. *Wirft die Steine durcheinander.*

NOSDRJOW Ich werde dich zwingen zu spielen. Daß du sie durcheinandergeworfen hast, macht gar nichts, ich habe alle Züge im Kopf.

TSCHITSCHIKOW Nein, mit dir spiele ich nicht mehr.

NOSDRJOW Also, du willst nicht weiterspielen? Sag's mir ins Gesicht.

TSCHITSCHIKOW *sieht sich um* Selifan ... Wenn du spielen würdest wie ein ehrlicher Mensch, aber jetzt kann ich nicht mehr.

NOSDRJOW Ach, du kannst nicht mehr? Du kannst nicht mehr? Du Schuft! Wenn du siehst, du gewinnst nicht, kannst du nicht mehr? Hundetochter! Schlagt ihn! *Stürzt sich auf Tschitschikow, der fliegt aufs Büfett.*

SPRECHER »Schlagt ihn!« schrie er mit einer Stimme, als riefe er seine Truppen zum Angriff: »Vorwärts, Jungs!« und wäre ein wild gewordener Oberleutnant, dem sich alles im Kopf dreht. *Ein Donnerschlag.*

NOSDRJOW Es brennt! Bello! Harras! *Er pfeift, man hört Hundegebell.* Schlagt ihn! Porfiri! Pawluschka! *Selifans verzerrtes Gesicht erscheint im Fenster. Nosdrjow packt die Drehorgel, schleudert sie nach Tschitschikow, sie zerfällt und spielt »Malbrough« … Plötzlich hört man Glöckchen klingeln, die Troika hält schnarchend.*

POLIZEIHAUPTMANN *kommt herein* Darf ich fragen, wer von den Herren ist Herr Nosdrjow?

NOSDRJOW Darf ich vor allem fragen, mit wem ich die Ehre habe?

POLIZEIHAUPTMANN Ich bin Polizeihauptmann. *Tschitschikow rutscht behutsam vom Büfett.* Ich komme, Ihnen zu eröffnen, daß ein Gerichtsverfahren gegen Sie eingeleitet ist.

NOSDRJOW Unsinn! In welcher Sache? *Tschitschikow verschwindet, auch Selifans Gesicht verschwindet.*

POLIZEIHAUPTMANN Sie haben den Gutsbesitzer Maximow in betrunkenem Zustand durch Schläge mit einer Rute tätlich beleidigt.

NOSDRJOW Sie lügen! Ich habe noch nie einen Gutsbesitzer Maximow gesehen.

POLIZEIHAUPTMANN Mein Herr, ich mache Sie darauf aufmerksam …

NOSDRJOW *dreht sich um, sieht, daß Tschitschikow weg ist, stürzt zum Fenster* Haltet ihn! *Pfeift. Glöckchen klingeln, man hört ein Geräusch, als ob jemand hinter der Bühne eine Ohrfeige bekommt, und Selifans Geschrei:*

»Helft uns, Leute, Überfall …«, dann hört alles auf, und es bleiben nur die Klänge von »Malbrough« und der verdutzte Polizeihauptmann. Dann wird es dunkel, das Gewitter bricht los, ein Sturzregen.

Vorhang

Siebentes Bild

Bei Korobotschka. Gewittrige Dämmerung. Eine Kerze. Ein Ewiges Lämpchen. Ein Samowar. Durch das Donnern des Gewitters hört man undeutlich »Malbrough«. Dann poltert es in der Diele.

FETINJA Wer klopft?

TSCHITSCHIKOW *vor der Tür* Lassen Sie mich ein, gute Frau, wir sind vom Weg abgekommen.

KOROBOTSCHKA Wer sind Sie denn?

TSCHITSCHIKOW *vor der Tür* Ein Edelmann, gute Frau.
Fetinja öffnet die Tür. Herein kommt Tschitschikow mit zerrissenem Mantelkragen, gefolgt von Selifan. Beide sind naß und schmutzig. Sie tragen eine Schatulle.

TSCHITSCHIKOW Entschuldigen Sie, gute Frau, daß wir Sie mit unserm unverhofften Einbruch behelligen.

KOROBOTSCHKA Nicht der Rede wert … Dieser Donner … Ist das ein Wetter … Ach, mein Herr, wo haben Sie sich denn so schmutzig gemacht?

TSCHITSCHIKOW Gott sei Dank, daß ich mich nur dreckig gemacht hab, ich muß noch danke sagen, daß ich mir nicht das Kreuz gebrochen hab.

KOROBOTSCHKA Herr Jesus, so ein Unglück!

SELIFAN Ja, wir sind umgestürzt.

TSCHITSCHIKOW Umgestürzt … Geh, mach alles bereit, daß wir in die Stadt fahren können.

SELIFAN Es ist doch dunkel, und bei dem Wetter …

TSCHITSCHIKOW Schweig, Dummkopf!
Selifan geht mit Tschitschikows Mantel ab.

KOROBOTSCHKA Fetinja, nimm die Sachen und trockne sie.

FETINJA Sofort, Mütterchen.

TSCHITSCHIKOW Entschuldigen Sie schon, gute Frau! *Zieht den Frack aus.*

KOROBOTSCHKA Schon recht. *Ab.*

Tschitschikow wirft erregt und wütend den Frack hin und zieht irgendeine Jacke an.

SPRECHER Weshalb bin ich zu ihm gefahren? Weshalb hab ich über Geschäfte mit ihm gesprochen? Ich habe unvorsichtig gehandelt, wie ein Kind, wie ein Idiot! Ist das ein Geschäft, das man Nosdrjow anvertrauen kann? Nosdrjow ist ein Dreck, er schlägt auf, belügt einen, stellt sonstwas an!

TSCHITSCHIKOW Ich bin ein Idiot! Ein Idiot!

KOROBOTSCHKA *kommt herein* Ihr Tee, guter Herr.

TSCHITSCHIKOW Nicht übel, gute Frau. Erlauben Sie mir, nach Ihrem Namen zu fragen ... Ich bin so zerstreut ...

KOROBOTSCHKA Korobotschka, Kollegiensekretärin.

TSCHITSCHIKOW Ergebensten Dank ... Puh, dieser Hundesohn.

KOROBOTSCHKA Wer denn, guter Herr?

TSCHITSCHIKOW Nosdrjow, gute Frau. Kennen Sie ihn?

KOROBOTSCHKA Nein, nie gehört.

TSCHITSCHIKOW Ihr Glück. Und wie ist Ihr Vor- und Vatersname?

KOROBOTSCHKA Nastassja Petrowna.

TSCHITSCHIKOW Ein schöner Name. Ich habe eine Tante, die Schwester meiner Mutter, die heißt auch Nastassja Petrowna.

KOROBOTSCHKA Und wie ist Ihr Name? Sie sind ja wohl Beisitzer?

TSCHITSCHIKOW Nein, gute Frau, ich reise in Geschäften.

KOROBOTSCHKA Dann sind Sie wohl ein Aufkäufer? Wie schade, ich habe gerade meinen Honig verkauft, viel zu billig. Sie würden ihn mir doch sicherlich abgekauft haben, mein Herr.

TSCHITSCHIKOW Nein, Honig kaufe ich nicht.

KOROBOTSCHKA Was denn sonst? Hanf vielleicht?

TSCHITSCHIKOW Nein, gute Frau, ich kaufe andere Waren. Sagen Sie, sind Ihnen Bauern weggestorben?

KOROBOTSCHKA Ach, lieber Herr, achtzehn Mann. Und lauter tüchtige Leute. Der Schmied ist mir verbrannt ...

TSCHITSCHIKOW Sie hatten einen Brand, gute Frau?

KOROBOTSCHKA Nein, davor hat uns Gott bewahrt. Er ist von selbst verbrannt, guter Herr. Von innen heraus hat er gebrannt, weil er so furchtbar getrunken hat. Mit einer kleinen blauen Flamme hat er gebrannt und ist allmählich eingeschrumpft und schwarz geworden wie Kohle. Jetzt kann ich gar nicht mehr ausfahren. Wer soll mir die Pferde beschlagen?

TSCHITSCHIKOW Das ist alles Gottes Wille, gute Frau. Gegen seinen weisen Ratschluß darf man nichts sagen. Verkaufen Sie sie mir, Nastassja Petrowna.

KOROBOTSCHKA Was denn, lieber Herr?

TSCHITSCHIKOW Na, all die Leute, die gestorben sind.

KOROBOTSCHKA Wie denn das? Das verstehe ich nicht recht. Wollen Sie denn die Leichen aus der Erde graben?

TSCHITSCHIKOW Ach, gute Frau, der Kauf steht doch nur auf dem Papier, und die Seelen werden eingetragen, als ob sie noch leben.

KOROBOTSCHKA *bekreuzigt sich* Wozu brauchen Sie sie denn?

TSCHITSCHIKOW Das ist meine Sache.

KOROBOTSCHKA Aber sie sind doch tot.

Gewitter hinter der Bühne.

TSCHITSCHIKOW Wer sagt denn, daß sie noch leben? Ich gebe Ihnen fünfzehn Rubel in bar.

KOROBOTSCHKA Ich weiß nicht recht, ich habe noch nie Tote verkauft.

TSCHITSCHIKOW Wie sollten Sie? *Pause.* Also, gute Frau, sind wir uns einig?

KOROBOTSCHKA Wirklich, guter Herr, ich hatte noch nie Gelegenheit, Tote zu verkaufen. Ich habe vor allem

48

Angst, einen Verlust zu erleiden. Vielleicht betrügen Sie mich, guter Herr, und sie sind ... mehr wert?

TSCHITSCHIKOW Hören Sie, gute Frau. Ach, Sie sind mir eine. Was können sie wert sein? Was für einen Nutzen könnten sie bringen?

KOROBOTSCHKA Das ist freilich wahr. Nutzen bringen sie keinen. Aber es stört mich, daß sie tot sind. Lieber wart ich noch ein bißchen, vielleicht kommen andere Händler vorbei, dann kann ich die Preise vergleichen.

TSCHITSCHIKOW Schämen Sie sich, gute Frau. Das ist ja eine Schande, wer soll denn tote Seelen kaufen? Wozu soll er sie denn verwenden?

KOROBOTSCHKA Na, vielleicht kann man sie zu irgend etwas in der Wirtschaft brauchen?

TSCHITSCHIKOW Vielleicht, um bei Nacht die Spatzen zu verscheuchen?

KOROBOTSCHKA Die Kraft des Kreuzes soll mich schützen!
Pause.

TSCHITSCHIKOW Na, was ist denn nun? Eine Antwort kann ich doch wohl verlangen.
Pause.

SPRECHER Die Alte überlegte, das Geschäft schien wirklich vorteilhaft zu sein. Aber es war ihr doch gar zu neu und unerhört, darum bekam sie heftige Angst, der Aufkäufer könnte sie leimen wollen.

TSCHITSCHIKOW Worüber denken Sie nach, Nastassja Petrowna?

KOROBOTSCHKA Wirklich, ich weiß nicht, was ich tun soll. Ich will Ihnen doch lieber Hanf verkaufen.

TSCHITSCHIKOW Was soll ich mit Hanf? Ich bitte Sie, ich will etwas ganz anderes, und Sie kommen mir mit Ihrem Hanf! *Pause.* Also, wie ist es, Nastassja Petrowna?

KOROBOTSCHKA Wahrhaftig, das ist eine ausgefallene Ware, das war noch nie da.

TSCHITSCHIKOW *wackelt mit dem Stuhl* Verdammt! Teufel noch mal!
Die Uhr schlägt zischend.

KOROBOTSCHKA Oh, nennen Sie den Namen nicht, Gott soll Sie schützen! Erst vorgestern hab ich die ganze Nacht von dem Verfluchten geträumt. Scheußlich hat er ausgesehen, die Hörner länger als bei einem Bullen.

TSCHITSCHIKOW Ich staune nur, daß Ihnen die Teufel nicht gleich dutzendweise erschienen sind. Aus schierer christlicher Nächstenliebe wollte ich sie Ihnen abkaufen: Ich sehe, eine arme Witwe plagt sich, leidet Not. Geh doch zum Teufel mitsamt deinem ganzen Dorf!

KOROBOTSCHKA Ach, fluchen Sie doch nicht so fürchterlich.

TSCHITSCHIKOW Was soll man denn bei Ihnen für Worte gebrauchen? Sie sind ja, um nicht ein böses Wort zu benutzen, wie ein Hofhund, der im Heu liegt. Er selber frißt es nicht, und er läßt auch andere nicht heran.

KOROBOTSCHKA Warum sind Sie denn so ärgerlich und so hitzig? Wenn ich das vorher gewußt hätte, ich würde Ihnen nicht widersprochen haben. Also bitte, ich gebe Ihnen die Seelen für fünfzehn Rubel in bar. *Das Gewitter läßt nach.*

SPRECHER Sie macht einen verrückt, die verfluchte alte Schachtel.

TSCHITSCHIKOW Puh, verdammt! *Wischt sich den Schweiß ab.* Haben Sie in der Stadt eine Vertrauensperson oder einen Bekannten, den Sie zur Erledigung der Vertragsformalitäten bevollmächtigen könnten?

KOROBOTSCHKA Aber ja. Der Sohn vom Protopopen Vater Kirill dient bei Gericht.

TSCHITSCHIKOW Na großartig. *Schreibt.* Unterschreiben Sie. *Gibt ihr das Geld.* Nun, leben Sie wohl, gute Frau.

KOROBOTSCHKA Aber Ihr Wagen ist noch gar nicht fertig.

TSCHITSCHIKOW Doch, er wird schon fertig sein.

SELIFAN *in der Tür* Der Wagen ist fertig.

TSCHITSCHIKOW Was hast du so lange getrödelt, du Holzkopf? Leben Sie wohl, gute Frau. *Ab.*

KOROBOTSCHKA *bekreuzigt sich lange* Ach Gott … Fünfzehn Rubel … In die Stadt muß ich fahren … Ich hab mich vertan, oh, und wie, hab viel zu billig verkauft. In die Stadt muß ich fahren … Fragen, was tote Seelen kosten. Fetinja! Fetinja!

Fetinja kommt herein.

Fetinja, laß anspannen … Ich muß in die Stadt fahren … Man kauft jetzt Tote … Ich muß nach dem Preis fragen!

Vorhang

Dritter Akt

Achtes Bild

SPRECHER *im Ballkostüm* Tschitschikows Einkäufe wurden zum Gesprächsstoff. In der Stadt gab es Tratsch, Meinungen und Urteile, ob es vorteilhaft sei, Bauern zur Ansiedlung zu kaufen. All das Gerede hatte eine angenehme Folge, nämlich: Es ging das Gerücht, daß Tschitschikow nicht mehr und nicht weniger sei als ein Millionär! Die Einwohner der Stadt gewannen ihn dermaßen lieb, daß er keine Möglichkeit sah, der Stadt zu entkommen. Kurzum, er wurde, wie es so schön heißt, auf Händen getragen.

Das Wort »Millionär« enthält etwas, was auf alle Menschen wirkt. Ein Millionär bekommt uneigennützige Niedertracht zu sehen, reine Niedertracht, die auf keinerlei Berechnung basiert. Viele wissen sehr wohl, daß sie nichts von ihm zu erwarten haben, aber sie laufen vor ihm her, um wenigstens zu lachen oder den Hut zu ziehen.

Einige Zeit später bekam er eine Einladung zum Ball beim Gouverneur, eine höchst übliche Sache in Gouvernementsstädten: Wo ein Gouverneur ist, da sind auch Bälle, denn ohne diese gäbe es nicht die gebührende Liebe und Achtung seitens des Adels.

Dies versetzte Tschitschikow in eine so lichte Geistesverfassung, daß er in bunten Farben erblühte wie ein Kampfhahn, wenn die Zeit der Liebe gekommen ist.

Man kann sagen, was man will, aber Bälle sind eine gute
Sache. Ob Kälte oder Mißernte oder sonst ein Vorfall,
aber wenn sich alle zusammenfinden, hat jeder etwas
davon. Die Jungen tanzen, die Angesehenen spielen
Karten, und die Gesellschaft, das bedeutet so viel! Alles
amüsiert sich, und das Leben ist bunt! Und dann das
Abendessen: der Koch des Gouverneurs! Haselhühner
in Mayonnaise, Stör mit Trüffeln und Semmelbröseln.
Das wird mit eiskaltem Sekt runtergespült. Verdammt,
im Leben gibt es doch viel von allem! Ich mag die angenehme, harmlose Gesellschaft!
Schmetternde Musik.
Er schob sich durch die Wolke aus schwarzen Fräcken
und sah die in allen Farben schimmernden Schmetter-
linge, und er kniff sogar zeitweise die Augen zu von diesem Schimmer ...
Und was da alles ragte und wogte! Ein Kavalleriestutzer
mit goldenen Fladen auf den Schultern! Schleifen und
Blumensträuße! Die Postmeistersfrau, eine Dame mit
hellblauer Feder, eine Dame mit weißer Feder, ein
Beamter (aus Petersburg), ein Beamter aus Moskau,
der Franzose Coucou, Perchunowski, Berebendowski!
Die Absätze bearbeiteten den Fußboden! Ein Stabs-
hauptmann von der Armee arbeitete mit Armen und
Beinen, um Schritte auszuführen, die noch nie jemand
im Traum ausgeführt hatte. Die Galoppade sauste nur
so dahin! Und er sah, wie die Tochter des Gouverneurs,
kaum mit den Atlasschühchen auftretend, dahinflog,
und der weiße Flaum ihres ephemerischen Kleides
umschwebte sie, als drehte sie sich in einer dünnen
Wolke.
Aber es war hier auch etwas Seltsames, was er sich nicht
erklären konnte. Es kam ihm so vor, als wäre der ganze
Ball mit seinem Lärm und Stimmengewirr für ein paar
Minuten in weite Ferne versetzt, die Geigen und Trompeten schmetterten irgendwo hinter den Bergen, und
alles hüllte sich in Nebel wie ein nachlässig gemaltes Feld

auf einem Bild. An Stelle der Arme und Beine waren überall Scheren und Pranken und Riesenschultern; die Korsetts mancher Damen waren wie üppig geblähte Kissen, bei anderen wie plumpe Bretter ... Was für häßliche Menschen gab es in unserm Gouvernement! In dem dunstigen, schlecht und recht hingeworfenen Feld fielen klar und deutlich nur die Züge der Gouverneurstochter auf. Nur sie, sie allein zeichnete sich weiß, hell und durchsichtig von der trüben und undurchsichtigen Menge ab!

Hinter dem Vorhang eine Explosion von Blasmusik. Der Vorhang geht auf. Nacht.

Speisezimmer des Gouverneurs. Eine große Tafel. Abendessen. Lichter. Diener.

FRAU DES GOUVERNEURS Sie haben also tüchtig eingekauft, Pawel Iwanowitsch!

TSCHITSCHIKOW Ja, das habe ich, Euer Exzellenz.

GOUVERNEUR Sehr gute Sache, wirklich, sehr gute Sache.

TSCHITSCHIKOW Ja, ich sehe es selbst, Euer Exzellenz, eine bessere Sache hätte ich gar nicht machen können.

POLIZEIMEISTER Vivat, hurra, Pawel Iwanowitsch!

PRÄSIDENT
POSTMEISTER } Hurra!
STAATSANWALT

SOBAKEWITSCH Warum sagen Sie Iwan Grigorjewitsch nicht, was Sie gekauft haben? So was von Leuten! Das reine Gold. Ich habe ihm ja den Stellmacher Michejew verkauft.

PRÄSIDENT Wirklich, Michejew? Ein großartiger Meister. Er hat meine Kutsche repariert. Aber sagen Sie mal, haben Sie mir nicht erzählt, er wäre gestorben?

SOBAKEWITSCH Wer, Michejew? Sein Bruder ist gestorben. Er selbst ist quicklebendig und noch gesünder als vorher.

GOUVERNEUR Ein großartiger Meister.

SOBAKEWITSCH Nur er? Und Stepan Probka, der Zimmermann? Oder Miluschkin, der Ziegelbrenner? Maxim Teljatnikow, der Schuster?

SOFJA IWANOWNA Warum haben Sie die verkauft, Michail Semjonowitsch? Es sind doch geschickte Handwerker, die Sie im Hause brauchen.

SOBAKEWITSCH Wie das so geht, eine Art Raptus. Weg mit Schaden, hab ich mir gesagt, und dann hab ich sie verkauft wie ein Idiot.

Anna Grigorjewna, Sofja Iwanowna, Postmeister und Manilowa lachen.

STAATSANWALT Pawel Iwanowitsch, darf ich fragen, warum Sie Bauern ohne Land kaufen? Wollen Sie sie irgendwo ansiedeln?

TSCHITSCHIKOW Ja, das will ich.

STAATSANWALT So, das ist etwas anderes. In welcher Gegend denn?

TSCHITSCHIKOW In welcher Gegend? Im Gouvernement Cherson.

GOUVERNEUR Oh, dort sind wunderbare Böden.

PRÄSIDENT Ertragreiche Wiesen.

POSTMEISTER Haben Sie auch genug Land?

TSCHITSCHIKOW Ja, es reicht. Genau so viel, wie ich für die gekauften Bauern brauche.

POLIZEIMEISTER Gibt's da einen Fluß?

POSTMEISTER Oder einen Teich?

TSCHITSCHIKOW Ja, es gibt da einen Fluß und auch einen Teich.

GOUVERNEUR Auf die Gesundheit des neuen Chersoner Gutsbesitzers.

ALLE Hurra!

PRÄSIDENT Aber erlauben Sie …

ANNA GRIGORJEWNA Scht …

PRÄSIDENT Auf die Gesundheit der künftigen Gattin des Chersoner Gutsbesitzers!

Händeklatschen.

MANILOW Liebenswürdiger Pawel Iwanowitsch!

PRÄSIDENT Nein, Pawel Iwanowitsch, bleiben Sie noch …

POSTMEISTER Das wäre ja wie eine Stippvisite: auf die Schwelle und gleich wieder kehrt.

STAATSANWALT Nein, leisten Sie uns noch Gesellschaft.

ANNA GRIGORJEWNA Wir bringen Sie unter die Haube, nicht wahr, Iwan Grigorjewitsch?

PRÄSIDENT Ja, das machen wir.

POSTMEISTER Sie können sich noch so sträuben, wir werden Sie verheiraten.

POLIZEIMEISTER Nein, werter Herr, wenn Sie einmal hier sind, dürfen Sie sich nicht beklagen.

SOFJA IWANOWNA Wir scherzen nicht gern!

TSCHITSCHIKOW Wieso denn, warum soll ich mich mit allen vieren sträuben? Heiraten ist doch nichts Schlimmes. Wenn man die Braut dazu hat ...

POLIZEIMEISTER Die findet sich, bestimmt.

SOFJA IWANOWNA }
ANNA GRIGORJEWNA } Die findet sich, ganz bestimmt.

TSCHITSCHIKOW Wenn sie sich findet ...

POLIZEIMEISTER Bravo, er bleibt.

POSTMEISTER Vivat, hurra, Pawel Iwanowitsch!

Musik auf der Empore. Die Portiere geht auf, herein kommt Nosdrjow, begleitet von Mishujew.

NOSDRJOW Euer Exzellenz ... Entschuldigen Sie, ich habe mich verspätet ... Mein Schwager, Mishujew ... *Pause.* Ah, der Chersoner Gutsbesitzer! Na, tüchtig Tote eingekauft?

Allgemeines Schweigen.

Euer Exzellenz, Sie wissen ja noch gar nicht, er handelt mit toten Seelen!

Grabesstille. Tschitschikow und Sobakewitsch werden blaß.

Wahrhaftig. Hör mal, Tschitschikow, wir sind hier alle deine Freunde. Auch Exzellenz hier ... Ich würde dich, bei Gott, aufhängen lassen ... Glauben Sie mir, Euer Exzellenz, wie er zu mir gesagt hat, verkauf mir tote Seelen, ich bin gestorben vor Lachen!

Gendarmenoberst erhebt sich ein wenig und hört gespannt zu.

Wie ich hier in die Stadt komm, erzählt mir alle Welt, er hat für drei Millionen Rubel Seelen zur Ansiedlung eingekauft. Schöne Ansiedlung! Von mir hat er Tote kaufen wollen. Tschitschikow, ich sage dir, du bist ein Schweinepriester, jawohl. Auch Exzellenz hier kann es bezeugen ... Stimmt's, Staatsanwalt? Ach, du, du ... Ich geh dir nicht vom Leib, bevor ich weiß, wozu du tote Seelen kaufst. Weißt du, Tschitschikow, schäm dich was. Du weißt selber, du hast keinen besseren Freund als mich. Auch Exzellenz hier kann es bezeugen ... Stimmt's, Staatsanwalt? Sie glauben gar nicht, Euer Exzellenz, wie wir beide aneinander hängen. So wie ich hier stehe, wenn Sie mich fragen: Nosdrjow, sag ehrlich, wen hast du lieber, deinen Vater oder Tschitschikow? Dann sag ich, Tschitschikow, bei Gott! Mein Herzblatt, erlaub mir, ich schmatz dir einen Baiser ... Sie müssen mir schon erlauben, Euer Exzellenz, ihm einen Kuß zu geben. Ja, Tschitschikow, sträub dich nicht, jetzt schmatz ich dir ein Baiserchen auf dein schneeweißes Wänglein ...

Tschitschikow erhebt sich mit verzerrtem Gesicht und versetzt Nosdrjow einen Stoß gegen die Brust, dieser fliegt zurück.

Einen Baiser. *Umarmt die Tochter des Gouverneurs und küßt sie.*

Die Tochter kreischt gellend. Stimmengewirr. Alle springen auf.

GOUVERNEUR Das geht zu weit. Bringt ihn hinaus!

Diener führen Nosdrjow und Mishujew hinaus. Stimmengewirr.

NOSDRJOW *hinter der Bühne* Mein Schwager! Mishujew!

Der Gouverneur gibt den Musikern ein Zeichen. Sie spielen einen Tusch, brechen aber gleich wieder ab. Tschitschikow drängt sich durch zum Ausgang. Die Tür geht auf, es zeigt sich der Stab des Portiers, dahinter steht Korobotschka. Grabesstille.

KOROBOTSCHKA Was kosten tote Seelen?

Schweigen. Tschitschikows Platz ist leer.

Vorhang

Neuntes Bild

SPRECHER Wer hat sich bloß die Bälle ausgedacht! Die Bälle
soll der Teufel holen und auch die, die sie sich ausgedacht haben! Für drei Stunden findet man sich
zusammen, und drei Jahre dauert hinterher der Tratsch!
Und die freuen sich auch noch in ihrer Blödheit! Im
Gouvernement herrschen Mißernte und Teuerung,
und sie gehen auf Bälle! Lustig, wie sich die Weiber
aufdonnern! Manch eine trägt Klamotten für tausend
Rubel auf dem Leib. Und bezahlt wird das alles mit dem
bäuerlichen Zwangszins oder, schlimmer noch, mit
unserm schlechten Gewissen. Man weiß ja, warum man
Schmiergeld nimmt und heuchelt: um der Gattin einen
Schal zu kaufen oder eine Roberonde oder weiß der
Teufel, wie das heißt! Sie schreien: »Ball! Ball! Froh-
sinn!« Ein erwachsener Volljähriger, ganz in Schwarz ge-
zwängt, springt plötzlich herum wie ein Teufelchen und
strampelt mit den Beinen! Im Gouvernement herrscht
Hunger, und sie gehen auf Bälle!
Nein, wirklich, nach jedem Ball fühlt man sich, als hätte
man eine Sünde begangen, und man möchte gar nicht
mehr daran denken. Was kann man schon herausquet-
schen aus solch einem Ball? Na, und wenn ein Schriftsteller darauf verfiele, diese Szene so zu beschreiben,
wie sie ist? Na, im Buch wär sie genauso sinnlos wie in der
Natur. Man spuckt aus und klappt das Buch zu!
Aber Nosdrjow, Nosdrjow! Was ist das für ein Lump, für
eine Bestie! Jetzt würden die Leute lügen, aufbauschen,
sonst was für Gerüchte in die Welt setzen! Was bin ich
doch für ein Dummkopf! Der Teufel soll ihn holen …
Ich bin wohl krank, erkältet, habe ein Zahngeschwür …
Und plötzlich hört, Gott behüte, mein Leben auf …
Und als ihm die blinde Nacht in die Augen sah und in
der Ferne die Hähne einander zuriefen, bereiteten sich
Ereignisse vor, die die unangenehme Lage meines Helden noch verschlimmern sollten.

Am nächsten Morgen sprach die ganze Stadt von den toten Seelen und von der Tochter des Gouverneurs. Von Tschitschikow und den toten Seelen. Von der Tochter des Gouverneurs und von Tschitschikow. Von Nosdrjow und den toten Seelen und von Korobotschka. Alles, aber auch alles kam hoch. In den Köpfen herrschte chaotischer Wirrwarr. Tote Seelen, weiß der Teufel, was das bedeutet, dahinter muß etwas stecken, aber was Ungutes, Scheußliches. Was ist das, tote Seelen? Alle Welt war in Erregung, als hätte ein Wirbelwind die bislang schlummernde Stadt aufgescheucht. Ein gewisser Syssoi Pafnutjewitsch und Makdonald Karlowitsch traten auf den Plan, von denen man früher nie gehört hatte. ... Durch die Straßen fuhren geschlossene Kutschen, allerlei fremde Wagen brausten klirrend dahin ...

Ein Türglöckchen klingelt.

Jetzt geht es los. *Verschwindet.*

Der Vorhang geht auf. Ein hellblaues Zimmer. In einem Ring schaukelt ein Papagei.

SOFJA IWANOWNA *saust herein* Wissen Sie denn, Anna Grigorjewna, weshalb ich zu Ihnen komme?

ANNA GRIGORJEWNA Nun?

SOFJA IWANOWNA Hören Sie doch, was ich für Neuigkeiten habe. Das ist eine Geschichte ... Ce qu'on appelle histoire!*

ANNA GRIGORJEWNA Nun?

SOFJA IWANOWNA Stellen Sie sich vor, kommt doch heute die Protopopin zu mir, vom Vater Kirill die Frau, und was meinen Sie, was die mir von unserm zugereisten Tschitschikow erzählt?

ANNA GRIGORJEWNA Was denn, hat er etwa der Protopopin den Hof gemacht?

SOFJA IWANOWNA Ach, Anna Grigorjewna, wenn's nur das wäre. Hören Sie, was mir die Protopopin erzählt hat. Also, die Korobotschka ist bei ihr abgestiegen. Sie

---

* Was man so eine Geschichte nennt! (frz.)

kommt zu ihr, bleich wie der Tod, und erzählt. Mitten in der Nacht wird bei ihr entsetzlich gegen das Tor gehämmert, und eine Stimme schreit: »Macht auf, macht auf, sonst schlag ich das Tor ein!«

ANNA GRIGORJEWNA Ach, wie süß, er hält es mit den alten Mütterchen! Ach, ach, ach ...

SOFJA IWANOWNA Aber nein, Anna Grigorjewna, nicht, was Sie denken!

Es klingelt heftig.

ANNA GRIGORJEWNA Ob das die Frau vom Vizegouverneur ist? Parascha, wer ist da?

MAKDONALD KARLOWITSCH *kommt herein* Anna Grigorjewna. Sofja Iwanowna. *Küßt beiden die Hand.*

ANNA GRIGORJEWNA Ach, Makdonald Karlowitsch!

MAKDONALD KARLOWITSCH Haben Sie schon gehört?

ANNA GRIGORJEWNA Aber ja. Sofja Iwanowna erzählt grade.

SOFJA IWANOWNA Stellen Sie sich vor, er kommt bis an die Zähne bewaffnet, wie Rinaldo Rinaldini.

MAKDONALD KARLOWITSCH Tschitschikow?

SOFJA IWANOWNA Ja. Und fordert von der Korobotschka, sie soll ihm alle toten Seelen verkaufen ...

MAKDONALD KARLOWITSCH Eijeijei ...

SOFJA IWANOWNA Die Korobotschka sagt ganz vernünftig zu ihm: Die kann ich Ihnen nicht verkaufen, sie sind ja tot ... Nein, sagt er, sie sind nicht tot ... Er schreit, sie sind nicht tot ... Das muß ich besser wissen! Wenn Sie wüßten, wie mich das beunruhigt hat, als ich das hörte ...

MAKDONALD KARLOWITSCH Eijeijei ...

ANNA GRIGORJEWNA Was kann das bedeuten mit den toten Seelen? Mein Mann sagt, das wäre bloß eine von Nosdrjows Lügen!

SOFJA IWANOWNA Aber wieso soll er lügen? Frau Korobotschka sagt, sie weiß nicht, was sie machen soll! Er hat sie gezwungen, ein falsches Papier zu unterschreiben, und hat ihr fünfzehn Rubel auf den Tisch geworfen ...

MAKDONALD KARLOWITSCH Eijeijei … *Küßt überraschend Anna Grigorjewna und Sofja Iwanowna die Hand.* Auf Wiedersehen, Anna Grigorjewna. Auf Wiedersehen, Sofja Iwanowna.

ANNA GRIGORJEWNA Wo wollen Sie hin, Makdonald Karlowitsch?

MAKDONALD KARLOWITSCH Zu Praskowja Fjodorowna. *Von der Tür her.* Dahinter steckt was anderes, hinter den toten Seelen. *Eilt hinaus.*

SOFJA IWANOWNA Ich muß gestehen, das glaube ich auch … Was meinen Sie denn, was könnte dahinterstecken?

ANNA GRIGORJEWNA Die toten Seelen …

SOFJA IWANOWNA Na, na?

ANNA GRIGORJEWNA Die toten Seelen …

SOFJA IWANOWNA So reden Sie doch, um Gottes willen!

ANNA GRIGORJEWNA Das hat er sich nur so ausgedacht, um uns von seiner Spur zu locken. Die Sache ist die: Er will die Tochter des Gouverneurs entführen!

SOFJA IWANOWNA Ach mein Gott! Darauf wär ich nun wirklich nie gekommen.

ANNA GRIGORJEWNA Und ich, ich muß gestehen, Sie hatten kaum den Mund geöffnet, da wußte ich gleich, was los ist.

Das Glöckchen klingelt.

SOFJA IWANOWNA Aber was soll man da von unserer Erziehung im Institut denken? Die reinste Unschuld!

ANNA GRIGORJEWNA Mein Leben, was für eine Unschuld! Sie hat beim Abendessen Dinge gesagt, die ich, offen gestanden, nie in den Mund nehmen würde.

SYSSOI PAFNUTJEWITSCH *kommt herein* Guten Tag, Anna Grigorjewna! Guten Tag, Sofja Iwanowna.

ANNA GRIGORJEWNA Syssoi Pafnutjewitsch, guten Tag.

SYSSOI PAFNUTJEWITSCH Haben Sie schon von den toten Seelen gehört? Was für ein Unsinn wird da in der Stadt zusammengeredet?

SOFJA IWANOWNA Wieso Unsinn, Syssoi Pafnutjewitsch, er will ja die Tochter des Gouverneurs entführen.

SYSSOI PAFNUTJEWITSCH Eijeijei. Wie konnte sich Tschitschikow, ein zugereister Mann, zu so etwas entschließen? Wer würde ihm dabei helfen?

SOFJA IWANOWNA Und Nosdrjow?

SYSSOI PAFNUTJEWITSCH *schlägt sich die Hand vor die Stirn* Nosdrjow ... Allerdings ...

ANNA GRIGORJEWNA Nosdrjow! Nosdrjow! Er wollte ja seinen eigenen Vater verkaufen oder noch lieber verspielen.

Das Glöckchen klingelt heftig.

SYSSOI PAFNUTJEWITSCH Auf Wiedersehen, Anna Grigorjewna. Auf Wiedersehen, Sofja Iwanowna. *Stößt in der Tür auf den eintretenden Staatsanwalt.*

STAATSANWALT Wo wollen Sie hin, Syssoi Pafnutjewitsch?

SYSSOI PAFNUTJEWITSCH Keine Zeit, keine Zeit, Antipator Sacharjewitsch. *Läuft hinaus.*

STAATSANWALT Sofja Iwanowna. *Küßt ihr die Hand.*

ANNA GRIGORJEWNA Hast du schon gehört?

STAATSANWALT *mit leidender Stimme* Was denn eigentlich?

SOFJA IWANOWNA Die toten Seelen sind eine Erfindung, die nur zur Tarnung dient. Er will die Tochter des Gouverneurs entführen.

STAATSANWALT Mein Gott!

SOFJA IWANOWNA Na, Anna Grigorjewna, meine Liebe, ich fahre, ich fahre ...

ANNA GRIGORJEWNA Wohin?

SOFJA IWANOWNA Zur Frau des Vizegouverneurs.

ANNA GRIGORJEWNA Ich komme mit. Ich kann nicht mehr! Ich bin so aufgeregt, Parascha ... Parascha ...

Die beiden Damen verschwinden. Man hört ihre Kutsche poltern.

STAATSANWALT Parascha!

PARASCHA Sie wünschen?

STAATSANWALT Sag Andrjuschka, er soll keinen reinlassen ... Nur Beamte ... Wenn Tschitschikow kommt, nicht reinlassen. Er soll sagen, es sei ihm verboten worden. Und eine Kleinigkeit zu essen ...

PARASCHA Sehr wohl, Antipator Sacharjewitsch. *Ab.*

STAATSANWALT *allein* Was geht bloß vor in der Stadt! *Bekreuzigt sich.*

Man hört Kutschen vorüberrattern, dann klingelt wieder das Türglöckchen. Man hört undeutlich die Stimmen von Parascha und Andrjuschka, dann wird es still. Der Papagei schreit plötzlich: »Nosdrjow! Nosdrjow!«

Mein Gott, nun auch der Vogel! Dahinter steckt der Böse! *Bekreuzigt sich.*

Wieder das Glöckchen.

Das ganze Gouvernement kommt! Eine schöne Geschichte. *Man hört Stimmen. Herein kommen Postmeister, Präsident und Polizeimeister.*

POLIZEIMEISTER Guten Tag, Antipator Sacharjewitsch. Diesen Tschitschikow hat der Teufel zu uns gebracht. *Trinkt ein Gläschen.*

PRÄSIDENT Mir schwirrt der Kopf. Und wenn ihr mich umbringt, ich weiß nicht, wer dieser Tschitschikow ist. Und was hinter den toten Seelen steckt.

POSTMEISTER Als Mensch, mein Lieber, sich zu benehmen versteht er ...

POLIZEIMEISTER Wie Sie wollen, meine Herren, aber wir müssen die Sache irgendwie zu Ende bringen. Denn was sich in der Stadt tut ... Die einen sagen, er macht Falschgeld. Es wird auch erzählt, sonderbar genug, Tschitschikow soll der verkleidete Napoleon sein.

STAATSANWALT Ach mein Gott ...

POLIZEIMEISTER Ich finde, man sollte entschlossen handeln.

PRÄSIDENT Wie denn?

POLIZEIMEISTER Ihn festnehmen, als verdächtige Person.

PRÄSIDENT Und wenn er uns festnimmt als verdächtige Personen?

POLIZEIMEISTER Wie soll das zugehen?

PRÄSIDENT Na, und wenn er mit geheimem Auftrag hier ist? Tote Seelen ... Hm ... Er soll sie kaufen ... Vielleicht ist das eine Nachforschung über die Gestorbenen, von denen es hieß: »Todesursache unbekannt«?

POSTMEISTER Meine Herren, ich bin der Meinung, die Sache muß sorgfältig untersucht werden, und das gemeinsam, wie im englischen Parlament. Um alles gründlich aufzudecken bis in die letzten Falten.

POLIZEIMEISTER Na gut, machen wir.

PRÄSIDENT Ja! Wir setzen uns zusammen und klären gemeinsam, was Tschitschikow für einer ist.

Das Glöckchen klingelt. Stimme Andrjuschkas: »Ich darf Sie nicht hereinlassen.« Stimme Tschitschikows: »Was sagst du? Erkennst du mich nicht? Sieh mich mal gut an.« Die Beamten verstummen. Der Papagei schreit plötzlich: »Nosdrjow.«

POLIZEIMEISTER Scht ... *Stürzt zum Papagei, deckt ein Tuch darüber. Stimme Andrjuschkas: »Ich erkenne Sie. Sie sind ja nicht das erstemal hier. Aber grade Sie darf ich nicht hereinlassen.« Stimme Tschitschikows: »Das ist ja allerhand. Wieso? Warum nicht?« Stimme Andrjuschkas: »So lautet der Befehl.« Stimme Tschitschikows: »Versteh ich nicht.« Die Tür klappt. Pause.*

POLIZEIMEISTER *flüsternd* Er ist weg!

Vorhang

Vierter Akt

Zehntes Bild

Abend. Kabinett des Polizeimeisters. Seitlich ist ein Imbiß ange-
richtet. An der Wand hängt ein Bild des Chefs des Gendar-
meriekorps, Graf Alexander Benckendorff.

POLIZEIMEISTER *zum Polizisten* Kommt er?

POLIZIST Er war sehr verärgert und hat mich zum Teufel gewünscht. Aber als er auf dem Zettel las, daß es
ein Kartenspiel gibt, hat er sich bereden lassen. Er
kommt. *Es klopft. Herein kommen Präsident, Staatsan-*
walt und Postmeister. Der Gendarmenoberst sitzt etwas ab-
seits.

POLIZEIMEISTER Nun, meine Herren, in seinen Papieren
konnte ich nicht nachsehen. Er verläßt sein Zimmer
nicht, hat irgendeine Krankheit. Spült sich die Kehle mit
Feigenmilch. Man wird seine Leute fragen müssen. *Zur*
Tür He! *Herein kommt Selifan mit seiner Peitsche, nimmt die*
Mütze ab.

Nun, mein Lieber, erzähle von deinem Herrn.

SELIFAN Ein ganz normaler Herr.

POLIZEIMEISTER Mit wem hat er Umgang?

SELIFAN Mit guten Menschen, mit Herrn Perekrojew ...

POLIZEIMEISTER Wo hat er gedient?

SELIFAN Er war im Staatsdienst, als Kollegienrat. Auch
beim Zoll, bei staatlichen Bauten ...

65

POLIZEIMEISTER Was für Bauten?

Pause.

Na schön.

SELIFAN Drei Pferde hat er. Das eine wurde vor drei Jahren gekauft. Das graue wurde für ein graues eingetauscht. Das dritte, der Schecke, wurde auch gekauft.

POLIZEIMEISTER Und Tschitschikow heißt wirklich Pawel Iwanowitsch?

SELIFAN Ja, Pawel Iwanowitsch. Der Braune ist ein ehrenwertes Pferd, es tut seine Pflicht. Ich gebe ihm gern eine zusätzliche Portion, denn es ist ein ehrenwertes Pferd. Und das Beipferd ist auch ein gutes Tier. Brrrr! He, meine ehrenwerten Freunde!

POLIZEIMEISTER Du bist ja besoffen wie ein Schuster.

SELIFAN Ich hab mich mit einem Freund unterhalten, denn mit einem guten Menschen unterhält man sich gern, daran ist nichts Schlechtes … Da haben wir einen gehoben …

POLIZEIMEISTER Ich lasse dich gleich auspeitschen, dann wirst du wissen, wie man sich mit einem guten Menschen unterhält.

SELIFAN *knöpft den Rock auf* Wie es Euer Gnaden gefällig ist. Peitschen Sie mich aus. Ich habe nichts dagegen. Das muß auch sein, denn der Mushik schlägt sonst über die Stränge. *Schwenkt die Peitsche.*

POLIZEIMEISTER *mürrisch* Verschwinde.

SELIFAN *im Gehen* Brrrr … Laß das …

POLIZEIMEISTER *zu dem durch die Tür hereinschauenden Polizisten* Petruschka.

Petruschka kommt sturzbetrunken herein.

STAATSANWALT Auch nicht nüchtern.

POLIZEIMEISTER *ärgerlich* Ach, der ist immer so. *Zu Petruschka* Hast du außer Fusel noch was anderes zu dir genommen? Du gibst vielleicht ein Bild ab. Hast wohl schon halb Europa mit deinem Anblick erfreut. Erzähl von deinem Herrn.

Schweigen.

PRÄSIDENT *zu Petruschka* Hat er mit Perekrojew Umgang gehabt?

Schweigen.

POSTMEISTER Drei Pferde hat er?

Schweigen.

POLIZEIMEISTER Scher dich raus, du Hundesohn.

Petruschka wird hinausgeführt.

GENDARMENOBERST *aus der Ecke* Man müßte diejenigen befragen, denen er tote Seelen abgekauft hat.

POLIZEIMEISTER *zum Polizisten* Ist Korobotschka hergebracht worden? Bitte sie herein.

Korobotschka kommt herein.

PRÄSIDENT Sagen Sie bitte, stimmt es, daß nächtlicherweile ein Mann zu Ihnen kam, der Sie umzubringen drohte, wenn Sie ihm nicht irgendwelche Seelen ablassen?

KOROBOTSCHKA Versetzen Sie sich in meine Lage ... Fünfzehn Rubel in bar! Ich bin Witwe, ohne Erfahrungen ... Mich kann man leicht betrügen bei Geschäften, von denen ich nichts verstehe, mein guter Herr.

PRÄSIDENT Erzählen Sie ausführlich, wie das war ... Hatte er Pistolen bei sich?

KOROBOTSCHKA Nein, guter Herr, Gott behüte, Pistolen hab ich nicht gesehen. Guter Herr, lassen Sie mich nicht im Stich, erklären Sie es mir wenigstens, damit ich den richtigen Preis erfahre.

PRÄSIDENT Was für einen Preis, gute Frau, was meinen Sie?

KOROBOTSCHKA Was kostet eine tote Seele denn so heutzutage?

STAATSANWALT Du lieber Gott!

POLIZEIMEISTER Sie ist blöd von Geburt an, oder es hat bei ihr ausgehakt.

KOROBOTSCHKA Was sind schon fünfzehn Rubel. Ich weiß ja gar nicht, vielleicht sind sie fünfzig wert oder noch mehr.

GENDARMENOBERST Zeigen Sie mir das Papier. *Drohend.* Zeigen Sie mir das Papier! *Betrachtet das Papier.* Ein Papier wie jedes andere.

KOROBOTSCHKA Guter Herr, warum wollen Sie mir denn nicht sagen, was eine tote Seele kostet?

PRÄSIDENT Ich bitte Sie, was reden Sie da! Wo hätte man je gehört, daß jemand tote Seelen verkauft?

KOROBOTSCHKA Nein, guter Herr, Sie sind ja wirklich ... Jetzt seh ich, Sie sind selber Aufkäufer.

PRÄSIDENT Gute Frau, ich bin Präsident des hiesigen Kammergerichts.

KOROBOTSCHKA Nein, guter Herr, ich seh schon, Sie ... Sie wollen mich selber betrügen ... Schauen Sie, ich könnte Ihnen auch Daunen verkaufen.

PRÄSIDENT Gute Frau, ich sage Ihnen, ich bin Präsident. Was soll ich mit Ihren Daunen, ich kaufe gar nichts!

KOROBOTSCHKA Ja, weiß Gott, vielleicht sind Sie auch Präsident, ich weiß nicht ... Nein, guter Herr, ich sehe, Sie wollen selber kaufen.

PRÄSIDENT Gute Frau, ich rate Ihnen, lassen Sie sich behandeln. Ihnen fehlt doch hier was.

Korobotschka wird hinausgeführt.

POLIZEIMEISTER Puh, die Alte ist ja ein Plattkopf!

NOSDRJOW *kommt herein* Ba, ba, ba ... Staatsanwalt. Na, wo die Mächtigen des Gouvernements sind, gibt's auch was zu essen. *Trinkt.* Und wo sind die Karten?

POLIZEIMEISTER Sag uns bitte, was ist das für ein Gleichnis mit diesen toten Seelen? Stimmt es, daß Tschitschikow Tote gekauft hat?

NOSDRJOW *trinkt* Es stimmt.

STAATSANWALT Das hat aber keine Logik.

PRÄSIDENT Wozu kann man denn die Toten gebrauchen?

NOSDRJOW Er hat ein paar tausend gekauft. Ich hab ihm selber welche verkauft, denn ich sehe keinen Grund, sie ihm nicht zu verkaufen. Aber hol Sie der und jener. Wo sind die Karten?

POLIZEIMEISTER Später bitte. Und was hat die Tochter des Gouverneurs damit zu tun?

NOSDRJOW Er wollte sie ihr schenken. *Trinkt.*

STAATSANWALT Die Toten?

POLIZEIMEISTER Das ist ja totaler Humbug.

STAATSANWALT Ist Tschitschikow ein Spion? Will er etwas auskundschaften?

NOSDRJOW Will er. Ist er.

STAATSANWALT Ein Spion?

NOSDRJOW Schon in der Schule – wir sind ja zusammen zur Schule gegangen – wurde er Fiskal genannt. Dafür haben wir ihn einmal so verdroschen, daß man ihm allein an die Schläfen zweihundertvierzig Blutegel setzen mußte.

STAATSANWALT Zweihundertvierzig?

NOSDRJOW Ja.

POLIZEIMEISTER Ist er auch Geldfälscher?

NOSDRJOW Ist er. *Trinkt.* Ja, mit den Geldscheinen, das war auch urkomisch! Einmal hat man herausgefunden, daß er Falschgeld im Wert von zwei Millionen im Hause hat. Da wurde natürlich sein Haus versiegelt und eine Wache davorgestellt. Vor jede Tür zwei Soldaten. Da hat Tschitschikow das Geld in der Nacht ausgewechselt. Am nächsten Tag wurden die Siegel abgenommen ... und alle Scheine waren echt.

POLIZEIMEISTER Hör mal, sag lieber, hatte Tschitschikow wirklich die Absicht, die Tochter des Gouverneurs zu entführen?

NOSDRJOW *trinkt* Ja, ich hab ihm selber dabei geholfen. Ohne mich wäre gar nichts daraus geworden.

GENDARMENOBERST Wo sollte denn die Hochzeit sein?

NOSDRJOW In dem Dorf Truchmatschowka ... mit dem Popen Vater Sidor ... fünfundsiebzig Rubel sollte die Trauung kosten.

POSTMEISTER Teuer.

NOSDRJOW Er hätte nicht eingewilligt! Da hab ich ihm einen Schreck eingejagt. Ich hab ja den Krämer Michail mit der Gevatterin verheiratet ... hab ihm sogar meine Kutsche gegeben ... und Pferde zum Wechseln ...

POLIZEIMEISTER Wem? Dem Krämer? Dem Popen?

NOSDRJOW Hol dich der und jener! Wahrhaftig ... Wo sind

die Karten? Warum habt ihr mich aus meiner Einsamkeit geholt? Wegen Tschitschikow ...

STAATSANWALT Man mag es gar nicht sagen ... Aber in der Stadt läuft das Gerücht um, Tschitschikow wäre ... Napoleon.

NOSDRJOW Oııne Zweifel.

Die Beamten erstarren.

STAATSANWALT Wie kann das sein?

NOSDRJOW Verkleidet ... *Trinkt.*

PRÄSIDENT Aber es scheint, du hast schon angefangen, Kugeln zu gießen ...

NOSDRJOW Kugeln? *Geheimnisvoll.* Er steht da und hält den Hund an der Leine.

STAATSANWALT Wer?

NOSDRJOW Der Engländer. Die Engländer haben ihn von der Insel Helena freigelassen. Jetzt streift er durch Rußland und tarnt sich als Tschitschikow. Nein. In Wirklichkeit ist er nicht Tschitschikow. *Betrunken. Setzt den Dreispitz des Polizeimeisters auf.*

POLIZEIMEISTER Weiß der Teufel, was nun stimmt. So was, wirklich. Er sieht dem Bild Napoleons ja auch ähnlich! *Nosdrjow legt sich hin.* Besoffen! *Pause.*

POSTMEISTER Wissen Sie, meine Herren, wer dieser Tschitschikow ist?

ALLE Wer denn?

POSTMEISTER Meine Herren, das ist niemand anders als Hauptmann Kopejkin ...

PRÄSIDENT Wer ist dieser Hauptmann Kopejkin?

POSTMEISTER *mit unheimlicher Stimme* Sie wissen nicht, wer Hauptmann Kopejkin ist?

POLIZEIMEISTER Nein.

POSTMEISTER Nach dem Feldzug von Anno zwölf, geschätzter Herr, wurde eines Tages mit einem Verwundetentransport auch ein gewisser Hauptmann Kopejkin zurückgeschafft. Ein windiger Kopf, launisch wie der

Satan, ein tollkühner Bursche. War's nun bei Krasnoje oder bei Leipzig, stellen Sie sich vor, es hatte ihm einen Arm und ein Bein abgerissen. Ein einbeiniger Satan, auf dem Kragen ein Feuervogel!

Man hört das Klopfen eines Holzbeins. Die Beamten verstummen.

Wo dieser Hauptmann Kopejkin geblieben ist, weiß man nicht, aber in den Rjasaner Wäldern machte eine Räuberbande von sich reden, und der Ataman dieser Bande, mein Herr, war niemand anders als ...

Es klopft an die Tür.

KOPEJKIN Hauptmann Kopejkin.

STAATSANWALT Aah! *Fällt hin und stirbt.*

Präsident und Postmeister laufen hinaus.

POLIZEIMEISTER *erschrocken* Was wünschen Sie?

KOPEJKIN Hauptmann Kopejkin vom Feldjägerkorps. Ein Brief für Sie. Aus Sankt Petersburg. *Hustet und verschwindet.*

POLIZEIMEISTER Feldjäger! *Öffnet den Brief und liest.* Meinen Glückwunsch, Ilja Iljitsch, für unser Gouvernement ist ein Generalgouverneur ernannt worden. Der wird herkommen und aufräumen.

GENDARMENOBERST Alexej Iwanowitsch, Tschitschikow wird als verdächtige Person in Haft genommen.

POLIZEIMEISTER Du lieber Gott, was ist denn mit dem Staatsanwalt! Mein Gott ... Wasser, man muß ihn zur Ader lassen! Aber er scheint tot zu sein!

NOSDRJOW *erwacht* Ich hab's euch ja gesagt!

Vorhang

Elftes Bild

SPRECHER Nachdem er beim Staatsanwalt gewesen war, suchte er noch die anderen auf, aber er wurde entweder nicht vorgelassen oder so seltsam aufgenommen, daß er

71

an ihrem Geisteszustand zweifelte. Wie im Halbschlaf trottete er durch die Stadt, außerstande, sich klarzuwerden, ob er verrückt geworden war, ob die Beamten den Kopf verloren hatten, ob er das alles träumte oder ob wirklich eine blödsinnige Situation entstanden war, schlimmer als ein Traum ... Nun, wenn es schon so weit gekommen war, hatte es keinen Zweck zu warten, er mußte schleunigst abreisen!

Hotelzimmer. Abend. Eine Kerze.

TSCHITSCHIKOW Petruschka! Selifan!

SELIFAN Sie wünschen?

TSCHITSCHIKOW Macht alles bereit! Morgen früh fahren wir ab.

SELIFAN Aber Pawel Iwanowitsch, die Pferde müssen beschlagen werden!

TSCHITSCHIKOW Du Schuft! Du willst mich wohl ermorden? He? Erstechen? He? Du Räuber! Du Seeungeheuer! Drei Wochen sitzen wir hier auf einem Fleck, und du sagst nicht einen Ton, du Liederjan, und jetzt im letzten Augenblick kommst du angerannt. Hast du das nicht vorher gewußt? He? Antworte!

SELIFAN Ich hab's gewußt.

PETRUSCHKA Sieh mal an, wie du das gedeichselt hast. Du hast es gewußt und nichts gesagt.

TSCHITSCHIKOW Scher dich hinaus, und hol den Schmied, und daß mir in zwei Stunden alles fertig ist. Verstanden? Wenn nicht, zieh ich dir die Hammelbeine lang.

Selifan und Petruschka ab. Tschitschikow setzt sich hin und versinkt in Nachdenken.

SPRECHER Während dieser Zeit erlebte er den Zustand, in dem der Mensch noch nicht auf Reisen, aber auch nicht mehr seßhaft ist. Er sieht durchs Fenster die in der Dämmerung durcheinanderwimmelnden Menschen, er steht da, bald in sich versunken, bald wieder mit stumpfer Aufmerksamkeit alles betrachtend, was sich vor ihm bewegt oder auch nicht, und er zerquetscht vor Wut eine Fliege, die unter seinem Finger summt und zappelt. Armer, nicht reisender Reisender!

Es klopft an die Tür. Herein kommt Nosdrjow.

NOSDRJOW Wie sagt das Sprichwort: Für einen Freund sind sieben Werst kein Umweg ... Grad komm ich vorbei und seh, dein Fenster ist noch hell. Na, denk ich, da mußt du schnell mal rein ... Laß mir eine Pfeife stopfen. Wo hast du deine Pfeife?

TSCHITSCHIKOW Ich bin doch Nichtraucher.

NOSDRJOW Quatsch, als ob ich nicht wüßte, daß du wie ein Schornstein rauchst! He, Wachramej!

TSCHITSCHIKOW Er heißt nicht Wachramej, er heißt Petruschka.

NOSDRJOW Seit wann denn, er hat doch immer Wachramej geheißen.

TSCHITSCHIKOW Nein, ich hab in meinem Leben noch keinen Wachramej gehabt.

NOSDRJOW Ja, richtig, Wachramej heißt ja der von Derjobin. Stell dir vor, was dieser Derjobin für Dusel hat ... Seine Tante hat Krach mit ihrem Sohn ... Eins kannst du aber nicht bestreiten, lieber Freund, du hast wirklich gemein gehandelt, weißt du noch, neulich, als wir Dame gespielt haben? Ich hatte ja schon gewonnen ... Ja, mein Lieber, du hast mich einfach beschummelt. Aber hol mich der Teufel, ich kann dir nicht böse sein! Ach ja, was ich noch sagen wollte, die ganze Stadt ist gegen dich, die Leute glauben, du machst Falschgeld ... Sie wollten mich aushorchen, aber ich hab mich wie ein Berg vor dich gestellt ... Ich hab ihnen erzählt, wir wären zusammen zur Schule gegangen ... auch deinen Vater hätte ich gekannt ...

TSCHITSCHIKOW Ich mache Falschgeld?

NOSDRJOW Warum jagst du denen auch solchen Schrecken ein! Weiß der Teufel, die sind ganz verrückt vor Angst ... Sie halten dich für einen Räuber und Spion, und der Staatsanwalt ist vor Angst gestorben, morgen ist die Beerdigung. Sie haben Angst vor dem neuen Generalgouverneur. Du hast dich da auch wirklich auf eine riskante Sache eingelassen, Tschitschikow!

TSCHITSCHIKOW Was für eine riskante Sache?

NOSDRJOW Die Tochter des Gouverneurs willst du entführen.

TSCHITSCHIKOW Was? Was redest du da? Die Tochter des Gouverneurs entführen? Ich und schuld am Tod des Staatsanwalts?

Herein kommen Selifan und Petruschka mit erschrockenen Gesichtern. Hinter der Bühne hört man Sporen klirren.

PETRUSCHKA Pawel Iwanowitsch, der Polizeimeister und der Polizist wollen Sie holen.

TSCHITSCHIKOW Was, was ist los?

NOSDRJOW *pfeift* Ft. *Verschwindet plötzlich durch das Fenster. Herein kommen Polizeimeister, Gendarmenoberst und Polizist.*

POLIZEIMEISTER Pawel Iwanowitsch, ich habe Befehl, Sie ins Gefängnis zu bringen.

TSCHITSCHIKOW Alexej Iwanowitsch, weswegen denn? Wie kann das sein? Ohne Gerichtsverhandlung? Ohne Grund? Ins Gefängnis … Einen Edelmann?

GENDARMENOBERST Keine Bange, der Gouverneur hat es befohlen.

POLIZEIMEISTER Wir warten.

TSCHITSCHIKOW Alexej Iwanowitsch, ich bitte Sie! Hören Sie mich an … Meine Feinde haben mich verleumdet … Ich … Gott ist mein Zeuge, dies ist nur eine unglückliche Verkettung von Umständen …

POLIZEIMEISTER Nehmen Sie seine Sachen.

Polizist verschnürt die Schatulle, nimmt den Koffer.

TSCHITSCHIKOW Erlauben Sie, meine Sachen … Die Schatulle … Da ist alles drin, was ich habe, im Schweiße meines Angesichts erworben … Die Urkunden für die Leibeigenen …

GENDARMENOBERST Die brauchen wir grade.

TSCHITSCHIKOW *verzweifelt* Nosdrjow! *Dreht sich um.* Ach, er ist weg … Dieser Schuft! Dieser Halunke. Wofür hat er mich ans Messer geliefert?

Polizist nimmt ihn beim Arm.

Hilfe! Sie bringen mich ins Gefängnis! Sie wollen mich töten!

Er wird abgeführt. Selifan und Petruschka stehen da und sehen sich schweigend an.

Vorhang

Zwölftes Bild

Arrestzelle.

SPRECHER Eisengitter vor dem Fenster. Ein wackliger Ofen. Eine schöne Behausung. Seine ganze Natur war erschüttert und aufgeweicht. Auch Platin schmilzt, das härteste Metall, wenn im Schmelztiegel die Hitze gesteigert wird, der Blasebalg faucht und unerträgliche Glut entsteht, es wird weiß, das harte Metall, und verwandelt sich in eine Flüssigkeit – so gibt auch der stärkste Mann im Schmelztiegel sich häufenden Unglücks nach, wenn unerträgliches Feuer seine verhärtete Natur aufweicht ...

Der gierige Wurm der angstvollen hoffnungslosen Trauer legte sich um sein Herz! Und er bohrte sich hinein in das Herz, das ungeschützte ...

TSCHITSCHIKOW Krumme Geschäfte habe ich gemacht! Das kann ich nicht bestreiten, aber doch nur, als ich sah, daß auf geradem Wege nichts zu holen ist und auf krummem Wege sehr viel. Aber ich habe es doch auf feine Weise gemacht ... Und wozu? Um den Rest meiner Tage in Wohlstand zu verbringen. Ich wollte eine Frau und Kinder haben, ich wollte als Mensch und Staatsbürger meine Pflicht tun, um mir dann wirklich die Achtung der Mitbürger und Vorgesetzten zu verdienen! Mit meinem Blut mußte ich mir meine Existenz erkämpfen! Mit meinem Blut! Wofür diese Schläge? Wo bleibt die himmlische Gerechtigkeit? Was ist das für ein Unglück? Kaum fängt man

75

an, nach den Früchten zu greifen, und berührt sie schon, da kommt plötzlich ein Sturm auf und läßt das ganze Schiff zerschellen! Bin ich ein Räuber? Habe ich irgendwen geschädigt? Habe ich auch nur einen Menschen unglücklich gemacht? Und diese Schufte bei Gericht, die scheffeln Tausende, und sie plündern nicht nur den Fiskus und die Reichen, sie nehmen auch noch den Habenichtsen die letzte Kopeke. So viel Mühe, so viel eiserne Geduld, und dann solch ein Schlag ... Wofür? Womit hab ich das verdient? *Reißt seinen Frack auf.*

SPRECHER Pst! Pst!

Hinter der Bühne Trauermusik mit Gesang.

TSCHITSCHIKOW *blickt zum Fenster hinaus* Ah, der Staatsanwalt wird beerdigt. *Droht dem Fenster mit der Faust.* Die Stadt ist voller Gauner. Ich kenne sie alle! Ein Gauner sitzt auf dem andern und nennt die andern Gauner. Nun werden die Zeitungen schreiben, daß zum Kummer seiner Untergebenen und der ganzen Menschheit ein selten guter Vater gestorben ist, ein mustergültiger Staatsbürger, aber in Wirklichkeit war er ein Schwein!

SPRECHER Der unglückliche, verbitterte Mann, der noch vor kurzem munter und gewitzt als mondäner Herr herumflatterte, zappelte jetzt in unschicklicher Aufmachung, in zerrissenem Frack, mit blutiger Faust herum und stieß Schmähungen gegen seine Feinde aus. *Es klopft. Herein kommen Polizeimeister und Gendarmenoberst.*

TSCHITSCHIKOW *hält die Hand vor den zerrissenen Kragen* Meine Wohltäter ...

GENDARMENOBERST Von mir aus, Wohltäter. Sie haben sich mit ehrlosen Gaunereien befleckt, schlimmer als je ein Mensch zuvor. *Holt Papiere hervor.* Tote? Stellmacher Michejew!

TSCHITSCHIKOW Ich sage alles ... ich sage die Wahrheit. Ich bin schuldig, ja, schuldig ... Aber nicht so sehr schuldig ... Feinde haben mich verleumdet ... Nosdrjow.

GENDARMENOBERST Lüge! Lüge! *Macht die Tür auf. Im Nebenraum sieht man einen Spiegel und ein großes Bild Nikolaus' I.*

Diebstahl, ehrlose Geschäfte, dafür gibt es die Peitsche und Sibirien!

TSCHITSCHIKOW *sieht das Bild* Verderber! Verderber … Er tötet mich wie der Wolf das Lamm … Ich bin ein nichtswürdiger Halunke! Aber ich bin ein Mensch, Euer Majestät! Meine Wohltäter, helfen Sie mir, retten Sie mich … Er hat mich in Versuchung geführt, der Gauner, der Satan, diese Ausgeburt des Menschengeschlechts, der Sekretär des Vormundschaftsrats …

GENDARMENOBERST *leise* Sie wollten sie verpfänden?

TSCHITSCHIKOW *leise* Ja. Meine Wohltäter, helfen Sie mir … Ich gehe ein wie ein Hund …

GENDARMENOBERST Was können wir tun? Uns gegen das Gesetz auflehnen?

TSCHITSCHIKOW Sie können alles! Nicht das Gesetz macht mir angst. Vor dem Gesetz finde ich Mittel … Nur hier hinauskommen! Der Dämon, der Versucher hat mich vom geraden Wege abgebracht, dieser Satan, diese Ausgeburt … Ich schwöre Ihnen, ich werde fortan ein ganz anderes Leben führen. *Pause.*

POLIZEIMEISTER *leise zu Tschitschikow* Dreißigtausend. Hier müssen schon alle was kriegen – wir, der Oberst, die Leute des Generalgouverneurs.

TSCHITSCHIKOW *flüsternd* Bin ich dann rehabilitiert?

POLIZEIMEISTER *leise* Rundherum.

TSCHITSCHIKOW *leise* Aber erlauben Sie, wie kann ich denn? Meine Sachen, meine Schatulle … Alles versiegelt.

POLIZEIMEISTER *leise* Gleich kriegen Sie alles.

TSCHITSCHIKOW Ja … ja …

Polizeimeister holt aus dem Nebenraum die Schatulle, öffnet sie. Tschitschikow nimmt Geld heraus, gibt es dem Polizeimeister.

GENDARMENOBERST *leise zu Tschitschikow* Verschwinden Sie, so schnell Sie können, je weiter, desto besser. *Zerreißt die Besitzurkunden für die Leibeigenen.*

Man hört die Glöckchen der Troika, der Wagen fährt vor. Tschitschikow wird lebhaft.

He!

Tschitschikow zuckt zusammen.

POLIZEIMEISTER Auf Wiedersehen, Pawel Iwanowitsch! *Mit dem Gendarmenoberst ab.*

Die Tür geht auf, herein kommen aufgeregt Selifan und Petruschka.

TSCHITSCHIKOW Na, meine Lieben ... *Zeigt auf die Schatulle.* Wir müssen packen und losfahren.

SELIFAN *leidenschaftlich* Wir fahren, Pawel Iwanowitsch! Wir fahren! Die Wege sind fest. Wirklich höchste Zeit, wir müssen raus aus der Stadt, man hat sie über und mag sie nicht mehr sehen! Brrr ... Laß das ...

PETRUSCHKA Fahren wir, Pawel Iwanowitsch! *Hängt Tschitschikow den Mantel um.*

Alle drei ab. Man hört Glöckchen.

SPRECHER Oh, das Leben! Anfangs spürte er gar nichts und blickte nur immer wieder nach hinten, um sich zu vergewissern, daß die Stadt wirklich hinter ihm lag. Und er sah, daß sie schon längst verschwunden war. Keine Schmiede, keine Mühle, nichts von all dem, was rund um eine Stadt liegt, war mehr zu sehen. Selbst die hellen Turmspitzen der steinernen Kirchen waren in der Erde verschwunden. Es war, als hätte es die Stadt nie gegeben, als wäre er nur als Kind einmal durch sie gefahren!

Die Werstpfähle huschten vorüber, zu beiden Seiten flog der Wald mit den dunklen Reihen der Tannen und Kiefern, mit den Axtschlägen und dem Krähengeschrei; die ganze Straße sauste in eine unbekannte Ferne, und es war etwas Furchteinflößendes in dem schnellen Huschen, bei dem nur der Himmel überm Kopf und die leichten Wolken und der sich hervordrängende Mond unbeweglich schienen.

Oh, Straße, Straße! Wie oft habe ich mich wie ein Sterbender, wie ein Ertrinkender an dir festgehalten, und du hast mich jedesmal großmütig hinausgeführt und gerettet. Oh, ohne dich wäre es mir schwergefallen, mit der nichtigen Last der kleinen Leidenschaften zu kämpfen und Hand in Hand mit meinen nichtigen Helden zu gehen! Wie viele Male wollte ich die erhabenen Saiten anschlagen und meine Anhänger an meinen sieg-reichen Wagen binden! Doch nein! Doch nein! Dein Weg liegt fest, Dichter! Man nennt dich niedrig und nichtig, und du findest nicht die Teilnahme deiner Zeitgenossen. Man nimmt dir die Seele und das Herz. Alle Eigenschaften deiner Helden werden dir zuge-schrieben, und dein eigenes Gelächter bricht über dich herein. Oh, lieber Freund! Was gibt es nicht für Sujets, verschone mich! Vielleicht gewähren die Nachfahren meinem Schatten Versöhnung. *Eine Lampe wird an-gezündet.* Und ich blickte um mich und sah, wie zuvor, Rom in der Stunde der untergehenden Sonne.

Ende

1930/31

Krieg und Frieden

Dramatisierung des Romans von L. N. Tolstoi
in vier Akten
(dreißig Szenen)

Personen

Sprecher · *Gräfin Besuchowa, Jelena Wassiljewna (Hélène)* · *Graf Pjotr Kirillowitsch Besuchow (Pierre)* · *Fürst Anatoli Wassiljewitsch Kuragin (Anatol)* · *Fürstin Marja Nikolajewna Bolkonskaja (Marja)* · *Fürst Andrej Nikolajewitsch Bolkonski (Andrej)* · *Fürst Nikolai Andrejewitsch Bolkonski (Bolkonski)* · *Gräfin Natalja Iljinischna Rostowa (Natascha)* · *Gräfin Rostowa – Mutter (Gräfin)* · *Graf Rostow – Vater (Graf)* · *Graf Pjotr Iljitsch Rostow (Petja)* · *Graf Nikolai Iljitsch Rostow (Rostow)* · *Sonja, Nichte des Grafen Rostow* · *Imperator Alexander I. (Alexander)* ·

Rostoptschin · Kutusow, Erlauchtester Fürst · Liberaler Marineoffizier ·
Senator · Adraxin, Stepan Stepanowitsch · Schlechter Spieler · Glinka,
Schriftsteller · Schinschin, Moskauer Witzbold · Iljin, Husarenoffizier ·
Prinz von Württemberg · Stscherbinin · Jermolow · Wolzogen,
Flügeladjutant · Rajewski · Kaissarow · Adjutant Kutusows · Anderer
Adjutant · Noch ein Adjutant · Unbekannter Adjutant · Doktor · Blasser
Offizier · Major · Makar Alexejewitsch · Mann in Ziviluniform · Marja
Nikolajewna, die ihr Kind verloren hat · Schöne Armenierin · Alter
Mann · Toll · Bolchowitinow · General · Denissow · Dolochow · Jessaul ·
Livrierter Lakai bei den Rostows · Lawruschka, Bursche Nikolai
Rostows · Tichon, Kammerdiener Bolkonskis · Alpatytsch · Dunja,
Stubenmädchen bei Fürstin Bolkonskaja · Dron, Starost · Langer
Mushik · Ein Mushik · Kleiner Mushik · Karp · Rundgesichtiger
Mushik · Koch Kutusows · Bursche Kutusows · Schwarzhaariger
Unteroffizier · Verwundeter Soldat · 1. Feldscher · 2. Feldscher · Soldat
mit Kochgeschirr · Bereiter · Mawra Kusminischna, Beschließerin bei
den Rostows · Wassiljitsch, Haushofmeister bei den Rostows · Büfettier,
bei den Rostows · Diener, bei den Rostows · Ehrwürdiger Kammerdiener
Andrejs · Bursche des bleichen Offiziers · Matrjona Timofejewna ·
Stubenmädchen, bei den Rostows · Gerassim, Kammerdiener Basdejews ·
Köchin Basdejews · Pockennarbiges Weib · Erster Häftling · Zweiter
Häftling · Mann vom Gesinde, etwa 45 Jahre alt · Sehr schöner Mushik ·
Gelber Fabrikarbeiter · Tichon, Partisan · Gefangener russischer Soldat ·
Karatajew · Rotgesichtiger Musketier · Spitznasiger Musketier · Junger
Musketier · Tanzender Musketier · Alter Musketier · 1. Feldwebel ·
2. Feldwebel · Singender Musketier · Hinausgegangener Musketier ·
Pächter · Bürgermeister · Napoleon · Page Napoleons · Marschall
Berthier · Lelorme-d'Ideville, Dolmetscher · Adjutant Napoleons · Graf
Rambal · Morel, Bursche Rambals · Kleiner Marodeur, Franzose ·
Marodeur mit Mantel, Franzose · Französischer Ulan · Französischer
Ulanenoffizier · Kleines Männlein, Franzose · Marschall Davout ·
Adjutant Davouts · Erster blauer französischer Soldat · Zweiter blauer
französischer Soldat · Bosse, Trommler, Franzose · Französischer
Eskortesoldat · Kellner, bei den Bolkonskis · Stimme 1 · Stimme 2 ·
Stimme 3 · Stimme 4 · Stimme 5

Die Handlung spielt 1812 in Rußland.

Erster Akt

Erste Szene

Arbeitszimmer Pierres. Winterabend. Pierre kommt herein. Sogleich öffnet sich eine Tür, und aus dem Salon tritt Hélène ein. Man hört gedämpftes Klavierspiel.

HÉLÈNE Ah, Pierre! Du kannst dir gar nicht vorstellen, in welchem Zustand unser Anatol ist!
Pause.

PIERRE Wo Sie sind, da ist auch Schamlosigkeit und alles Böse! *Zur Tür* Anatol! Anatol! Kommen Sie, ich habe mit Ihnen zu reden.

HÉLÈNE Si vous vous permettez dans mon salon ...*

PIERRE Uch ... Sie sind mir verhaßter als je zuvor!
Hélène geht rasch hinaus. Anatol kommt herein, in Adjutantenuniform, mit nur einer Epaulette. Pause.
Sie als verheirateter Mann haben der Gräfin Rostowa die Ehe versprochen und wollten sie entführen?

ANATOL Mein Lieber, ich fühle mich nicht verpflichtet, in diesem Ton gestellte Fragen zu beantworten.
Pierre packt Anatol an der Kehle, würgt ihn, reißt ihm den Uniformkragen auf.

HÉLÈNE *erscheint in der Tür* Si vous vous ...

PIERRE *wütend zu ihr* Uch ...

* Wenn Sie sich in meinem Salon erlauben ... (frz.)

84

Hélène verschwindet und horcht.

packt wieder Anatol Wenn ich sage, ich habe mit Ihnen zu reden ... Wenn ich sage ... Wenn ich es sage! *Läßt Anatol los.*

ANATOL *mit zerrissenem Kragen* Na, das ist doch wirklich dumm ... was?

PIERRE Sie sind ein Halunke und ein Schuft, und ich weiß nicht, was mich von dem Vergnügen abhält, Ihnen den Schädel einzuschlagen, hiermit ... *Nimmt einen Löscher vom Schreibtisch.* Haben Sie ihr die Ehe versprochen?

ANATOL Ich ... ich denke ja gar nicht daran. Übrigens schon deswegen nicht, weil ...

PIERRE Haben Sie Briefe von ihr? Briefe?

Anatol nimmt einen Brief aus seiner Brieftasche. Pierre greift danach, stößt einen Tisch weg, läßt sich auf den Diwan fallen. Anatol steht erschrocken.

Je ne serai pas violent, ne craignez rien!* Die Briefe sind das eine. Zweitens – Sie werden morgen Moskau verlassen.

ANATOL Wie komme ich dazu?

PIERRE Drittens – Sie werden niemals ein Wort darüber verlieren, was zwischen Ihnen und der Gräfin war. Ich weiß, ich kann Sie nicht hindern zu schwatzen, aber wenn Sie noch ein Fünkchen von Gewissen haben ... Sie müssen doch endlich begreifen, daß es außer Ihrem Vergnügen auch noch das Glück und die Seelenruhe anderer Menschen gibt und daß Sie ein ganzes Leben zerstören wollten für Ihr Amüsement. Amüsieren Sie sich meinetwegen mit solchen Weibern wie meiner Gattin und Ihrer Schwester. Die haben als Waffe gegen Sie Erfahrungen mit der Ausschweifung. Aber einem jungen Mädchen die Ehe zu versprechen, sie zu täuschen, wegzuschleppen ... Ja begreifen Sie denn gar nicht, daß das ebenso gemein ist, wie einen alten Mann oder ein Kind zu mißhandeln?

---

* Sie brauchen nichts zu fürchten, ich werde keine Gewalt anwenden. (frz.)

ANATOL Das weiß ich nicht. Was? Das weiß ich nicht und will es auch nicht wissen. Aber Sie haben hier Worte gebraucht wie gemein und dergleichen, die ich comme un homme d'honneur* niemandem erlaube ... Es war zwar nur unter vier Augen, aber ich kann nicht ...

PIERRE Sie wollen wohl Satisfaktion, ja?

ANATOL Zum mindesten können Sie Ihre Worte zurücknehmen. Was? Wenn Sie wollen, daß ich Ihre Wünsche erfülle. Was?

PIERRE Also, ich nehme sie zurück, und ich bitte Sie um Entschuldigung. Und wenn Sie Reisegeld brauchen sollten ...

Anatol lächelt. Hélène betritt beruhigt die Bühne.

Ach, dieses gemeine, herzlose Pack!

Dunkel

Zweite Szene

Zimmer im Hause der Fürsten Bolkonski in Moskau. Herein kommt Pierre, ihm entgegen Fürstin Marja. Pierre küßt ihr die Hand. Hinter der Tür hört man die Stimme des Fürsten Andrej: »Es ist sehr leicht, einen in Ungnade Gefallenen zu verurteilen und ihm die Fehler anderer zur Last zu legen, aber ich sage, wenn die jetzige Regierung überhaupt etwas Gutes geleistet hat, ist das nur sein Verdienst ... Speranskis!«

MARJA *flüsternd* Er sagt, er habe das erwartet. Ich weiß, sein Stolz erlaubt es ihm nicht, seine Empfindungen zu zeigen, aber er hat es doch viel, viel besser überstanden, als ich dachte. Es mußte wohl so sein ...

PIERRE Aber ist denn nun wirklich alles zu Ende?

Marja sieht ihn erstaunt an, geht hinaus.

* Als Ehrenmann. (frz.)

ANDREJ *kommt herein, redet auf jemanden ein* Und die Nach-
welt wird ihm Gerechtigkeit widerfahren lassen ...
Zu Pierre Na, was treibst du? Du wirst ja immer dicker.

PIERRE Und Sie?

ANDREJ Ich bin gesund. *Pause.* Entschuldige, wenn ich dich
mit einer Bitte belästige. *Holt Briefe aus einem Kästchen.*
Ich habe von der Gräfin Rostowa eine Absage bekom-
men, und es sind Gerüchte zu mir gedrungen, daß dein
Schwager oder sonstwer sich um ihre Hand bemüht.
Stimmt das?

PIERRE Es stimmt und stimmt auch nicht.

ANDREJ Da sind ihre Briefe und ihr Bild. Übergib das der
Gräfin, wenn du sie siehst.

PIERRE Sie ist sehr krank.

Pause.

ANDREJ Und Fürst Kuragin?

PIERRE Der ist längst abgereist. *Pause.* Sie war dem Tode
nahe.

ANDREJ Das tut mir sehr leid. Aber Herr Kuragin scheint
die Gräfin Rostowa nicht seiner Hand gewürdigt zu
haben?

PIERRE Er konnte sie nicht heiraten, er ist schon verheiratet.

ANDREJ *lacht* Und wo ist dein Schwager jetzt, wenn ich
fragen darf?

PIERRE Er ist nach Peters... Nein, ich weiß es nicht.

ANDREJ Na, das ist ja auch einerlei. Sage der Gräfin Rostowa, sie war und ist gänzlich frei, und ich wünsche ihr
alles Gute.

Pause.

PIERRE Hören Sie, erinnern Sie sich noch an eine Mei-
nungsverschiedenheit, die wir in Petersburg hatten, an ...

ANDREJ Ja. Ich sagte damals, man müsse einer gefallenen
Frau vergeben, aber daß ich das selbst fertigbrächte,
habe ich nicht gesagt. Ich bringe es nicht fertig.

PIERRE Aber liegt der Fall nicht jetzt ganz anders?

ANDREJ Ja, noch einmal um ihre Hand bitten, Großmut
üben und so weiter? Ja, das wäre höchst edel, aber ich

kann nicht sur les brisées de monsieur* gehen … Wenn
dir etwas an meiner Freundschaft liegt, dann sprich mir
nie wieder von dieser … von dieser Geschichte. Nun, leb
wohl. Du wirst es ihr also übergeben?
Pierre ab.

allein Es steht nicht dafür, mich durch eine Auseinan-
dersetzung mit ihm zu erniedrigen. Es steht nicht dafür.
Aber ich muß ihn fordern, ich muß, so wie ein hungri-
ger Mensch sich auf die Speise stürzen muß! Ach, mein
Gott, mein Gott. Und wenn man bedenkt, daß solch ein
Elender Menschen unglücklich machen kann!
Die Tür öffnet sich leise. Herein kommt die Fürstin Marja.

MARJA André, mir ist klar, daß du über den Mann grübelst,
der dein Glück vernichtet hat. André, ich bitte dich um
eines, ich flehe dich an. Denke nicht, daß es Menschen
sind, die dir Kummer bereitet haben. Die Menschen
sind sein Werkzeug. *Zeigt nach oben.* Wenn du glaubst,
jemand wäre vor dir schuldig, vergiß es und verzeihe
ihm. Wir haben nicht das Recht zu strafen. Und du wirst
das Glück des Vergebens kennenlernen!

ANDREJ *lacht* Wenn du mir zuredest zu verzeihen, muß ich
strafen. Strafen!

Dunkel

Dritte Szene

*Saal im Hause der Grafen Rostow. Abend. Im Fenster steht der
Komet. Natascha kommt herein und tritt auf Pierre zu.*

NATASCHA Pjotr Kirillowitsch, Fürst Bolkonski war Ihr
Freund, ist Ihr Freund. Er hat mir damals gesagt, ich soll
mich an Sie wenden. Er ist jetzt hier. Sagen Sie ihm, er
möge mir … mir … verzeihen.

PIERRE Ja, ich will es ihm sagen, aber …

* Auf den Spuren dieses Herrn. (frz.)

88

NATASCHA Nein, ich weiß, daß alles zu Ende ist. Mich quält,
daß ich ihm Böses angetan habe. Sagen Sie ihm nur, ich
bitte ihn, mir zu verzeihen, mir zu verzeihen ...

PIERRE Ich werde es ihm sagen, aber ich bitte Sie um eines
– sehen Sie in mir Ihren Freund, und wenn Sie Rat oder
Hilfe brauchen oder auch nur einen Menschen, dem
Sie Ihr Herz ausschütten können – nicht jetzt, sondern
wenn Ihr Herz wieder zur Ruhe gekommen und klar geworden ist –, dann denken Sie an mich. *Küßt ihr die
Hand.* Ich wäre glücklich, wenn ich ...

NATASCHA Sprechen Sie nicht so zu mir, ich bin es ja gar
nicht wert! *Will gehen.*

PIERRE *hält sie am Arm fest* Grämen Sie sich nicht länger. Sie
haben das ganze Leben vor sich.

NATASCHA Ich? Nein! Für mich ist alles verloren!

PIERRE Wenn ich nicht der wäre, der ich bin, sondern der
schönste, klügste und beste Mann der Welt und noch
dazu frei, ich würde Sie noch in diesem Augenblick
kniefällig um Ihre Hand und um Ihre Liebe bitten.
Natascha verläßt weinend das Zimmer.
Wohin kann ich jetzt fahren? In den Klub oder zu einem Bekannten? Die Menschen sind alle so arm und so
bemitleidenswert, verglichen mit dem edlen Blick, den
sie mir zugeworfen hat. *Tritt ans Fenster.* Der Komet. Der
Komet! Ja, der Komet ... *Ab.*

SPRECHER *betritt das Haus der Rostows* Der gewaltige Raum
des dunklen Sternenhimmels tat sich vor Pierres Augen
auf. Beinahe in der Mitte dieses Himmels stand über dem
Pretschistenski-Boulevard, von unzähligen Sternen um-
geben, ausgezeichnet jedoch durch seine Erdnähe, sein
weißes Leuchten und den langen, aufwärts gerichteten
Schweif, der gewaltige helle Komet des Jahres 1812, der
Komet, der, wie es hieß, vielerlei Schrecken und das Welt-
ende ankündigte. Aber in Pierre weckte der helle Stern
mit dem langen Strahlenschweif keinerlei Angstgefühle.
Im Gegenteil, Pierre blickte freudig, mit tränenfeuchten
Augen auf den Stern, der mit unvorstellbarer Schnellig-

keit in einer parabolischen Linie durch die unermeß-
lichen Räume gerast war und sich plötzlich, wie ein Pfeil
in die Erde, in eine von ihm erwählte Stelle am schwarzen
Himmel hineingebohrt hatte, stehengeblieben war und
energisch den Schweif aufwärts reckte ...
Pierre hatte das Gefühl, daß dieser Stern völlig dem ent-
sprach, was in seiner zu neuem Leben erblühten, milder
und frischer gewordenen Seele war.

Dunkel

Vierte Szene

In der Dunkelheit hört man einen Kirchenchor.

SPRECHER Im Jahre 1812 überschritten Streitkräfte West-
europas die Grenzen Rußlands, und es begann ein
Krieg, das heißt ein Vorgang, der aller menschlichen
Vernunft und aller Menschennatur ins Gesicht schlug.
Millionen von Menschen verübten gegeneinander zahl-
lose Übeltaten – Betrug, Verrat, Diebstahl, Geldfäl-
schung, Raub, Brandstiftung und Mord, eine Menge,
wie sie sonst die Gerichtschroniken der ganzen Welt in
Jahrhunderten nicht zu verzeichnen haben, und dabei
sahen damals die Menschen, die diese Untaten begin-
gen, sie gar nicht als Verbrechen an.
*Hauskirche der Rasumowskis. Eine Menschenmenge von be-
tendem Adel.*
STIMME 1 Der Zar persönlich kommt von der Armee nach
Moskau.
STIMME 2 Smolensk soll schon aufgegeben sein.
STIMME 3 O Gott, nur ein Wunder kann Rußland retten!
Herein kommen Natascha, Gräfin Mutter und livrierter Lakai.
STIMME 1 Das ist die Rostowa, die ... mit Kuragin ...
STIMME 2 Wie schmal sie geworden ist, trotzdem sieht sie
hübsch aus.

Stimme 4 hinter der Bühne: »Gemeinsam beten wir zu Gott dem Herrn!«

NATASCHA Alle gemeinsam, ohne Standesunterschied, ohne Feindschaft, nur in brüderlicher Liebe vereint, so wollen wir beten!

Chor.

Stimme 4: »Für die Seefahrer und Reisenden beten wir zu Gott!«

Das betrifft Fürst Andrej. Ich bete dafür, daß Gott mir alles Böse verzeiht, das ich ihm angetan habe.

Chor.

Stimme 4: »Für die, die uns hassen, und für unsere Feinde beten wir zu Gott.«

Wer ist mein Feind? Anatol, der mir Böses zugefügt hat. Ich bete freudig für ihn, der mein Feind ist.

Chor.

Stimme 4: »Uns selbst und unser Leben übergeben wir dem Herrn unserm Gott!«

Mein Gott! Ich übergebe mich deinem Willen. Ich will nichts, ich begehre nichts: Lehre du mich, was ich tun soll! Nimm mich hin, nimm mich hin!

Chor.

GRÄFIN Mein Gott, mein Gott! Hilf meiner Tochter!

Plötzlich tritt Stille ein. Alle knien nieder. Stimme 5 hinter der Bühne: »Herr unser Gott, du mächtiger Gott, du Gott unseres Heils! Erhöre uns, und erbarme dich unser. Gegen uns ist der Feind aufgestanden, der deine Erde zerstören und alle Länder verwüsten will. Er will dein Eigentum verheeren, dein geliebtes Rußland! Herr unser Gott! Stärke mit deiner Macht unseren allerfrömmsten Herrscher, unsern Zaren Alexander Pawlowitsch! Schlage unsere Feinde, und lasse sie stürzen unter die Füße deiner treuen Diener! Du bist die Hilfe und der Sieg derer, die auf dich hoffen, und wir werden dich preisen, Vater und Sohn und Heiliger Geist, von nun an und in alle Ewigkeit.«

CHOR Amen!

Die Menge bewegt sich ins Kircheninnere.

NATASCHA *allein* Aber ich kann nicht darum beten, daß unsere
Feinde unter die Füße getreten werden, wenn ich eben erst
für sie gebetet habe! Oh, dieses Bangen vor der Bestrafung
der Menschen für ihre Sünden! Für meine Sünden! Herrgott, vergib ihnen allen und mir, und schenke uns Ruhe
und Glück im Leben! Gott hört mein Gebet!
*Der Chor singt stimmgewaltig: »Gott unser Herrscher, erhöre
uns, die wir zu dir beten!«*

Dunkel

Fünfte Szene

In der Dunkelheit verstummt der Chor.

SPRECHER *kommt herein* Seit Pierre, von dem Besuch bei
den Rostows zurückkehrend, Nataschas dankbaren
Blick noch im Herzen, zu dem Kometen am Himmel
hinaufgesehen und gefühlt hatte, daß ihm etwas ganz
Neues aufgegangen war, stellte sich ihm nicht mehr die
Frage der Nichtigkeit und Sinnlosigkeit alles Irdischen,
die ihn unausgesetzt gequält hatte. Diese grauenvolle
Frage: warum und wozu? war mit einem Schlage ver-
drängt worden, und zwar nicht durch eine andere Frage
oder durch eine Beantwortung dieser früheren Frage,
sondern durch den Gedanken an Natascha. Mag
irgendwer den Staat und den Zaren bestehlen, mag der
Staat und der Zar es ihm lohnen, sie hat mir gestern
zugelächelt und mich gebeten, bald wiederzukommen,
und ich liebe sie, und keiner soll das je erfahren!
*Der Chor wird allmählich durch Nataschas Stimme abgelöst, die
singt:*

> *Sie streicht mit schöner Hand die Harfe,*
> *die goldnen Klänge sagen dir*
> *mit ihrer Harmonie, voll Liebe:*
> *Komm her zu mir, komm her zu mir.*

92

Die Bühne ist ein Saal im Hause der Rostows. Natascha singt.
Pierre öffnet die Tür und kommt herein.

NATASCHA Ich möchte wieder zu singen versuchen. Es ist immerhin eine Beschäftigung.

PIERRE Sehr schön.

NATASCHA Ich freue mich ja so, daß Sie gekommen sind. Ich bin heute so glücklich! Denken Sie doch, Nicolas hat das Georgskreuz bekommen. Ich bin stolz auf ihn. *Pause.* Graf, ist es unrecht, daß ich singe?

PIERRE Nein ... Warum denn ... Im Gegenteil. Warum fragen Sie?

NATASCHA Das weiß ich selber nicht. Aber ich möchte nichts tun, was Ihnen mißfallen könnte. Ich vertraue Ihnen in allem. Sie wissen ja gar nicht, was Sie mir bedeuten und wieviel Sie für mich getan haben. *Pause. Flüsternd* Er, Bolkonski ... er ist wieder in Rußland und dient wieder als Kommandeur eines Jägerregiments. *Pause.* Was meinen Sie, wird er mir jemals verzeihen? Wird er meiner nicht immer mit Groll gedenken? Was meinen Sie?

PIERRE Ich meine ... Er hat Ihnen nichts zu verzeihen ... Wenn ich an seiner Stelle wäre ...

NATASCHA Ja, Sie ... Sie ... das ist etwas ganz anderes. Sie sind gütiger, großmütiger, ich kenne keinen besseren Menschen als Sie, und den kann es auch gar nicht geben. Wenn Sie damals nicht gewesen wären ... auch jetzt weiß ich nicht, was ohne Sie aus mir werden sollte, weil ... *Weint, singt dann und geht.*
Pierre, allein geblieben, versinkt in Nachdenken. Die Tür geht leise auf, herein kommt Petja.

PETJA Pjotr Kirillowitsch, Pjotr Kirillowitsch!
Pierre schweigt.
Pjotr Kirillowitsch!

PIERRE Na, was gibt's?

PETJA Um Gottes willen, Pjotr Kirillowitsch, was soll ich tun? Haben Sie etwas erfahren, nehmen sie mich zu den Husaren? Sie sind meine einzige Hoffnung.

PIERRE Ach ja, du willst ja zu den Husaren. Ich sage dir heute noch Bescheid.

Petja läuft hinaus.

GRAF *kommt herein* Na, mon cher*, haben Sie den Aufruf?

PIERRE Ja, ich habe ihn. Morgen kommt der Zar … Es gibt eine außerordentliche Adelsversammlung. Wie es heißt, sollen je zehn Mann auf tausend eingezogen werden. Ja, und dann wollte ich Ihnen gratulieren.

GRAF Ja, ja, es war eine große Freude. Nun, was hört man von der Armee?

PIERRE Die Unsrigen sind wieder zurückgegangen. Sie sollen schon bei Smolensk sein.

GRAF Mein Gott, mein Gott! Wo haben Sie den Aufruf?

PIERRE Den Aufruf? Ach so … *Klopft seine Taschen ab. Die Gräfin kommt herein.*

küßt ihr die Hand Ma parole, je ne sais plus, où je l'ai fourré.**

GRÄFIN Sie verbummeln auch wirklich alles!

Natascha kommt herein.

PIERRE Wahrhaftig, ich muß noch einmal zurück, ich habe ihn zu Hause vergessen. Bestimmt. Ach, der Kutscher ist ja schon weg!

Sonja hinter der Bühne: »Das Papier ist hier! Im Hutfutter.« Kommt herein.

GRAF Na, Sonja, das hast du fein gemacht …

Sonja entfaltet den Aufruf. Herein kommt Schinschin, grüßt.

Nun, mon cher, was gibt's Neues?

SCHINSCHIN Ein Deutscher ist zum Grafen Rostoptschin gebracht worden, der soll ein Champignon sein! Aber der Graf hat befohlen, ihn freizulassen, und den Leuten gesagt, das wäre kein Champignon, sondern nur ein alter deutscher Pilz.

---

* Mein Lieber. (frz.)
** Mein Wort, ich weiß nicht mehr, wo ich ihn hingesteckt habe. (frz.)

GRAF Ja, verhaftet wird jetzt überall. Ich habe der Gräfin auch schon gesagt, sie soll nicht mehr so viel Französisch sprechen. Die Zeit ist nicht dazu angetan.

SCHINSCHIN Haben Sie schon gehört? Fürst Golizyn hat sich einen Russischlehrer genommen. Er lernt Russisch. Il commence à devenir dangereux de parler français dans les rues!*

GRAF Sagen Sie, Graf Pjotr Kirillowitsch, wenn die Landwehr aufgeboten wird, werden Sie wohl auch in den Sattel müssen?

PIERRE *nachdenklich* Ja, ja, in den Krieg. Nein! Was bin ich für ein Krieger! Im übrigen, das ist alles so merkwürdig! Ich verstehe es selber nicht. Ich weiß nicht recht, alles Militärische liegt mir nicht, aber in der heutigen Zeit kann niemand abseits stehen.

GRAF Los, Sonja, lies vor …

SONJA *liest vor* »An unsere alte Thron- und Residenzstadt Moskau. Der Feind ist mit starken Kräften in Rußland eingefallen. Er will Unser geliebtes Vaterland vernichten. Wir werden nicht zögern, selbst in dieser Unserer Hauptstadt und an anderen Orten Unseres Reiches mitten unter Unser Volk zu treten, um mit Unseren Getreuen zu beratschlagen und mit Rat und Tat allen denen zur Seite zu stehen, die sich bereits jetzt dem Feinde in den Weg gestellt haben; dies gilt auch für die neu aufgestellten Landwehren, die denselben überall zu schlagen haben, wo er sich zeigt. Möge das Verderben, dem er Uns zu überliefern gesonnen ist, auf sein eigenes Haupt zurückfallen, und möge Europa, von Knechtschaft und Sklaverei befreit, den Namen Rußlands preisen!«

GRAF Jawohl! Der Zar braucht ja nur ein Wort zu sagen, und wir geben alles hin! Kein Opfer soll uns zu hoch sein!

* Es fängt an, gefährlich zu werden, wenn man auf der Straße französisch spricht! (frz.)

NATASCHA Papa, du bist wirklich herrlich! *Küßt ihren Vater.*

SCHINSCHIN Eine echte Patriotin!

NATASCHA Ach was, es ist einfach ... Sie finden alles lächerlich, aber das ist wahrlich kein Spaß!

GRAF Nein, wahrhaftig nicht! Der Zar braucht nur ein Wort zu sprechen, und wir alle sind zur Stelle ... Wir sind doch nicht irgendwelche Deutsche.

PIERRE Haben Sie bemerkt, daß dort von Beratungen die Rede ist?

GRAF Ja, davon auch.

Die Tür geht auf, und Petja kommt triumphierend herein.

PETJA Also, Vater, jetzt sage ich es Ihnen mit aller Bestimmtheit, auch Ihnen, Mutter, was Sie auch entgegnen mögen, Sie müssen mich zum Militär lassen, ich kann doch nicht einfach ... Das war's ...

GRÄFIN *schlägt die Hände zusammen* Da haben wir's.

GRAF Sieh mal an. Welch ein Krieger! Schlag dir die Dummheiten aus dem Kopf, du mußt lernen.

PETJA Das sind keine Dummheiten, Vater. Der Fedja Obolenski ist jünger als ich, und er geht auch mit, und vor allem, ich kann jetzt sowieso nichts lernen, während ... wenn das Vaterland in Gefahr ist!

GRAF Hör auf, laß die Dummheiten ...

PETJA Aber Sie haben doch eben selber gesagt, daß wir alles opfern wollen.

GRAF Petja, ich sage dir, hör auf!

Gräfin geht erregt hinaus, gefolgt von Sonja.

PETJA Und ich sage Ihnen ... Hier, Pjotr Kirillowitsch wird es sagen.

GRAF Ich sage dir, das sind Dummheiten, du bist noch nicht trocken hinter den Ohren und willst zum Militär! Schlag dir das aus dem Kopf. *Zu Pierre und Schinschin* Gehen wir rauchen ...

PIERRE Nein, ich glaube, ich muß nach Hause ... Ich habe noch etwas zu erledigen.

GRAF Also dann auf Wiedersehen ... *Geht hinaus, um Petja loszuwerden, begleitet von Schinschin.*

PETJA Fedja Obolenski ... das Vaterland ist in Gefahr. Fedja Obolenski ... *Geht hinaus und beginnt zu weinen.*

NATASCHA Warum wollen Sie weg? Warum sind Sie verstimmt? Warum nur?

SPRECHER Weil ich dich liebe! wollte er sagen, aber er sagte es nicht, er errötete mit Tränen in den Augen und sah zu Boden.

PIERRE Weil es besser ist, wenn ich nicht so oft ... zu Ihnen komme ... weil ... nein, ich habe einfach etwas zu erledigen ...

NATASCHA Wieso denn? Sie müssen es mir sagen.
Pierre küßt ihr schweigend die Hand und geht.

Sechste Szene

Ein Vorstadtpalast. Eine Menge Adlige in Uniform.

LIBERALER MARINEOFFIZIER So, die Smolensker haben dem Zaren Landwehr angeboten. Haben die Smolensker uns Vorschriften zu machen? Wenn der löbliche Adel im Gouvernement Moskau es für nötig hält, kann er dem Zaren und Imperator seine Ergebenheit mit anderen Mitteln beweisen. Haben wir etwa die Landwehr von achtzehnhundertsieben vergessen? Da haben sich doch nur die Pfaffen und die Diebe und Räuber bereichert. Haben unsere Landwehrmänner dem Staat Nutzen gebracht? Gar keinen! Das hat nur unsere Landwirtschaften ruiniert! Besser wäre eine Rekrutenaushebung, sonst kommen keine Soldaten und Mushiks zu euch zurück, sondern nur verdorbene Kerle. Wir Adligen schonen unser Leben nicht, wir kommen alle, wir sorgen selbst für Rekruten, und der Zar braucht nur zu winken, dann sterben wir alle für ihn!

SENATOR *nuschelnd* Ich meine, liebwerter Herr, wir sind hier nicht zusammengerufen worden, um darüber zu debattieren, was im Augenblick für das Reich besser ist, Aushebung oder Landwehr. Wir wurden hergerufen, um auf den Aufruf zu antworten, dessen uns der Zar und Imperator gewürdigt hat. Das Urteil darüber, was besser ist, Aushebung oder Landwehr, überlassen wir der höchsten Macht!

PIERRE Entschuldigen Sie, Euer Exzellenz, obwohl ich nicht der gleichen Meinung bin wie der Herr ... que je n'ai pas l'honneur de connaître*, so meine ich doch, wir sollten, ehe wir diese Fragen erörtern, den Zaren fragen ... Seine Majestät untertänigst bitten, uns mitzuteilen, wieviel Truppen wir haben und in welchem Zustand sie sich befinden, und erst dann ...

STEPAN STEPANOWITSCH ADRAXIN *in Uniform* Erstens weise ich Sie darauf hin, daß wir kein Recht haben, dem Zaren derartige Fragen zu stellen, und zweitens könnte der Zar, selbst wenn der russische Adel ein Recht dazu hätte, uns doch nicht antworten! Die Truppen bewegen sich übereinstimmend mit den Bewegungen des Gegners ...

SCHLECHTER SPIELER Es ist keine Zeit zu langen Erörterungen, wir müssen handeln: Rußland befindet sich im Krieg! Der Feind kommt, um Rußland zu verderben, um die Gräber unserer Väter zu entweihen, um unsere Frauen und Kinder davonzuschleppen! Wir sind Russen und werden unser Blut nicht schonen, wenn es gilt, Glauben, Thron und Vaterland zu verteidigen. Leeres Gerede lassen wir bleiben. Wir werden zeigen, wie Rußland für Rußland aufsteht.

Rufe: »Sehr richtig! So ist es!«

PIERRE Mon très honorable préopinant** ...

GLINKA Die Hölle muß man mit der Hölle bezwingen. Ich habe mal ein Kind gesehen, das bei Blitz und Donnerschlag lächelte, aber wir werden es nicht so machen wie dieses Kind.

* Den zu kennen ich nicht die Ehre habe. (frz.)
** Mein sehr verehrter Vorredner. (frz.)

ADRAXIN Jawohl, bei Donnerschlag.

GRAF Sehr richtig!

SPIELER Bei Donnerschlag!

PIERRE Ich habe ja nur gesagt, es wäre günstiger für uns …

ADRAXIN Moskau wird die Welt retten!

GLINKA Er ist der Feind der Menschheit.

PIERRE Erlauben Sie mir … ein paar Worte …

ADRAXIN Der Feind der Menschheit.

PIERRE Meine Herren! Sie erdrücken mich ja!

Plötzliche Stille.

ROSTOPTSCHIN Der Zar und Imperator werden sogleich erscheinen. Ich meine, bei unserer Lage bleibt nicht viel
Zeit für Gerede. Der Zar haben geruht, uns und die Kaufmannschaft zusammenzurufen. Von hier sollen die Millionen fließen, und unsere Aufgabe wird es sein, Landwehrmänner zu stellen und uns selber nicht zu schonen.
Das ist das wenigste, was wir tun können … *Geht auf und ab.*

SENATOR Wie die Smolensker – je zehn Mann auf tausend
Leibeigene mit vollständiger Ausrüstung …

ADRAXIN Dieser Meinung bin ich auch.

SPIELER Einverstanden!

STIMMEN Einverstanden!

STIMME Der Zar, der Zar!

Stille.

ALEXANDER *kommt herein* Meine Herren … Der Staat ist
in Gefahr, und ich setze meine Hoffnungen auf den
Moskauer Adel …

ADRAXIN Majestät! Der Adel hat soeben einen Beschluß
gefaßt. Wir stellen je zehn Mann auf tausend Leibeigene
mit Ausrüstung!

ALEXANDER Meine Herren, ich habe niemals an der Opfer-
bereitschaft des russischen Adels gezweifelt. Der heutige
Tag aber hat alle meine Erwartungen übertroffen. Ich
danke Ihnen im Namen des Vaterlandes! Meine Herren,
lassen Sie uns handeln, die Zeit ist kostbar!

*Rufe: »Majestät! Majestät!« Alexander begibt sich in den
Nebensaal.*

GRAF Die Zeit ist kostbar … Ein Zarenwort!

Stimmengewirr.

ADRAXIN Graf Mamonow stellt ein ganzes Regiment!

Rufe aus dem Saal der Kaufmannschaft. Herein kommt weinend Alexander, begleitet von Rostoptschin, Pächter und Bürgermeister.

PÄCHTER *weinend* Nimm nur unser Leben und unsere Habe hin, Majestät!

Alle eilen dem abgehenden Alexander hinterher.

PIERRE *zu Rostoptschin* Ich stelle tausend Mann mit vollem Unterhalt!

GRAF *allein, weint* Kostbar … Kostbar.

Die Tür wird geöffnet, und es erscheint Petja. Sein Kragen ist feucht, seine Kleidung zerrissen, er selbst bleich, hält in der Hand ein Biskuit.

blickt Petja an, schlägt die Hände zusammen Mein Gott, wo kommst du her?

PETJA Ich war im Kreml … wollte dem Zaren sagen, daß Jugend kein Hindernis für Ergebenheit sein kann … aber die Menge, Vater … Ich bekam auf einmal einen solchen Stoß in die Rippen, daß mir schwarz vor Augen wurde …

GRAF Sie hätten dich zu Tode quetschen können! Du bist ja weiß wie die Wand! *Blickt fragend auf das Biskuit.*

PETJA Der Zar hat Biskuits vom Balkon geworfen.

Schweigen.

Ich bin fest entschlossen: Wenn Ihr mich nicht laßt, laufe ich weg. *Bekreuzigt sich.* Ich laufe weg!

GRAF Ich … ich gehe selber hin … ich werde dich einschreiben!

Dunkel

Ende des ersten Aktes

Zweiter Akt

Siebente Szene

Ein Kurgan. Ein Gewitter zieht herauf. Auf dem Kurgan sitzt auf einem Klappstuhl Napoleon. Ein Fuß ruht auf einer Trommel. Vor Napoleon kniet unbeweglich ein Page. Napoleon hat ihm ein Fernrohr auf die Schulter gelegt und blickt in die Ferne. Man hört eine sehr ferne Musik (unterhalb des Kurgans ziehen unzählige Regimenter vorüber) und von Zeit zu Zeit den fernen Ruf Tausender Menschen: »Vive l'Empereur! « Auf dem Hügel ist sonst niemand. Marschall Berthier kommt heraufgestiegen.*

NAPOLEON *läßt das Fernrohr sinken* Eh bien?**

BERTHIER Un cosaque de Platow ...***

SPRECHER ... er sagt, das Platowsche Korps vereinige sich mit der großen Armee und Kutusow sei zum Oberbefehlshaber ernannt.

BERTHIER Très intelligent et bavard.****

SPRECHER Napoleon befahl, den Kosaken zu ihm zu bringen.
Berthier ab.
Lawruschka, der Bursche Nikolai Rostows, der sich tags zuvor betrunken und seinen Herrn ohne Mittagessen

* Es lebe der Kaiser! (frz.)
** Nun? (frz.)
*** Ein Platowscher Kosak ... (frz.)
**** Sehr aufgeweckt und geschwätzig. (frz.)

gelassen hatte, war ausgepeitscht und nach Hühnern in ein Dorf geschickt worden, wo er marodierte und von den Franzosen gefangengenommen wurde. Lawruschka war einer jener grobschlächtigen, frechen, gerissenen Lakaien, die es für ihre Pflicht halten, bei allem mit Gemeinheit und Hinterlist vorzugehen, die bereit sind, ihrem Herrn jeden Dienst zu erweisen, und die pfiffig die schlechten Seiten ihres Herrn erraten, insbesondere Eitelkeit und Kleinlichkeit.

Nachdem Lawruschka in die Nähe Napoleons geraten war, den er gleich erkannt hatte, war er überhaupt nicht verlegen und gab sich die größte Mühe, die Gunst seines neuen Herrn zu gewinnen.

Auf den Kurgan steigen Berthier, Lelorme-d'Ideville und Lawruschka.

NAPOLEON *mit Akzent* Sie sind Kosak?

LAWRUSCHKA Ja, Kosak, bittschön, Euer Wohlgeboren.

SPRECHER Napoleon fragte ihn, wie die Russen darüber dächten, ob sie Bonaparte besiegen würden oder nicht. *Napoleon macht eine Geste.*

LELORME-D'IDEVILLE *mit Akzent* Sie ... wie denken ... Sie ... junger Kosak ... Werden Russki Bonaparte besiegen ... Nein?

LAWRUSCHKA *nach kurzem Schweigen* Das ist so: Wenn es eine Schlacht gibt, und wenn es sie bald gibt, werdet ihr siegen. Das steht fest. Na, aber wenn noch drei Tage vergehen, von heute an gerechnet, dann wird also die Schlacht aufgeschoben.

LELORME-D'IDEVILLE Si la bataille est donnée avant trois jours, les Français la gagneraient, mais que si elle serait donnée plus tard, Dieu sait ce qui en arriverait.*

SPRECHER Napoleon ließ sich diese Worte wiederholen.

LELORME-D'IDEVILLE *zu Lawruschka* Wiederholen.

---

* Wenn die Schlacht binnen drei Tagen geliefert wird, so werden die Franzosen sie gewinnen; wenn sie aber erst später geliefert wird, so weiß Gott, was daraus wird. (frz.)

SPRECHER Lawruschka, um Napoleon zu erheitern, gab sich den Anschein, als wüßte er nicht, wer er ist ...

LAWRUSCHKA Ich sage, die Schlacht wird aufgeschoben ... Wir wissen, ihr habt euren Bonaparte, der hat alle auf der Welt verdroschen, aber mit uns sieht das ja wohl anders aus ...

SPRECHER Der Dolmetscher übersetzte Napoleon auch diese Worte, ließ aber den Schluß weg, und Bonaparte lächelte.

BERTHIER *zum Dolmetscher* Le jeune cosaque fit sourire son puissant interlocuteur.*

LELORME-D'IDEVILLE Oui.**

SPRECHER Napoleon sagte, er wolle gern feststellen, was für einen Eindruck es sur cet enfant du Don machen werde, wenn es erfahre, daß der Mann, mit dem dieses enfant du Don (das heißt Kind des Don) spreche, der Kaiser selbst sei, der seinen unsterblichen, siegekrönten Namen auf die Pyramiden geschrieben hatte.

LELORME-D'IDEVILLE *zu Lawruschka* Kosak, dieser Mann ist der Kaiser, der auf Pyramiden unsterblich geschrieben hat.

SPRECHER Lawruschka, der es seinem neuen Herrn recht machen wollte, tat bestürzt und verdutzt und schnitt ein Gesicht wie immer, wenn er ausgepeitscht werden sollte. Napoleon, um den Kosaken zu belohnen, befahl, ihm die Freiheit zu geben, wie einem Vogel, den man auf seine heimatlichen Felder zurückkehren läßt.

NAPOLEON ... donner la liberté, comme à un oiseau qu'on rend aux champs qui l'ont vu naître!***

Berthier gibt Lawruschka Geld.

LAWRUSCHKA Gehorsamsten Dank, Euer Durchlaucht!

---

* Der junge Kosak brachte seinen mächtigen Gesprächspartner zum Lächeln. (frz.)
** Ja. (frz.)
*** Ihn freizulassen wie einen Vogel, den man den Feldern wiedergibt, wo er geboren ist! (frz.)

LELORME-D'IDEVILLE Der Kaiser schenkt Ihnen die Freiheit, Kosak! Sie sind wie ein Vogel auf heimatliche Feld! *Das Gewitter verfinstert sich. Es donnert. Napoleon, Berthier, Lelorme-d'Ideville und Page hüllen sich in ihre Umhänge und verlassen den Hügel.*

LAWRUSCHKA *allein* Angfang dü Don!

Dunkel

Achte Szene

Sommer. Terrasse mit Säulen auf dem Gut des Fürsten Bolkonski. Auf der Terrasse im Sessel halb ausgezogen Fürst Nikolai Andrejewitsch.

BOLKONSKI *mit Leidensmiene* So, endlich bin ich fertig und kann mich ausruhen. Wie schwer das alles ist! Oh, wenn diese Mühsal doch bald ein Ende hätte und ihr mich zufriedenließet. *Pause.* Wieder keine Ruhe, verfluchtes Pack! Ja, ja, da war noch etwas Wichtiges, etwas sehr Wichtiges, was ich mir aufgespart habe. Die Riegel? Nein, da habe ich schon Bescheid gesagt. Nein, etwas anderes, mit dem Salon hat es zu tun. Fürstin Marja hat da irgendwas erzählt. Dessales, dieser Dummkopf, hat da doch was gesagt. Etwas von meiner Tasche, es will mir nicht einfallen. Tischka! Wovon haben wir heute bei Tisch gesprochen?

TICHON *kommt herein* Vom Fürsten Michail!

BOLKONSKI Sei bloß still! *Pause.* Ich weiß schon. Fürstin Marja hat vorgelesen ... Dessales hat etwas von Witebsk gesagt ... Die Franzosen seien geschlagen, bei welchem Fluß? Weiter als bis zum Neman kommt der Gegner nie. Wenn der Schnee taut, versinkt er in den polnischen Sümpfen ... *Wird unruhig, sucht auf dem kleinen Tisch, findet einen Brief, liest, wird blaß, beginnt zu verstehen.* Was? Die Franzosen in Witebsk, mit vier Tagesmärschen

104

können sie in Smolensk sein? Vielleicht sind sie schon dort? Tischka! Tischka!

Tichon tritt näher. Man hört das Rattern einer Kutsche. Vor der Terrasse erscheint Alpatytsch, voller Staub. Die Tür zur Terrasse öffnet sich, aus dem Hause kommt unruhig Fürstin Marja.
Was gibt's?

ALPATYTSCH Euer ... Euer Durchlaucht! Smolensk ... sind wir verloren? *Gibt Marja einen Brief.* Von Fürst Andrej ...

BOLKONSKI Lies vor!

MARJA *liest vor* Smolensk wird aufgegeben. Ihr müßt sofort nach Moskau fahren ...
Schweigen.

ALPATYTSCH Sind wir verloren?

BOLKONSKI *erhebt sich* Sofort in den Dörfern Landwehrmänner zusammenholen und bewaffnen! Ich werde dem Oberbefehlshaber schreiben, daß ich bis zuletzt in Lyssyje Gory bleibe und mich verteidige! Die Fürstin Marja mit dem kleinen Fürsten und Dessales werden nach Moskau geschickt!

MARJA Ich fahre nicht weg, mon père*.

BOLKONSKI Was? Du quälst mich! Du hast mich mit meinem Sohn entzweit! Hast mir das Leben vergiftet! Verschwinde! Ich will nichts mehr von dir wissen. Komm mir nicht mehr unter die Augen!

MARJA Ich fahre nicht weg, Väterchen, ich lasse Sie nicht allein.

BOLKONSKI Tischka! Meine Uniform mit den Orden, ich fahre zum Oberbefehlshaber!
Tichon eilt ins Haus.
Es liegt bei ihm, ob er Maßnahmen zur Verteidigung von Lyssyje Gory ergreift oder nicht. Vielleicht gerät hier einer der ältesten russischen Generäle in Gefangenschaft!
Marja weint. Tichon bringt die Uniform und hilft Bolkonski hinein. Bolkonski macht ein paar Schritte, doch plötzlich fällt er Tichon und Alpatytsch in die Arme.

* Mein Vater. (frz.)

MARJA O Gott! Dunja! Dunja! Den Arzt!

Dunja eilt herbei.

BOLKONSKI *im Sessel* Gaga ... boi ...

MARJA Tut das Herz weh? Das Herz?

BOLKONSKI Mein Herz! Ich danke dir, Tochter ... Mein
Freund ... für alles, für alles ... Verzeih ... Ruft Andrej!
Wo ist er?

MARJA Bei der Armee, mon père, in Smolensk.

BOLKONSKI Ja. Rußland ist verloren. Ins Verderben ge-
stürzt!

Verstummt.

Marja schluchzt.

DUNJA Fürstin! Fürstin!

ALPATYTSCH Gottes Wille geschehe ...

MARJA Laßt mich! Das ist nicht wahr! Nicht wahr!

Dunkel

Neunte Szene

Dieselbe Terrasse.

ALPATYTSCH Hör mal, Dron, rede mir kein dummes Zeug
vor. Seine Durchlaucht Fürst Andrej Nikolajewitsch
haben mir selbst befohlen, alles von hier wegzuschicken
und niemanden hier dem Feind zu überlassen. Außerdem gibt es darüber einen Befehl des Zaren. Wer
zurückbleibt, ist ein Verräter am Zaren. Hörst du?

DRON Ich höre.

ALPATYTSCH Ach, Dron, das kann böse für dich ausgehen.

DRON Das liegt in eurer Hand. *Pause.*

*Man hört fernen Geschützdonner und dann betrunkene Lieder
von Mushiks.*

Jakow Alpatytsch, nimm mir mein Amt ab! Nimm mir
die Schlüssel ab, und laß mich gehen, um Christi willen!

ALPATYTSCH Hör auf damit! Ich durchschaue dich! Was fällt euch eigentlich ein, he?

DRON Was soll ich mit diesem Volk machen? Sie sind ganz aus dem Häuschen.

ALPATYTSCH Saufen sie?

DRON Ganz aus dem Häuschen sind sie, Jakow Alpatytsch. Sie haben schon das zweite Faß Schnaps geholt.

ALPATYTSCH Die Fuhren müssen zur Stelle sein! *Geht ins Haus. Dron geht. Pause. Dann kommen zwei lange Mushiks zur Terrasse. Sie sind betrunken. Man hört Pferdegetrappel. Hinter der Bühne wird abgesessen. Herein kommen Nikolai Rostow, Iljin und Lawruschka.*

ILJIN Du hast das Rennen gewonnen!

ROSTOW Ja, gewonnen, vorhin auf der Wiese und jetzt wieder.

LAWRUSCHKA Und ich auf meinem Franzosenpferd, Euer Erlaucht, ich hätte Sie überholt, aber ich wollte Ihnen nicht die Schande antun.

Herein kommen Mushiks.

ROSTOW *sieht die Betrunkenen an* Na, ihr seid mir die Richtigen! Habt ihr Heu?

ILJIN Wie ähnlich sie sich sehen!

LANGER MUSHIK Lau-ter lu-sti-ge Ge-se-hel-len …

EIN MUSHIK Wer seid ihr?

ILJIN Franzosen. *Zeigt auf Lawruschka.* Das ist Napoleon persönlich.

EIN MUSHIK Dann seid ihr also doch Russen?

KLEINER MUSHIK Sind viele von euch hier in der Gegend?

ROSTOW Natürlich. Aber warum seid ihr hier zusammengekommen? Feiert ihr ein Fest?

KLEINER MUSHIK Die alten Leute sind in einer Gemeindeangelegenheit zusammengekommen.

Dunja kommt aus dem Haus auf die Terrasse.

ILJIN Die in Rosa ist für mich. Die spannst du mir nicht aus!

LAWRUSCHKA Sie wird wohl für uns sein!

DUNJA Die Fürstin läßt fragen, von welchem Regiment Sie sind und wie Sie heißen.

ILJIN Dies ist Graf Rostow, mein Schwadronskommandeur, und ich bin Ihr ergebener Diener.

LANGER MUSHIK Ge-se-hel-len ...

Dunja verschwindet im Hause. Dort hört man Stimmen. Heraus kommt Alpatytsch.

ALPATYTSCH Ich nehme mir die Freiheit, Sie zu belästigen, Euer Wohlgeboren. Meine Herrin, die Tochter des verstorbenen Generals en chef Fürst Nikolai Andrejewitsch Bolkonski, befindet sich angesichts der Flegelhaftigkeit dieser Leute da in einer schwierigen Lage und bittet Sie, zu ihr zu kommen.

LANGER MUSHIK Ah! Alpatytsch ... ah, Jakow Alpatytsch ... Es ist wichtig ... Verzeih, um Christi willen ... Wichtig ... Nicht?

Rostow lächelt.

ALPATYTSCH Oder finden Sie das vielleicht schön, Euer Erlaucht?

ROSTOW *auf der Terrasse* Nein, schön kann man das nicht finden. Was ist denn hier los?

ALPATYTSCH *flüsternd* Ich nehme mir die Freiheit, Euer Erlaucht zu melden, daß dieses Pack hier meine Herrin nicht von ihrem Gut weglassen will und die Pferde auszuspannen droht. Seit dem frühen Morgen ist alles zur Abreise fertig, doch Ihre Durchlaucht kann nicht fahren.

ROSTOW Das ist doch nicht möglich!

ALPATYTSCH Ich habe mich beehrt, Ihnen die reine Wahrheit zu berichten.

Die Tür zur Terrasse öffnet sich, und Dunja läßt Fürstin Marja heraustreten. Diese ist in Trauer.

DUNJA Väterchen, dich hat Gott zu uns geschickt!

ROSTOW Fürstin ...

MARJA Und das am Tag nach der Beerdigung meines Vaters ... Aber glauben Sie nicht, ich wollte Ihr Mitleid wecken ...

ROSTOW Fürstin, ich kann Ihnen gar nicht sagen, wie glücklich ich bin, daß mich der Zufall hierhergeführt hat und ich mich Ihnen hilfsbereit zeigen kann. Wollen Sie bitte abfahren, und ich hafte Ihnen mit meiner Ehre dafür, daß kein Mensch es wagen wird, Ihnen Unannehmlichkeiten zu bereiten ...

MARJA Ich bin Ihnen sehr dankbar, ich hoffe aber, alles war nur ein Mißverständnis, an dem niemand die Schuld trägt. *Sie weint.* Verzeihen Sie. *Geht in Begleitung Dunjas ins Haus.*

ROSTOW *auf der Terrasse, allein* Eine schutzlose, gramgebeugte junge Frau ... Was für ein seltsames Schicksal hat mich hierhergeführt ... Welche Sanftmut, welch edle Züge ...

ILJIN Na, war sie nett? Nein, mein Lieber, die im rosa Kleid ist reizend ...

ROSTOW Ich will es ihnen zeigen, diesen Spitzbuben!

ALPATYTSCH Was haben Sie beschlossen?

ROSTOW Beschlossen? Was heißt beschlossen? Alter Knacker! Warum hast du dagestanden und zugeguckt? Na? Die Mushiks rotten sich zusammen, und du wirst nicht mit ihnen fertig? Du bist auch so ein Verräter! Ich kenne euch, aber ich ziehe euch allen das Fell ab!

ALPATYTSCH Die Mushiks sind verstockt, und es wäre töricht, gar zu streng mit ihnen umzugehen, solange man nicht über ein Kommando Soldaten verfügt ...

ROSTOW Ich werde ihnen schon zeigen, wie ein Kommando Soldaten aussieht. Und wie streng ich mit ihnen umgehe! He! Wer ist hier der Starost?

KARP Der Starost? Was soll der?

ROSTOW *gibt Karp eine Ohrfeige* Mütze ab, ihr Verräter! Wo ist der Starost?

EIN MUSHIK Der Starost, der Starost wird verlangt. Dron Sacharytsch, du ...

KARP Wir dürfen nicht rebellieren ... Wir müssen uns an die Ordnung halten ...

KLEINER MUSHIK Was die Alten beschlossen haben, gilt. Es sind zu viele von euch Natschalniks!

ROSTOW Was? Räsonieren? Rebellieren? Verräter! Bindet ihn!

ILJIN Bindet ihn!

LAWRUSCHKA *packt Karp* Soll ich unsere Leute hinterm Berg herbeirufen?

ROSTOW Wo ist der Starost?

Dron tritt aus der Menge. Man hört Kanonenschüsse etwas näher. Du bist der Starost? Fesseln, Lawruschka!

ALPATYTSCH He, Jungs!

Ein Mushik und der kleine Mushik lösen den Gürtel und fesseln Dron.

ROSTOW Jetzt hört mal alle her! Schert euch sofort nach Hause!

Die Menge der Mushiks weicht zurück.

EIN MUSHIK Aber wir haben doch keinem etwas getan …

KLEINER MUSHIK Wir haben doch bloß so aus Unverstand…

ALPATYTSCH Ich hab's euch ja gesagt. Das war nicht schön von euch, Jungs!

Dron und Karp werden gefesselt abgeführt.

LANGER MUSHIK *zu Karp* He, das hast du davon! Darf man so mit einem Herrn sprechen? Dumm bist du, wirklich, dumm!

Rostow geht auf die Terrasse, Fürstin Marja tritt zu ihm.

MARJA Sie sind meine Rettung, Graf, ich danke Ihnen.

ROSTOW Aber ich bitte Sie, Fürstin. Jeder Landgendarm würde das gleiche getan haben. Ich bin glücklich, daß ich Gelegenheit hatte, Ihre Bekanntschaft zu machen. Leben Sie wohl, Fürstin, ich wünsche Ihnen Glück. Wenn Sie mich nicht beschämen wollen, danken Sie mir bitte nicht.

Küßt ihr die Hand.

Iljin steigt zur Terrasse herauf, küßt Fürstin Marja die Hand. Rostow, Iljin und Lawruschka entfernen sich. Man hört Hufgetrappel.

MARJA *allein auf der Terrasse* Ausgerechnet nach Bogutscharowo ist er gekommen, und genau im richtigen Moment! Und gerade seine Schwester hat Fürst Andrej abgewiesen … *Geht ins Haus.*

ALPATYTSCH He, Jungs! *Zeigt aufs Haus.*

Die Menge der Mushiks steigt die Terrasse herauf. Die Türen öffnen sich, die Mushiks tragen Bücherschränke und andere Gegenstände heraus.

EIN MUSHIK Vorsichtig! Paß auf!

KLEINER MUSHIK Die Bücher sind aber schwer, Jungs!

RUNDGESICHTIGER MUSHIK Wer die geschrieben hat, der hat sich ganz schön anstrengen müssen!

Kanonendonner.

Dunkel

Zehnte Szene

Nacht vor der Schlacht von Borodino. Eine Scheune, eine Laterne. Fürst Andrej liegt.

SPRECHER Die Befehle für die morgige Schlacht hatte er erhalten, die entsprechenden Anordnungen getroffen. Zu tun gab es nichts mehr. Aber die Gedanken, ganz einfache, klare und darum um so schrecklichere Gedanken, wollten ihm keine Ruhe lassen. Er wußte, daß die morgige Schlacht die fürchterlichste von allen sein würde, an denen er bisher teilgenommen hatte, und die Möglichkeit des Todes trat ihm zum erstenmal im Leben lebhaft, deutlich und furchtbar, fast wie etwas Unabänderliches, entgegen.

ANDREJ Ja, ja, das sind sie, die verlogenen Bilder, die mich so erregt, so hingerissen und so gequält haben. Ruhm, Hingabe für die Allgemeinheit, Frauenliebe, Vaterland – wie gewaltig sind mir diese Bilder erschienen, wie reich an tiefer Bedeutung. Und all das sieht jetzt so einfach, so blaß und so grob aus im Lichte des Morgens, der für mich heraufdämmert, ich fühle das! Die Liebe! Dieses Mädchen, in dem ich eine solche Fülle geheimnisvoller Kräfte zu sehen glaubte. Ja, gewiß, ich habe sie geliebt, habe poetische Pläne gemacht für das Glück mit ihr. Ach, was war ich für ein guter, dummer Junge! Ich glaubte an eine ideale Liebe, die mir während des ganzen Jahres der Trennung die Treue dieses Mädchens erhalten sollte. Aber es ging alles viel einfacher. So grauenhaft selbstverständlich. Und das Vaterland, der Untergang Moskaus? Morgen tötet mich irgend jemand, vielleicht nicht einmal ein Franzose, sondern einer von unseren Leuten, so wie gestern ein Soldat sein Gewehr dicht an meinem Ohr abgefeuert hat. Dann packen sie mich bei Kopf und Füßen und werfen mich in eine Grube, und es entstehen neue Lebensbedingungen, die dann anderen Menschen ebenso gewohnt erscheinen wie meine mir, und ich weiß nichts von ihnen und bin nicht mehr da!

SPRECHER Er malte es sich lebendig aus, wie es sein würde, wenn er an all diesem Leben nicht mehr teilhätte. Diese Birken mit ihrem Licht und ihrem Schatten, der Rauch der Lagerfeuer – alles das verwandelte sich für ihn in etwas Grauenhaftes und Drohendes. Ein kalter Schauder lief ihm den Rücken hinunter.

Pierre hinter der Bühne: »Que diable!« Er hat sich gestoßen.*

ANDREJ Wer ist da?

Pierre kommt mit einer Laterne herein.

Sieh mal an! Was treibt dich denn hierher? Dich hätte ich nicht erwartet.

PIERRE Ich bin hier ... so ... wissen Sie ... es interessiert mich einfach ... ich wollte mir die Schlacht ansehen ...

ANDREJ Na, was sagen die Freimaurer zum Krieg? Wie hätte man ihn verhüten können? Wie sieht es in Moskau aus? Was machen die Meinen? Sind sie endlich in Moskau angekommen?

PIERRE Ja.

Pause.

Sie meinen also, wir werden morgen die Schlacht gewinnen!

ANDREJ Ja, ja ... Wenn ich zu bestimmen hätte, ich würde

* Zum Teufel! (frz.)

verbieten, Gefangene zu machen! Das soll Ritterlichkeit sein? Die Franzosen haben mein Haus zerstört und wollen auch Moskau zerstören. Sie sind meine Feinde. Sie sind für mich Verbrecher. Sie müssen mit ihrem Leben büßen!

PIERRE Ja, ja, ich empfinde genauso wie Sie.

ANDREJ Morgen werden beide Seiten aufeinandertreffen, Zehntausende von Menschen werden fallen, und hinterher wird man Dankgottesdienste abhalten. Wie ist es nur möglich, daß Gott dort oben dem allen zusieht und zuhört? Ach, mein Lieber, das Leben ist mir in der letzten Zeit recht schwer geworden. Ich sehe, daß ich vieles zu gut verstehe. Es bekommt dem Menschen nicht, vom Baum der Erkenntnis des Guten und Bösen zu naschen. Jetzt dauert es nicht mehr lange. Reite nach Gorki, du mußt dich ausschlafen vor der Schlacht, und für mich ist es auch Zeit. Lebe wohl, geh jetzt. Ob wir uns wiedersehen? *Küßt Pierre, der geht hinaus.*

SPRECHER Er schloß die Augen. Natascha hatte ihm mit ganz aufgeregter Miene erzählt, wie sie sich im letzten Sommer beim Pilzesammeln in einem großen Wald verirrt hatte. Zusammenhanglos beschrieb sie ihm die Einsamkeit im Wald, ihre Empfindungen, das Gespräch mit einem Imker ...

ANDREJ Ich habe sie verstanden. Die Klarheit und Offenheit liebte ich an ihr ... Er, Kuragin, konnte doch mit alledem nichts anfangen! Er sah nichts davon! Er sah nur das frische junge Mädchen. Und der ist noch heute vergnügt und munter? *Springt auf.*

Dunkel

Elfte Szene

Ununterbrochener Geschützdonner. Rauchschwaden. Ein Kurgan. Eine große Ikone der Gottesmutter von Smolensk, davor Lämpchen. Eine Bank, mit einem Teppich bedeckt, auf der Bank

Kutusow, er schlummert vor Müdigkeit und Altersschwäche. Bei ihm seine Suite.

ADJUTANT *kommt herein und nimmt vor Kutusow Haltung an* Die von den Franzosen eroberten Pfeilschanzen sind wieder in unserer Hand. Fürst Bagration ist verwundet.

KUTUSOW Ach, ach … *Zum Adjutanten* Reite zu Fürst Pjotr Petrowitsch und erkundige dich nach den Einzelheiten … *Adjutant ab.*

zum Prinzen von Württemberg Wollen Euer Hoheit bitte das Kommando der ersten Armee übernehmen? *Prinz von Württemberg ab.*

ANDERER ADJUTANT Der Prinz von Württemberg bittet um Verstärkung.

KUTUSOW *verzieht das Gesicht* Dochturow soll das Kommando der ersten Armee übernehmen. Sag dem Prinzen, ich kann ihn in diesen wichtigen Augenblicken nicht entbehren, er möchte zu mir zurückkommen. *Anderer Adjutant ab.*

NOCH EIN ADJUTANT *läuft herein* Murat ist gefangengenommen!

SUITE Herzlichen Glückwunsch, Euer Durchlaucht.

KUTUSOW Warten Sie damit noch, meine Herren. Die Schlacht ist gewonnen, und an der Gefangennahme Murats ist nichts Besonderes. Aber man soll sich nicht zu früh freuen. Geh zu den Truppen, und verbreite die Nachricht. *Stscherbinin läuft herein. Sein Gesicht ist verstört. Kutusow macht eine Geste.*

STSCHERBININ *leise* Die Franzosen haben Semjonowskoje genommen.

KUTUSOW *steht ächzend auf. Nimmt Jermolow beiseite* Reite hin, mein Lieber, und sieh zu, ob man da nichts tun kann. *Setzt sich, schlummert ein.*

Jermolow ab. Koch und Bursche servieren Kutusow das Mittagessen. Er ißt ein Huhn.

WOLZOGEN *kommt herein, spricht mit Akzent* Alle Punkte unserer Position sind in der Hand des Feindes, und wir haben keine Truppen mehr, um sie zurückzuerobern. Sie fliehen, und wir können sie nicht zum Stehen bringen. *Pause.* Ich hielt mich nicht für berechtigt, Euer Durchlaucht vorzuenthalten, was ich gesehen habe … Die Truppen sind in völliger Auflösung …

KUTUSOW *erhebt sich* Das wollen Sie gesehen haben? Das wollen Sie gesehen haben? Wie können Sie … Wie können Sie sich unterstehen! Wie können Sie sich unterstehen, Herr, mir so etwas zu sagen? Gar nichts wissen Sie! Richten Sie General Barklay von mir aus, daß seine Nachrichten unzutreffend sind und ich als Oberbefehlshaber die tatsächliche Situation besser kenne als er!
Wolzogen will widersprechen.
Der Feind ist auf dem linken Flügel zurückgeworfen und auf dem rechten völlig geschlagen. Wenn Sie das nicht richtig gesehen haben, mein Herr, dann nehmen Sie sich nicht heraus, mir Dinge zu sagen, die Sie nicht überblicken können. Wollen Sie bitte zu General Barklay reiten und ausrichten, ich sei fest entschlossen, den Feind morgen anzugreifen. *Pause.* Die Franzosen sind überall zurückgeworfen, dafür danke ich Gott und unserer braven Armee. Der Feind ist besiegt, und morgen jagen wir ihn von der heiligen russischen Erde!
Bekreuzigt sich schluchzend.
Alle schweigen.

WOLZOGEN *tritt knurrend beiseite* Der alte Herr macht sich etwas vor …
Rajewski kommt herein.

KUTUSOW Aha, da kommt ja mein Held! Na?

RAJEWSKI Die Truppen behaupten sich fest in ihren Stellungen, und die Franzosen wagen nicht mehr anzugreifen.

KUTUSOW Vous ne pensez donc pas comme les autres, que nous sommes obligés de nous retirer?*

---

* Sie glauben also nicht wie die anderen, daß wir uns zurückziehen müssen? (frz.)

RAJEWSKI Au contraire, Votre Altesse!*
KUTUSOW Kaissarow! Setz dich hin, schreib den Befehl für morgen. *Zum unbekannten Adjutanten* Und du reite die Linien ab, und gib bekannt, daß wir morgen angreifen!

Dunkel

SPRECHER Und mit Hilfe jenes unüberwindlichen, geheimnisvollen Verbindungssystems, durch das sich in einer ganzen Armee ein und dieselbe Stimmung durchsetzt, das, was man als den Geist der Truppe bezeichnet und was den Hauptnerv des Krieges ausmacht, gelangten Kutusows Worte, sein Angriffsbefehl für den folgenden Tag im Nu bis zu den äußersten Enden der russischen Truppenaufstellung.

Zwölfte Szene

SPRECHER Der grauenvolle Anblick des Schlachtfeldes war an diesem Tag mächtiger als die Seelenstärke, die er für etwas Verdienstvolles, seine Größe Beweisendes hielt. Gelblich, gedunsen, schwerfällig, mit trüben Augen, roter Nase und heiserer Stimme saß er da, ohne den Blick vom Boden zu heben.
Kurgan. Kanonendonner. Napoleon allein. Ein großes Bild eines Jungen, König von Rom.
In dem langsam zerwehenden Pulverqualm lagen in Blutlachen Pferde und Menschen. Eine solche Anzahl von Toten auf so kleinem Raum hatte Napoleon noch nie gesehen.
Gequält wartete er auf den Ausgang der Schlacht, als deren Urheber er sich fühlte, die er aber nicht anhalten konnte. Für einen kleinen Augenblick triumphierte ein persönliches, menschliches Gefühl in ihm über das kon-

* Im Gegenteil, Euer Durchlaucht! (frz.)

struierte Phantom des Lebens, dem er so lange gedient hatte. Er übertrug die Leiden und das Sterben, die er auf dem Schlachtfeld gesehen hatte, auf sich selbst. Das schwere Druckgefühl im Kopf und in der Brust gemahnte ihn daran, daß Leiden und Sterben auch über ihn kommen konnten. In diesem Augenblick begehrte er weder Moskau noch Sieg oder Ruhm (was brauchte er noch Ruhm!), er begehrte nichts als Entspannung, Ruhe, Freiheit.

Adjutant steigt erschöpft auf den Kurgan.

Unser Feuer mäht sie reihenweise nieder, aber sie stehen immer noch, sagte der Adjutant.

NAPOLEON Ils en veulent encore?

ADJUTANT Sire?

NAPOLEON Ils en veulent encore, donnez-leur-en!

Adjutant ab.

SPRECHER Sie wollen noch mehr, sagte Napoleon, nun, dann gebt es ihnen! Auch ohne seinen Befehl geschah, was er wollte, und er traf seine Anordnung nur, weil er glaubte, es würde ein Befehl von ihm erwartet. Wieder spielte er gehorsam die grausame, unmenschliche Rolle, die ihm vorbestimmt war.

Dunkel

Dreizehnte Szene

Verbandszelt. Der Geschützdonner hat ein wenig nachgelassen. Man hört ein ununterbrochenes klägliches Stöhnen, die Schreie von Menschen, das Krächzen von Raben. Ein verwundeter Soldat liegt und wartet, bis er dran ist. Schwarzhaariger Unteroffizier mit verbundenem Kopf und verbundenem Arm steht neben ihm und erzählt aufgeregt.

SCHWARZHAARIGER UNTEROFFIZIER Wie wir sie da so rausschmissen, da warfen sie alles weg, und wir nahmen sogar ihren König gefangen. Wenn bloß die Reserven rechtzeitig herangekommen wären, mein Lieber, dann wäre kein Fetzen von ihnen übriggeblieben, das kann ich euch sagen.

Aus dem Zelt tragen zwei Feldschere den verbundenen Fürsten Andrej heraus und legen ihn auf eine Bank.

VERWUNDETER SOLDAT Da sieht man's wieder, auch das Jenseits ist für die feinen Herren reserviert.

ARZT *zu den Feldscheren* Den da, ausziehen!

Die Feldschere tragen den verwundeten Soldaten hinaus. Der Arzt spritzt Andrej Wasser ins Gesicht, und er kommt zu sich. Der Arzt küßt ihn schweigend auf den Mund und folgt den Feldscheren.

SCHWARZHAARIGER UNTEROFFIZIER *erregt* Wenn bloß die Reserven ... Wenn bloß die Reserven herangekommen wären! *Ab.*

Die Feldschere tragen den tödlich verwundeten Anatol Kuragin herein und legen ihn hin. Er ist ohne Bewußtsein.

ANDREJ *sieht Anatol, sagt schwach* Krause Haare, die Farbe kommt mir so bekannt vor ... Wer ist der Mann? Wer ist der Mann? Richtig, Kuragin! Wie kommt es nur, daß er mir auf irgendeine Weise so eng und so schmerzhaft verbunden ist? Worin besteht die Verbindung dieses Menschen mit meinem Leben? Natascha! Dünner Hals, magere Arme, ängstliches, glückliches Gesicht, bereit, in seliger Freude zu erstrahlen. Natascha! Ich erinnere mich an alles. Ich wollte diesen Mann treffen, den ich verachte, um ihn zu töten oder ihm Gelegenheit zu geben, mich zu töten! *Weint.* Ihr Menschen, ihr Menschen mit euren Verirrungen!

ARZT *kommt rasch mit den Feldscheren herein, tritt zu Anatol, sieht ihn an, küßt ihn auf den Mund* Was steht ihr da? Tragt den Toten weg.

Dunkel

Vierzehnte Szene

SPRECHER Einige Zehntausende von Menschen lagen tot in verschiedenen Stellungen und Uniformen auf den Feldern und Wiesen, auf denen die Bauern des Dorfes Borodino jahrhundertelang Getreide geerntet und Vieh geweidet hatten.

Nacht. Kurgan im Feld, bedeckt mit Toten. Auf dem Kurgan erscheint Pierre mit einer Laterne.

PIERRE Was ich mir mit allen meinen inneren Kräften wünsche, das ist, so schnell wie möglich in normale Lebensverhältnisse zurückzukehren und in meinem Zimmer, in meinem Bett ruhig einzuschlafen. Nur unter normalen Lebensverhältnissen werde ich imstande sein, mich selbst und alles Gesehene und Durchgemachte zu verstehen. Aber diese normalen Lebensverhältnisse sind nicht vorhanden! Sie werden entsetzt sein, entsetzt über das, was sie getan haben! *Erregt* Le russe Besoukhof! Ich bringe Napoleon um! *Setzt sich auf die Erde und wird bei der Laterne still.*

Es erscheint Soldat mit Kochgeschirr.

Pause.

SOLDAT MIT KOCHGESCHIRR He, was bist du für einer?

PIERRE Ich? *Pause.* Ich bin eigentlich Landwehroffizier, aber meine Abteilung ist woanders. Ich kam ins Gefecht und habe sie verloren.

SOLDAT MIT KOCHGESCHIRR Guck mal an! Wenn du willst, kannst du von meinem Mischmasch essen. *Setzt sich, gibt ihm das Kochgeschirr. Pierre ißt gierig.*

Wo willst du eigentlich hin? Sag mir das.

PIERRE Nach Moshaisk.

SOLDAT MIT KOCHGESCHIRR Du bist wohl ein Herr?

PIERRE Ja.

SOLDAT MIT KOCHGESCHIRR Und wie heißt du?

PIERRE Pjotr Kirillowitsch.

Pause. Man hört Pferdegetrappel, dann Schritte. Herein kommt Bereiter.

BEREITER Euer Erlaucht, wir hatten schon die Hoffnung aufgegeben.

PIERRE Ach so, ja …

SOLDAT MIT KOCHGESCHIRR Na, du hast wohl einen von deinen Leuten gefunden? Na, leb wohl, Pjotr Kirillowitsch, so heißt du doch?

PIERRE Leb wohl. *Greift in die Tasche.* Muß ich ihm was geben?

SPRECHER Nein, das ist nicht angebracht.

Dunkel

Ende des zweiten Aktes

Dritter Akt

Fünfzehnte Szene

Letzter Tag im August. Haus der Rostows. Alle Türen stehen offen, die Möbel sind umgestellt, Spiegel und Bilder abgenommen. Truhen, Heu, Papier, Stricke. Man hört Stimmen im Hof – Leute verladen Gegenstände auf Fuhrwerke. In der Diele zeigt sich schüchtern der verwundete blasse Offizier.

MAWRA KUSMINISCHNA Ja, haben Sie denn niemanden in Moskau? In einem Privatquartier hätten Sie es doch viel besser ...
Natascha erscheint in dem Raum, hört den Satz.
Etwa bei uns. Die Herrschaften fahren weg.

BLASSER OFFIZIER Ich weiß nicht, ob das gestattet ist. Dort ist der Transportleiter. Vielleicht fragen Sie ihn.

NATASCHA *kommt in die Diele, spricht durchs offene Fenster* Können nicht ein paar Verwundete bei uns im Hause bleiben?

MAJOR *Kommt in die Diele* Welchen möchten Sie denn gern haben, Mamsell? *Überlegt.* O ja, warum nicht? Das geht.
Ab. Der blasse Offizier geht auch hinaus.

NATASCHA *zu Mawra Kusminischna* Es geht, hat er gesagt, es geht.

MAWRA KUSMINISCHNA Man wird es trotzdem dem Herrn Vater melden müssen.

NATASCHA Wozu denn, wozu denn, darauf kommt's doch nicht an! Wir ziehen für den einen Tag in den Salon.

Dann können wir ihnen alle unsere Räumlichkeiten überlassen.

MAWRA KUSMINISCHNA Aber gnädiges Fräulein, was Sie sich denken. Wenn wir ihnen auch nur die Seitenflügel einräumen, müssen wir doch erst fragen. *Ab.*

NATASCHA Na, dann frage ich eben. *In das Diwanzimmer* Schlafen Sie, Mama?

GRÄFIN Ach, was für ein Traum!

NATASCHA Mama, liebste Mama! Verzeihen Sie mir, daß ich Sie geweckt habe, ich will es nie wieder tun. Mawra Kusminischna schickt mich zu Ihnen. Es sind verwundete Offiziere gebracht worden. Dürfen sie bleiben? Sie wissen sonst nicht wohin. Erlauben Sie es?

GRÄFIN Was für Offiziere? Wer ist gebracht worden? Ich verstehe nichts.

NATASCHA Ich weiß ja, daß Sie es erlauben ... Ich sage gleich Bescheid. *Verläßt das Diwanzimmer, sagt zu Mawra Kusminischna* Es geht!

MAWRA KUSMINISCHNA *durchs Fenster in die Diele* In das leere Zimmer der Kinderfrau. Bitte! *Ab.*

GRAF *kommt aus der Diele* Daß wir so lange hier getrödelt haben. Der Klub ist geschlossen, und die Polizeibehörden verlassen Moskau.

NATASCHA Papa, Sie haben doch nichts dagegen, daß ich ein paar Verwundete ins Haus gebeten habe?

GRAF Natürlich nicht. Darauf kommt es jetzt nicht an, ich bitte dich, kümmere dich nicht mehr um dummes Zeug, sondern hilf beim Einpacken, wir müssen weg. Wassiljitsch! Wassiljitsch! *Ab.*

Es erscheinen Sonja, Wassiljitsch, Büfettier, ein hastiges Treiben beginnt.

WASSILJITSCH Wir müssen eine dritte Kiste ...

NATASCHA Sonja, warte doch, wir schaffen es auch so.

WASSILJITSCH Es geht nicht, gnädiges Fräulein, wir haben es schon probiert.

NATASCHA Doch, warte nur, bitte!

WASSILJITSCH Und dann noch die Teppiche, gebe Gott ...

NATASCHA So wartet doch, bitte! *Nimmt Teller aus der Kiste.*
Die können hierbleiben!

SONJA Laß doch, Natascha! Wir machen das schon.

WASSILJITSCH Ach, gnädiges Fräulein!
Herein kommt ein Diener, er hilft.

SONJA Laß doch gut sein, Natascha. Ich sehe ja, du hast
recht gehabt, aber nimm den obersten Teppich heraus!

NATASCHA Das will ich ja grade nicht! Petja! Petja!
Petja in Militäruniform eilt herein.
Hilf drücken, Petja!

PETJA *setzt sich auf die Kiste* Mach ich! Los! Mach ich!

NATASCHA Wassiljitsch, hilf drücken!
*Der Kistendeckel schließt sich. Natascha hat Tränen in den
Augen. Büfettier, Diener, Petja und Natascha tragen Gegenstände fort, Wassiljitsch ebenfalls. Die Dielentür öffnet sich, und
herein kommen Ehrwürdiger Kammerdiener und Mawra Kusminischna.*

MAWRA KUSMINISCHNA Kommen Sie zu uns, zu uns. Die
Herrschaften fahren weg, das ganze Haus steht leer.

EHRWÜRDIGER KAMMERDIENER Ach Gott, wir wagen ja
kaum mehr zu hoffen, daß wir ihn noch hinkriegen.
Wir haben selber ein Haus in Moskau, nur so weit
weg ...

MAWRA KUSMINISCHNA Sie sind uns herzlich willkommen ...
Geht es ihm denn sehr schlecht?

EHRWÜRDIGER KAMMERDIENER Wir kriegen ihn kaum noch
bis nach Hause. *Zum Fenster hinaus* Fahr in den Hof ... In
den Hof! *Geht hinaus, gefolgt von Mawra Kusminischna.*
Sonja blickt zum Fenster hinaus, dann ab.

GRAF *Kommt herein* Wassiljitsch!
Wassiljitsch kommt herein.
Nun, alles fertig?

WASSILJITSCH Es kann sofort angespannt werden, Euer Erlaucht.

GRAF Na, großartig, mit Gott!
*Wassiljitsch ab. Blasser Offizier erscheint in Begleitung des
Burschen.*

BLASSER OFFIZIER Graf, haben Sie doch die Güte ... Erlauben Sie mir doch ... um Gottes willen ... ein Plätzchen auf einem Ihrer Fuhrwerke. Gepäck habe ich nicht ... Irgendwo, auf einem Packwagen, einerlei ...

BURSCHE Euer Erlaucht!

GRAF Ja, natürlich ... Freut mich sehr ... Wassiljitsch! Wassiljitsch!

Wassiljitsch kommt herein.

Kümmere dich darum. Ladet einen oder zwei Wagen ab ... Wo es nötig ist ...

MAJOR *kommt herein* Graf!

GRAF Ach ja ... Sie, meine Herren ... Freut mich sehr ... Ja ... ja ... Wassiljitsch!

WASSILJITSCH Ich bitte Sie, Euer Erlaucht, verfügen Sie selbst. Was befehlen Sie wegen der Bilder?

GRAF Nun, man könnte das Nötigste einpacken ... *Geht mit Wassiljitsch, dem blassen Offizier, dem Major und dem Burschen ab.*

Nach einiger Zeit kommt Matrjona Timofejewna herein und eilt ins Diwanzimmer.

MATRJONA TIMOFEJEWNA *zur Gräfin* Euer Erlaucht!

GRÄFIN Ja, was gibt's?

MATRJONA TIMOFEJEWNA Marja Karlowna ist sehr gekränkt.

GRÄFIN Warum ist Madame Schoss gekränkt?

MATRJONA TIMOFEJEWNA Ihre Truhe ist vom Fuhrwerk abgeladen worden.

GRÄFIN Was?

MATRJONA TIMOFEJEWNA Euer Durchlaucht, die Fuhrwerke werden doch leer gemacht! Das Gepäck wird abgeladen ... Verwundete sollen mitgenommen werden ... Der Graf haben angeordnet, sie mitzunehmen. Aber die Sommerkleider des gnädigen Fräuleins können doch nicht hierbleiben ...

GRÄFIN Graf, Graf ...

MATRJONA TIMOFEJEWNA Ein Minütchen, ein Minütchen ... *Läuft hinaus.*

Nach einiger Zeit kommt der Graf ins Diwanzimmer, Natascha

schlüpft hinter ihm her und horcht, was im Diwanzimmer ge-
sprochen wird.

GRÄFIN Mein Freund, die Sachen werden abgeladen?

GRAF Weißt du, ma chère, ich wollte es dir gerade sagen ...
ma chère, kleine Gräfin ... Also, ein Offizier kam zu
mir ... Er hat mich gebeten, wir möchten ihnen ein paar
Fuhrwerke einräumen ... für die Verwundeten. Das sind
ja alles Sachen, die sich ersetzen lassen; aber denke
doch nur, wie schlimm es für sie wäre, hier zurückzu-
bleiben. Weißt du, ma chère, ich glaube wahrhaftig ...
sollen sie mitfahren ...

GRÄFIN Höre einmal, Graf, du hast es schon so weit
gebracht, daß wir kein Geld für das Haus bekommen
haben, und jetzt willst du auch noch die Sachen der Kinder zurücklassen. Damit bin ich überhaupt nicht einverstanden, mein Freund! Sage, was du willst. Für die
Verwundeten ist die Regierung da! Sieh doch nur, ge-
genüber bei den Lopuchins ist schon vorgestern alles
abgefahren worden. So muß man das machen! Nur wir
sollen die Dummen sein. Wenn du schon mit mir kein
Mitleid hast, dann denke wenigstens an die Kinder.

NATASCHA *stürmisch* Eine Gemeinheit ist das, eine Scheuß-
lichkeit! Das können Sie doch nicht befohlen haben!
Mama, das ist doch unmöglich! Sehen Sie doch, dort auf
dem Hof ... Sie sollen hierbleiben?

GRÄFIN Was hast du denn? Wer denn? Was willst du eigentlich?

NATASCHA Die Verwundeten natürlich! Das ist unmöglich,
Mama! Das kommt nicht in Frage! Das ist doch undenk-
bar!

GRÄFIN Ach, macht doch, was ihr wollt! Als ob ich irgendeinen hindern wollte!

NATASCHA Mama, Liebste, verzeihen Sie mir!

GRÄFIN Mon cher, ordne nur an, was du für richtig hältst ...
Ich weiß ja doch nicht Bescheid ...

GRAF *weinend* Das Ei ist ja doch manchmal klüger als die
Henne.

NATASCHA Papa, Mama, darf ich auf den Hof, Bescheid sagen? *Läuft hinaus.* Alle Fuhrwerke werden für die Verwundeten frei gemacht, und die Kisten werden in die Vorratskammer geschafft.

Graf ab. Herein kommen Sonja, reisefertig angezogen, und Stubenmädchen.

SONJA Wem gehört denn die Kalesche?

STUBENMÄDCHEN Wissen Sie denn nicht, gnädiges Fräulein? Der verwundete Fürst fährt doch auch mit.

SONJA Wer ist es denn? Wie heißt er?

STUBENMÄDCHEN Das ist doch unser früherer Bräutigam. Fürst Bolkonski. Er soll im Sterben liegen.

SONJA *läuft ins Diwanzimmer* Mama, Fürst Andrej ist hier, auf den Tod verwundet. Er fährt mit uns.

GRÄFIN *entsetzt* Natascha?

SONJA Natascha weiß es noch nicht, aber er fährt mit uns.

GRÄFIN Auf den Tod, sagst du? *Weint.* Die Wege des Herrn sind unerforschlich.

NATASCHA *erscheint reisefertig angezogen* Na, Mama, jetzt ist alles soweit. Was habt ihr denn?

GRÄFIN Gar nichts. Wenn alles soweit ist, fahren wir ab.

NATASCHA *zu Sonja* Was hast du? Was ist los?

SONJA Es ist nichts.

NATASCHA Etwas sehr Schlimmes für mich? Was denn?

Herein kommen Graf, Petja, Mawra Kusminischna, Wassiljitsch. Sie nehmen Platz, bekreuzigen sich. Sie umarmen Wassiljitsch und Mawra Kusminischna und gehen hinaus. Das Haus der Rostows hat sich geleert.

Dunkel

Sechzehnte Szene

SPRECHER Unterwegs erfuhr Pierre, daß sein Schwager und Fürst Andrej gefallen seien. Als er vom Borodinoer Schlachtfeld zu Hause in Moskau eintraf, dämmerte es bereits. Acht Leute ganz verschiedener Art suchten ihn an diesem Abend auf. Alle hatten Anliegen an ihn, und er sollte zu allem Stellung nehmen. Er verstand von solchen Dingen nichts, interessierte sich gar nicht für sie und ließ sich bei seinen Antworten nur von dem Bestreben leiten, diese Leute so schnell wie möglich loszuwerden. Endlich allein geblieben, erbrach er den Brief seiner Frau und las ihn. Sie teilte ihm ihre Absicht mit, N.N. zu heiraten, und bat ihn, alle für die Scheidung notwendigen Formalitäten in die Wege zu leiten. »Sie, die Soldaten in der Batterie ... Fürst Andrej ist gefallen ... Leiden muß sein ... Meine Frau verheiratet sich wieder ... man muß vergessen und verstehen ...« Er ging an sein Bett, ließ sich unausgekleidet auf die Kissen fallen und schlief sofort ein. Am nächsten Morgen zog er sich hastig an, ging aber nicht zu den Wartenden in den Salon, sondern verließ sein Haus unbemerkt durch die Hintertür. Von diesem Augenblick an bis zur Zerstörung Moskaus sah ihn niemand mehr aus dem ganzen Besuchowschen Haushalt, und trotz aller Nachforschungen wußte niemand, wo er sich aufhielt ...

In der Wohnung des verstorbenen Iossif Alexejewitsch Basdejew.

PIERRE *in der Tür* Jemand zu Hause?

GERASSIM Wegen der jetzigen Umstände sind Sofja Danilowna und die Kinder auf das Gut bei Torshok abgereist, Euer Erlaucht.

PIERRE Ich möchte trotzdem hinein, ich muß die Bücher durchsehen.

GERASSIM Bitte sehr, kommen Sie herein. Der Herr Bruder des Verstorbenen, Gott hab ihn selig, Makar Alexejewitsch, sind dageblieben, doch Euer Erlaucht wissen ja, der Herr sind nicht mehr ganz richtig im Kopf ...

PIERRE Ja, ja, ich weiß, ich weiß ...

Makar Alexejewitsch schaut zur Tür herein, murmelt etwas und verschwindet.

GERASSIM Der Herr hatten einen großen Verstand, sind aber jetzt schwach im Kopf geworden. *Öffnet einen Fenster-*

laden. Sofja Danilowna haben befohlen, die Bücher herauszugeben, wenn Sie jemanden danach schicken. *Ab.*

PIERRE *nimmt Manuskripte zur Hand, überlegt* Ich muß Napoleon treffen und ihn töten, um entweder zu sterben oder von ganz Europa das Unglück abzuwenden, das nur von ihm ausgeht. Ja, einer für alle, ich muß es vollbringen oder sterben. Ja, ich gehe zu ihm ... und dann plötzlich ... Pistole oder Dolch? Aber das ist einerlei. Nicht ich, die Hand der Vorsehung richtet dich, werde ich zu ihm sagen. Gut, nehmt mich nur und richtet mich.
Überlegt.

Gerassim in der Tür räuspert sich.

kommt zu sich Ach ja ... Höre mal. Bitte sage keinem Menschen, wer ich bin. Und tu, was ich dir jetzt sagen werde.

GERASSIM Sehr wohl. Soll ich Ihnen etwas zu essen bringen?

PIERRE Nein, es handelt sich um etwas anderes. Ich brauche einen Anzug, wie ihn Leute aus dem Volk tragen, und eine Pistole.

GERASSIM *überlegt* Sehr wohl. *Geht und kommt nach einiger Zeit mit einem Kaftan, einer Mütze, einer Pistole und einem Dolch zurück, hilft Pierre beim Umkleiden und geht hinaus.*

MAKAR ALEXEJEWITSCH *kommt herein* Alle haben sie es mit der Angst gekriegt. Aber ich erkläre: Ich ergebe mich nicht! Habe ich nicht recht, mein verehrter Herr? *Nimmt plötzlich die Pistole vom Tisch.*

PIERRE Ah!

Gerassim läuft herein, will Makar Alexejewitsch die Pistole wegnehmen.

MAKAR ALEXEJEWITSCH Zu den Waffen! Klar zum Entern! Nein, du kriegst sie nicht!

GERASSIM Ich bitte Sie, es ist genug!

MAKAR ALEXEJEWITSCH Wer bist du? Bonaparte?

GERASSIM Aber nicht doch, gnädiger Herr. Geben Sie mir die Pistole!

MAKAR ALEXEJEWITSCH Weg, elender Sklave! Klar zum Entern!

Plötzlich hört man Rufe, und es wird an die Tür geklopft.

KÖCHIN *läuft herein* Sie sind da! Du liebes Gottchen! Wahrhaftig, sie sind es! *Verschwindet.*

*Gerassim und Pierre lassen von Makar Alexejewitsch ab, er
verschwindet mit der Pistole. Herein kommen Rambal und
Morel.*

RAMBAL Bonjour, la compagnie! *Zu Gerassim* Vous êtes
le bourgeois? Quartier, quartier, logement. Les Français sont de bons enfants. Ne nous fâchons pas, mon
vieux.*

GERASSIM Der Herr nix da, nix verstehn … ich …

MAKAR ALEXEJEWITSCH *läuft plötzlich herein* Klar zum Entern!
*Zielt. Pierre stürzt sich auf ihn. Makar Alexejewitsch schießt.
Gerassim stürmt davon. Man hört die Köchin jammern.*

PIERRE Vous n'êtes pas blessé?**

RAMBAL *befühlt sich* Je crois que non, mais je l'ai manqué
belle cette fois-ci. Quel est cet homme?***
Morel packt Makar Alexejewitsch.

PIERRE Ah, je suis vraiment au désespoir de ce qui vient
d'arriver. C'est un fou, un malheureux qui ne savait pas
ce qu'il faisait.****

RAMBAL *packt Makar Alexejewitsch am Kragen* Brigand, tu me
le payeras. *Zu Pierre* Vous m'avez sauvé la vie! Vous êtes
Français?*****

PIERRE Je suis Russe.******

RAMBAL Ti-ti-ti à d'autres! Vous êtes Français. Vous me

---

* Guten Tag, alle miteinander! Sind Sie der Hausherr? Wir
suchen ein Quartier. Die Franzosen sind gute Kerle. Wir wollen
uns nicht grämen, mein Alter. (frz.)
** Sie sind doch nicht verwundet? (frz.)
*** Ich glaube nein, aber diesmal bin ich gerade noch so davon-
gekommen. Was ist das für ein Mensch? (frz.)
**** Ah, ich bin wirklich verzweifelt über das, was soeben ge-
schehen ist. Er ist ein Narr, ein Unglücklicher, der nicht wußte,
was er tat. (frz.)
***** Räuber, das sollst du mir büßen … Sie haben mir das
Leben gerettet. Sie sind Franzose? (frz.)
****** Ich bin Russe. (frz.)

demandez sa grâce? Je vous l'accorde. Qu'on emmène cet homme.*

MOREL *stößt Makar Alexejewitsch hinaus und kehrt zurück* Capitaine, ils ont de la soupe et du gigot de mouton dans la cuisine. Faut-il vous l'apporter?**

RAMBAL Oui, et le vin! *Zu Pierre* Vous êtes Français. Charmé de rencontrer un compatriote. Rambal, capitaine.*** *Drückt Pierre die Hand.*

Dunkel

Siebzehnte Szene

Nacht. Wieder im Arbeitszimmer Basdejews. Im Fenster der Komet und Feuerschein. Auf dem Tisch Wein. Rambal, entkleidet, liegt zugedeckt und träumt. Pierre sitzt bei ihm.

RAMBAL Oh, les femmes, les femmes!****

SPRECHER Pierre fühlte das Verlangen, die Gedanken auszusprechen, die ihn bewegten. Er legte also seine etwas andere Auffassung von der Liebe zur Frau dar. Er sagte, in seinem ganzen Leben habe er nur eine einzige Frau geliebt, er liebe sie jetzt noch, und diese Frau könne ihm doch nie gehören.

RAMBAL *dösend* Tiens ...*****

SPRECHER Dann erklärte Pierre dem Franzosen, er habe diese Frau schon geliebt, als sie noch ein kleines

---

* Das können Sie anderen vormachen! Sie sind Franzose. Sie bitten um Gnade für ihn? Ich gewähre sie. Man bringe den Kerl fort. (frz.)
** Rittmeister, es ist Suppe und Hammelfleisch in der Küche. Soll ich Ihnen was bringen? (frz.)
*** Ja, und Wein. Sie sind Franzose. Hocherfreut, einen Landsmann zu treffen. Rambal, Rittmeister. (frz.)
**** Oh, die Frauen, die Frauen! (frz.)
***** Sieh an ... (frz.)

Mädchen war, habe aber nicht gewagt, seine Gedanken zu ihr zu erheben, weil sie noch zu jung, er aber ein unehelicher Sohn ohne Namen gewesen sei. Als er dann später Namen und Reichtum besaß, habe er seine Gedanken nicht zu ihr zu erheben gewagt, weil er sie dazu zu sehr geliebt und sie hoch über alles in der Welt gestellt habe, und ganz besonders über sich selbst!

Als Pierre so weit gekommen war, fragte er den Rittmeister, ob er das wohl verstehen könne. Der Rittmeister deutete durch eine Handbewegung an, er bitte ihn fortzufahren, wenn er es auch nicht verstehe.

RAMBAL *einschlafend* L'amour platonique, les nuages …*

SPRECHER War es nun der genossene Wein oder das Bedürfnis, sein Herz auszuschütten, oder der Gedanke, daß dieser Mann ja doch keine der Personen seiner Geschichte kenne, oder das alles zusammen, was Pierres Zunge löste? Tränen in den Augen, die irgendwohin in die Ferne sahen, erzählte er ihm stockend seine ganze Geschichte: von seiner Ehe, von Nataschas Liebe zu seinem besten Freunde, von ihrem Treubruch und von den klaren und reinen Beziehungen, die ihn mit ihr verbanden. Er erzählte schließlich auch alles, was er ihm anfangs verheimlicht hatte – seine gesellschaftliche Stellung, und er nannte sogar seinen Namen.

Rambal schläft.

Pierre stand auf, rieb sich die Augen und erblickte die Pistole mit dem eingelegten Schaft.

PIERRE Bin ich zu spät? Nein, wahrscheinlich zieht er nicht vor zwölf in Moskau ein. *Nimmt die Pistole.* Aber wie? Ich kann doch diese Waffe nicht in der Hand durch die Straße tragen. Selbst unter einem weiten Mantel ist so eine große Pistole schwer zu verbergen. Weder im Gürtel noch unter der Achsel bleibt sie unbemerkt. Außerdem ist sie entladen … Also doch den Dolch!

* Die platonische Liebe, die Wolken … (frz.)

Nimmt den Dolch, pustet die Kerze aus und schleicht sich hin-
aus.

RAMBAL *im Schlaf* L'Empereur, l'Empereur ...*

Dunkel

Achtzehnte Szene

Nacht, ein Bauernhaus, in zwei Hälften geteilt. In der ersten
Hälfte drei Frauen in Weiß. Gräfin, Natascha und Sonja ziehen
sich aus und gehen zu Bett. Im Fenster Feuerschein.

SPRECHER Sonja hatte es zum Erstaunen und zum Ärger
der Gräfin unbegreiflicherweise für nötig gehalten,
Natascha zu erzählen, daß Fürst Andrej unter den Verwundeten des Wagenzugs war.

SONJA Sieh doch, Natascha, wie schrecklich es brennt.

NATASCHA Was brennt? Ach so, ja, Moskau.

SONJA Aber du hast ja gar nichts gesehen?

NATASCHA Doch, ich habe es gesehen.

GRÄFIN Frierst du? Du zitterst ja am ganzen Leibe. Leg dich
doch hin.

NATASCHA Hinlegen? Ja, gut, ich will mich hinlegen. Jetzt
gleich.

GRÄFIN Natascha, zieh dich aus, Kind, lege dich auf mein
Bett.

NATASCHA Nein, Mama, ich lege mich hier auf den Boden.
Ärgerlich So legt euch doch hin!
Alle legen sich hin. Stille. Dann hört man ein langgedehntes
Stöhnen.
steht auf Sonja, schläfst du? Mama! *Tastet sich vorsichtig*
zur Tür.

Dunkel

* Der Kaiser, der Kaiser. (frz.)

132

Neunzehnte Szene

*Die andere Hälfte des Hauses. Nacht. Eine Kerze. Auf der Bank
schläft der Ehrwürdige Kammerdiener. Auf dem Bett liegt im
Fieberwahn Fürst Andrej. Über ihn beugt sich im Halbdunkel
der Sprecher.*

ANDREJ Ja, mir hat sich ein neues Glück eröffnet, das mir
nicht mehr genommen werden kann ... Trinken!

SPRECHER I-piti-piti-piti. Über seinem Gesicht, und zwar
genau über der Mitte seines Gesichts, war etwas wie ein
sonderbares luftiges Gebäude aus ganz feinen Nadeln
oder Holzspänchen ...

ANDREJ Ich muß unbedingt das Gleichgewicht bewahren ...

SPRECHER ... damit dieses Gebäude nicht zusammenstürzt!

ANDREJ Es dehnt sich aus, immer mehr!

SPRECHER Die rotumrandete Kerzenflamme und das
Rascheln der Schaben und das Summen der Fliege auf
dem Kissen ... Da war etwas Weißes an der Tür, und zwar
eine Sphinx ...

ANDREJ Aber vielleicht ist das mein Hemd auf dem Tisch.
Und das da sind meine Beine, und das ist die Tür. Aber
warum dehnt sich denn das alles ... Trinken!

SPRECHER I-piti-piti-piti.

ANDREJ Genug, hör doch auf, bitte, laß das doch! Ja, die
Liebe, aber nicht jene Liebe, die um irgendeinen Lohn
liebt, sondern die Liebe, die ich zum erstenmal emp-
fand, als ich fast im Sterben lag und plötzlich meinen
Feind sah und ihn trotz allem liebgewann. Wie viele
Menschen habe ich in meinem Leben gehaßt! Von allen
aber habe ich keinen mehr geliebt und keinen mehr
gehaßt als sie!

SPRECHER Er erfaßte die ganze Grausamkeit seiner Zu-
rückweisung, die ganze Grausamkeit seiner schroffen
Trennung von ihr.

ANDREJ Wenn ich sie doch nur noch ein einziges Mal

sehen könnte! Nur einmal noch in diese Augen sehen und ihr sagen … Trinken!

Die Tür öffnet sich, Natascha kommt herein und sinkt vor Andrej auf die Knie.

Sie sind es? Welch ein Glück!

NATASCHA Verzeihen Sie!

ANDREJ Ich liebe Sie.

NATASCHA Verzeihen Sie …

ANDREJ Was soll ich Ihnen verzeihen?

NATASCHA Verzeihen Sie mir, was ich … getan habe.

ANDREJ Ich liebe dich noch mehr als früher!

Ehrwürdiger Kammerdiener wacht auf, guckt entsetzt. Die Tür geht auf, herein kommt der Arzt.

ARZT Was ist da los? Wollen Sie bitte hinausgehen, gnädige Frau!

Dunkel

Zwanzigste Szene

Wieder die erste Hälfte des Hauses. Auf der Bühne Gräfin, Graf, Sonja. Aufregung, Geflüster. Der Arzt geht rasch vorüber und begibt sich in die zweite Hälfte. Von dort kommt eilig der Ehrwürdige Kammerdiener, läuft durch die erste Hälfte, dann mit Wasser zurück. Man hört Stimmen.

SONJA *läuft zur Tür* Hierher, hierher!

MARJA *tritt im Reisekostüm ein* Lebt er? Lebt er?

GRÄFIN *flüsternd zu Marja* Mon enfant, je vous aime et vous connais depuis longtemps.*

GRAF *zu Marja* Das ist meine Nichte, Sie kennen sie nicht, Fürstin …

MARJA Lebt er? Lebt er?

Natascha kommt aus der zweiten Hälfte, umarmt weinend Marja.

* Mein Kind, ich liebe und kenne Sie schon lange. (frz.)

Wie ist sein Zustand?

NATASCHA Ach, Marja, er ist ein zu guter Mensch. Er kann nicht leben, er kann nicht!

Ehrwürdiger Kammerdiener erscheint plötzlich in der Tür, bekreuzigt sich, weint.

GRAF Was?

MARJA Was?

EHRWÜRDIGER KAMMERDIENER Es ist zu Ende!

Marja, Graf, Gräfin, Sonja eilen in die zweite Hälfte.

NATASCHA Wohin ist er gegangen? Wo ist er jetzt?

Dunkel

Einundzwanzigste Szene

Moskau brennt. Powarskaja-Straße. Federbetten, ein Samowar, Bilder und Truhen.

MARJA NIKOLAJEWNA Liebe, gute Menschen, rechtgläubige Christen, rettet, helft! Lieber guter Mann! Jemand muß doch helfen! Mein kleines Mädchen! Meine jüngste Tochter ist zurückgeblieben. Sie verbrennt.

MANN IN ZIVILUNIFORM Laß doch, Marja Nikolajewna. Deine Schwester hat sie bestimmt mitgenommen, wo sollte sie sonst wohl sein!

MARJA NIKOLAJEWNA Du Holzklotz, du gemeiner Mensch! Du hast ja gar kein Herz, daß dir dein eigenes Kind nicht leid tut! Ein anderer Mann würde es aus dem Feuer holen! Aber du bist ja gefühllos wie ein Holzklotz!

Mann in Ziviluniform läuft davon. Pierre läuft herein.

Sie sind ein edler Mensch! Im Nebenhaus ist Feuer ausgebrochen und ist zu uns übergesprungen. Wir rafften zusammen, was wir kriegen konnten, die Heiligenbilder und das Bettzeug, ich packe die Kinder, da sehe ich, Katja ist nicht da!

PIERRE Ja, wo denn, wo ist sie zurückgeblieben?

MARJA NIKOLAJEWNA O Gott! Mein Wohltäter, Sie werden nicht zulassen, daß mir das Herz zerreißt!

PIERRE Ich ... will sehen, was ich tun kann. *Stürzt in das brennende Haus.*

Marja Nikolajewna läuft davon. Pierre hinter der Bühne: »Un enfant dans cette maison. N'avez-vous pas vu un enfant?*« Hinter der Bühne eine französische Stimme: »Un enfant? J'ai entendu ... Par ici ... par ici ...**« Herein kommen schöne Armenierin und alter Mann mit orientalischem Gesicht. Sie setzen sich auf die Sachen. Dann kommt Pierre herein, das Kind auf den Armen.

Zwei Franzosen treten auf, kleiner Marodeur und Marodeur mit Mantel. Dann kommt das pockennarbige Weib herein. Der kleine Marodeur zeigt auf die Füße des alten Mannes. Alter Mann zieht die Stiefel aus.

POCKENNARBIGES WEIB *zu Pierre* Hast du jemanden verloren, lieber Herr? Wem gehört das Kind?

PIERRE Hier, nimm das Kind ... gib es ihnen, gib es ihnen! *Marodeur mit Mantel zerrt an der Halskette der schönen Armenierin. Sie schreit gellend.*

gibt das Kind dem pockennarbigen Weib Laissez cette femme!*** *Packt den Marodeur mit Mantel, wirft ihn zu Boden.*

KLEINER MARODEUR *holt ein Seitengewehr hervor* Voyons, pas de bêtises!****

Pierre stürzt sich auf den kleinen Marodeur und schlägt auf ihn ein. Das pockennarbige Weib schreit.

Eine französische Ulanenpatrouille sitzt hinter der Bühne ab und stürmt herein. Die Ulanen schlagen Pierre, dann durchsuchen sie ihn.

ULAN *holt den Dolch aus Pierres Tasche* Il a un poignard, lieutenant.*****

---

* Ein Kind ist in diesem Haus. Habt ihr kein Kind hier gesehen? (frz.)
** Ein Kind? Ich habe gehört ... Hier lang ... hier lang ... (frz.)
*** Lassen Sie die Frau in Ruhe! (frz.)
**** Keine Dummheiten! (frz.)
***** Er hat einen Dolch, Leutnant. (frz.)

ULANENOFFIZIER Ah ... une arme! C'est bon, vous direz tout cela au conseil du guerre. Parlez-vous français, vous? Faites venir l'interprète!*

Ulanen führen ein kleines Männlein herein.

KLEINES MÄNNLEIN *mustert Pierre* Il n'a pas l'air d'un homme du peuple.**

ULANENOFFIZIER Oh, oh, ça m'a bien l'air d'un des incendiaires. Demandez-lui ce qu'il est.***

KLEINES MÄNNLEIN Wer du sein? Du müssen antworten Offizier.

PIERRE Je ne vous dirai pas qui je suis. Je suis votre prisonnier. Emmenez-moi.****

ULANENOFFIZIER *stirnrunzelnd* Ah, ah, marchons!

Die Patrouille führt Pierre ab.

POCKENNARBIGES WEIB Wo werden sie dich hinführen, lieber Freund? Das Mädchen, wo soll ich mit dem Mädchen hin?

ULANENOFFIZIER Qu'est-ce qu'elle veut, cette femme?*****

PIERRE Ce qu'elle dit? Elle m'apporte ma fille que je viens de sauver des flammes! Adieu!******

Dunkel

SPRECHER ... und ohne zu wissen, wie ihm diese zwecklose Lüge eigentlich über die Lippen gekommen war, schritt er aufrecht und mit einer gewissen Feierlichkeit zwischen den Franzosen einher.

---

* Ah, eine Waffe! Gut, Sie werden das alles vor dem Kriegsgericht sagen. Sprechen Sie französisch? Holt den Dolmetscher! (frz.)
** Er sieht nicht aus wie ein Mann aus dem Volke. (frz.)
*** Oh, oh, mir macht er ganz den Eindruck, als wäre er einer von den Brandstiftern. Fragen Sie ihn, wer er ist. (frz.)
**** Ich sage Ihnen nicht, wer ich bin. Ich bin Ihr Gefangener. Führen Sie mich ab. (frz.)
***** Was will diese Frau? (frz.)
****** Was sie sagt? Sie bringt mir meine Tochter, die ich eben aus den Flammen gerettet habe! Leb wohl! (frz.)

Die Patrouille war eine von denen, die auf Befehl von Durosnel durch die Straßen von Moskau geschickt wurden, um dem Plündern Einhalt zu gebieten, vor allem aber, die Brandstifter festzunehmen, die nach Ansicht der Franzosen die Brände gelegt hatten.

Zweiundzwanzigste Szene

SPRECHER Am nächsten Tag erfuhr Pierre, daß alle aufgegriffenen verdächtigen Russen, auch er, wegen Brandstiftung abgeurteilt werden sollten ...

Es war das Haus, in dem Pierre früher so oft gewesen war. Sie führten Pierre durch die Glasgalerie, den Flur, ein Vorzimmer ...

Man sieht den völlig verwüsteten Saal der Rostows. Am Tisch sitzt Davout. Pierre steht vor ihm. Vor den Fenstern Rauch. Man hört Regimentsmusik.

DAVOUT Qui êtes-vous?*

SPRECHER Pierre gab keine Antwort, weil er außerstande war, ein Wort über die Lippen zu bringen. Davout war für Pierre nicht nur einfach ein französischer General, sondern ein um seiner Grausamkeit willen berüchtigter Mann. Pierre fühlte, daß jede Sekunde, die er mit der Antwort zögerte, ihn das Leben kosten konnte, allein er wußte nicht, was er sagen sollte. Seinen Stand und seinen Namen zu offenbaren hielt er für gefahrvoll und schimpflich. Davout hob den Kopf, schob die Brille auf die Stirn, machte schmale Augen. »Ich kenne diesen Mann«, sagte er in gemessenem und kaltem Ton, der offenbar Pierre Schrecken einjagen sollte.

Der kalte Schauer, der Pierre über den Rücken lief, packte auch seinen Kopf und umschloß ihn wie ein Schraubstock.

* Wer sind Sie? (frz.)

PIERRE Mon général, vous ne pouvez pas me connaître, je
ne vous ai jamais vu …*

DAVOUT C'est un espion russe. Ein russischer Spion.

PIERRE Non, Monseigneur! Non, Monseigneur, vous n'avez
pas pu me connaître. Je suis un officier militionnaire et
je n'ai pas quitté Moscou.**

DAVOUT Votre nom?***

PIERRE Besoukhof.

DAVOUT Qu'est-ce qui me prouvera que vous ne mentez
pas?****

PIERRE *beschwörend* Monseigneur!

SPRECHER Davout hob den Blick und sah Pierre scharf an.
Einige Sekunden sahen sie einander in die Augen, und
dieser Umstand rettete Pierre. Dieser Blick von Auge zu
Auge schuf über Krieg und Gericht hinweg eine Be-
ziehung zwischen den beiden Männern. Davout sah jetzt
in Pierre einen Menschen. Er dachte einen Augenblick
nach.

DAVOUT Comment me prouverez-vous la vérité de ce que
vous me dites?*****

PIERRE Jetzt weiß ich's wieder!

SPRECHER Pierre dachte an Rittmeister Rambal und nannte dessen Regiment und auch die Straße.

DAVOUT *zweifelnd* Vous n'êtes pas ce que vous dites.******

PIERRE Monseigneur!

Adjutant kommt herein und flüstert Davout etwas zu.

SPRECHER Davout knöpfte sich die Uniform zu. Er schien
Pierre völlig vergessen zu haben. Als der Adjutant ihn

---

* Mein General, Sie können mich nicht kennen, ich habe Sie nie
gesehen … (frz.)
** Nein, Durchlaucht, Sie können mich nicht gekannt haben. Ich
bin Milizoffizier und habe Moskau nicht verlassen. (frz.)
*** Ihr Name? (frz.)
**** Was beweist mir, daß Sie nicht lügen? (frz.)
***** Wie wollen Sie mir die Wahrheit dessen beweisen, was Sie
mir sagen? (frz.)
****** Sie sind nicht das, wofür Sie sich ausgeben. (frz.)

an den Gefangenen erinnerte, nickte er verdrießlich zu Pierre hin und befahl, ihn abzuführen. Wohin aber? Zurück oder auf den Richtplatz? Pierre wußte es nicht.

Dunkel

Dreiundzwanzigste Szene

Hof. Französische Soldaten in blauer Uniform und Tschako führen zwei kahlgeschorene Sträflinge herein. Hofknecht, etwa 45 Jahre alt. Sehr schöner Mushik. Gelber Fabrikarbeiter. Sie werden in einer Reihe aufgestellt. Der letzte in der Reihe ist Pierre. Trommelwirbel.

SPRECHER Pierre hatte diese ganze Zeit nur einen Gedanken im Kopf: Wer hatte ihn denn nun eigentlich zum Tode verurteilt? Nicht Davout, der ihm einen so menschlichen Blick zugeworfen hatte. Noch eine Minute, und Davout hätte eingesehen, daß sie unrecht handelten, aber gerade in dieser Minute war der Adjutant eingetreten. Auch dieser Adjutant hatte offensichtlich nichts Böses beabsichtigt, aber er hätte ebensogut nicht zu kommen brauchen.

Wer war es nun eigentlich, der ihn hinrichtete, ihn tötete, ihn, Pierre, mit allen seinen Erinnerungen, Wünschen, Hoffnungen, Gedanken? Pierre begriff, daß es niemand war. Es war eine Ordnung, ein Zusammentreffen von Umständen, das ihn vernichtete.

Den beiden Häftlingen werden die Augen verbunden, man führt sie ab. Trommelwirbel. Eine Salve. Dem Mushik und dem Fabrikarbeiter werden die Augen verbunden, man führt sie ab. Trommelwirbel. Eine Salve. Stimme hinter der Bühne: »Tirailleurs du 86-me, en avant!« Man will den fünften Fabrik-*

* Schützen des Sechsundachtzigsten – vortreten! (frz.)

140

arbeiter im Kittel greifen. Er springt zurück und hält sich an Pierre fest. Pierre reißt sich los. Dem Arbeiter werden die Augen verbunden, er richtet den Knoten auf seinem Hinterkopf. Man führt ihn ab.

SPRECHER Mühsam atmend sah sich Pierre um, als wollte er fragen: Was geschieht hier eigentlich? Diese Frage lag auch in allen Blicken, die dem seinen begegneten. Auf den Gesichtern der französischen Soldaten und Offiziere las er Schrecken, Entsetzen und den gleichen Kampf, der sein eigenes Herz beherrschte.

PIERRE Wer macht denn das eigentlich? Wer?

Trommelwirbel. Salve. Pause.

ADJUTANT Davouts *zu Pierre* Ça leur apprendra à incendier!*

SPRECHER Pierre begriff nicht, daß er gerettet und nur hierhergebracht worden war, um der Hinrichtung beizuwohnen.

Soldaten führen Pierre nach der anderen Seite ab.

Dunkel

SPRECHER Nach der Exekution wurde Pierre von den übrigen Gefangenen getrennt. Gegen Abend teilte ihm der wachhabende Unteroffizier mit, er sei begnadigt und werde nun in die Baracken der Kriegsgefangenen gebracht.

Vierundzwanzigste Szene

Nacht. Bauernhaus. Ewiges Lämpchen vor den Heiligenbildern. Kutusow liegt ausgekleidet im Bett.

SPRECHER Als erfahrener Jäger wußte er, daß das Wild verwundet war, so verwundet, wie es nur die ganze russische Kraft hatte verwunden können, ob die Wunde

* Das wird sie lehren, Feuer zu legen! (frz.)

141

aber tödlich war oder nicht, diese Frage blieb noch ungeklärt.

KUTUSOW *murmelt im Halbschlaf* Er ist tödlich verwundet ...
Sie möchten hinlaufen und sehen, wie sie ihn getötet haben. Wozu? Wozu? Als ob es lustig wäre, sich zu schlagen. Sie sind wie die Kinder!
Es klopft.
He, wer ist da? Herein, herein!
Toll kommt mit einer Kerze herein.
Was gibt es Neues?
Toll ist erregt, er gibt ihm einen Brief.
liest Wer hat ihn gebracht?

TOLL Die Meldung ist durchaus zuverlässig, Euer Durchlaucht.

KUTUSOW Ruf ihn her!
Toll holt Bolchowitinow herein.
Komm, tritt näher. Was hast du mir denn da für Botschaften gebracht? He? Napoleon ist von Moskau abmarschiert? Stimmt das auch? He? Quäl mich nicht!

BOLCHOWITINOW Gefangene und Kosaken und Späher sagen einstimmig das gleiche.

KUTUSOW *vor den Heiligenbildern* Herr, du mein Schöpfer! Du hast unser Gebet erhört ... Rußland ist gerettet. Ich danke dir, Herr!

Dunkel

SPRECHER Vom Eintreffen dieser Nachricht bis zum Ende des Feldzugs bestand Kutusows ganze Tätigkeit darin, durch Autorität, List und Bitten seine Truppen von nutzlosen Angriffen auf die dem Untergang geweihte feindliche Armee abzuhalten.

Ende des dritten Aktes

Vierter Akt

Fünfundzwanzigste Szene

Tag. Regen. Eine Laubhütte. Denissow, Jessaul und der sich vor Angst krümmende gefangene Trommlerjunge Vincent Bosse.

JESSAUL Da kommt jemand angeritten ... Ein Offizier ...

PETJA *kommt herein* Vom General. Entschuldigen Sie, daß er so naß geworden ist ... *Überreicht einen Brief.*
Denissow liest.
Da redeten nun alle, wie gefährlich es wäre, wie gefährlich ... Im übrigen habe ich zwei Pistolen ...

DENISSOW Rostow! Petja! Warum hast du denn nicht gleich gesagt, wer du bist? *Zum Jessaul* Michail Feoklitytsch, das kommt schon wieder von dem Deutschen. Der junge Mann ist ihm zugeteilt. *Besorgt* Wenn wir ihn jetzt nicht nehmen, schnappt er ihn uns vor der Nase weg!

JESSAUL Hm ...

PETJA Haben Euer Hochwohlgeboren sonst noch Befehle für mich?

DENISSOW Befehle? Kannst du denn bis morgen hierbleiben?

PETJA Ach, bitte ... Darf ich bei Ihnen bleiben?

DENISSOW Was hat denn dein General dir aufgetragen?

PETJA Befohlen hat er mir gar nichts. Ich glaube, ich darf wohl bleiben.

DENISSOW Na schön.

PETJA Aber stellen Sie mich dahin, wo es am heißesten zugeht, Wassili Fjodorowitsch! Bitte!

DENISSOW Am heißesten? Hier wird gehorcht und nirgends die Nase hingesteckt ...

PETJA *zum Jessaul* Sie brauchen ein Messer? Sie dürfen es gern behalten. Ich habe noch mehr davon. Ich habe sie von unserem Marketender gekauft. Der ist so ehrlich. Darauf kommt es ja an ... Wer ist das?

JESSAUL Ein gefangener Trommlerjunge. Vincent Bosse heißt er.

PETJA Darf ich ihm was zu essen geben?

DENISSOW *zerstreut* Von mir aus.

PETJA *gefühlvoll* Ich möchte Ihnen einen Kuß geben, mein Lieber. *Küßt Denissow.* Bosse! Vincent!
Bosse tritt näher.
Voulez-vous manger? N'ayez pas peur, on ne vous fera pas de mal.* *Entnimmt seiner Tasche Essen, gibt es ihm.*

BOSSE Merci, monsieur! *Geht beiseite, ißt gierig.*

DOLOCHOW *kommt herein* Seit wann hast du den Jungen?

DENISSOW Wir haben ihn heute gefangengenommen, aber er weiß von nichts.

DOLOCHOW Na, und was tust du mit den übrigen?

DENISSOW Ich schicke sie gegen Quittung weiter! Jetzt kann ich dreist sagen, daß ich noch keinen Menschen auf dem Gewissen habe!

DOLOCHOW Solche Liebenswürdigkeiten könnte das junge Gräflein hier mit seinen sechzehn Jahren äußern, aber du solltest das längst überwunden haben!

PETJA Aber ich sage doch gar nichts ...

DOLOCHOW Und warum hast du gerade diesen zu dir genommen? Weil er dir leid tut? Wir kennen doch das mit den Quittungen. Du schickst sie weiter, und sie sterben vor Hunger, oder sie werden totgeschlagen. Da brauchst du sie doch gar nicht erst gefangenzunehmen.

---

* Wollen Sie etwas essen? Haben Sie keine Angst, es geschieht Ihnen nichts. (frz.)

DENISSOW Sie sterben? Ich will es nicht gewesen sein.

Plötzlich hört man das Geräusch fahrender Troßwagen. Alle verstummen.

TICHON *erscheint plötzlich* Franzosen! Sie flüchten auf den Berg. Da sind sie!

DENISSOW Schnappen wir sie uns?

PETJA Ja, ja!

JESSAUL Das Gelände ist günstig.

DENISSOW Schnappen! Die Infanterie schicken wir unten durch die Sümpfe ... Ihr kommt mit den Kosaken von da aus angeritten ...

Dolochow stürzt davon.

JESSAUL Durch die Niederung geht es nicht, da ist es zu morastig. Die Pferde bleiben stecken. Wir müssen weiter links herum ... *Stürzt davon.*

DENISSOW *zu Tichon* Lauf, gib das Signal!

Tichon läuft hinaus.

PETJA Wassili Fjodorowitsch, haben Sie nicht einen besonderen Auftrag für mich? Bitte!

DENISSOW Gehorchen und nirgends die Nase hinstecken. In der Hütte bleiben.

Hinter der Bühne ein Schuß.

Das Signal! *Stürmt hinaus.*

Hinter der Bühne Kosakenpfiffe. Schüsse knallen. Stimmengewirr nähert sich. Bosse wirft sich flach auf den Boden. Hinter der Bühne ein Ruf: »Seitlich herum! Infanterie abwarten!«

PETJA *läuft aus der Hütte* Auf die Infanterie warten ... Hurraaa! *Will irgendwohin laufen, fällt hin.*

DOLOCHOW *erscheint* Fertig.

DENISSOW Tot?

DOLOCHOW Fertig.

Dunkel

Sechsundzwanzigste Szene

In der Provinz.

GRÄFIN Sonja ... Sonja ... Die letzten unglücklichen Umstände ... Wir haben ja in Moskau unser ganzes Vermögen verloren ... Die einzige Rettung ... Nikolai muß
die Bolkonskaja heiraten ... Löse deine Verbindung zu
Nikolai, schreibe ihm!
Sonja weint.
Sonja, du wirst Nikolai schreiben.

SONJA Der Gedanke tut mir weh, ich könnte der Anlaß von
Leid oder Zwist in einer Familie sein, die mir Wohltaten
erwiesen hat. Ich werde alles tun, ich bin zu allem bereit,
ich werde Nikolai schreiben, daß er sich als frei betrachten soll!

GRÄFIN Sonja, Sonetschka! *Umarmt sie.*
Stimmen, Weinen.

DUNJA *schluchzt* Ein Unglück, ein Brief ... Pjotr Iljitsch.

GRAF *kommt weinend herein* Petja ... Pe... Petja ...
Marja läuft herein, umarmt die Gräfin.

GRÄFIN Natascha soll kommen, Natascha! Es ist nicht wahr!
Er lügt! Natascha! Macht, daß ihr wegkommt, es ist nicht
wahr! Gefallen! Es ist nicht wahr!

GRAF Gräfin!

NATASCHA *kommt herein* Meine Freundin! Mamachen!

GRÄFIN Ich bin ja so froh, daß du gekommen bist, Petja. Du
bist hübscher geworden, ein richtiger Mann!

NATASCHA Mamachen, was reden Sie!

GRÄFIN Natascha! Er ist nicht mehr! *Ab.*
Alle folgen ihr.

SONJA *allein* Ich opfere mich, ich opfere mich. Ich bin es
gewohnt, mich zu opfern! Bisher sollten meine Opfer
mich Nikolais würdiger machen! Jetzt aber, jetzt besteht
das Opfer darin, auf das zu verzichten, was der Lohn für
das Opfer, was der Sinn des Lebens war! Ich empfinde
Bitternis für euch! Bitternis! Ihr habt mir Wohltaten

erwiesen, um mich noch schmerzlicher zu quälen. Aber ich opfere mich!

Dunkel

Siebenundzwanzigste Szene

SPRECHER Hinsichtlich der Gefangenenabteilung, der Pierre angehörte, waren während des ganzen Marsches von Moskau bis hierher keinerlei neuen Befehle von den zuständigen französischen Kommandostellen ergangen. Am 22. Oktober war diese Abteilung nicht mehr mit den Formationen und Kolonnen zusammen, mit denen sie Moskau verlassen hatte. Von dreihundertdreißig Mann, die aus Moskau abrückten, waren knapp hundert übriggeblieben.

Die Gefangenen wurden von den Begleitmannschaften als noch beschwerlicher und lästiger empfunden als die Sättel der Kavalleriebagage und die Wagenkolonnen Junots. Sie sahen ein, daß die Sättel und Junots Löffel noch zu etwas zu gebrauchen waren, aber daß hungernde und frierende Soldaten ebenso hungernde und frierende Russen bewachen sollten, die unterwegs halbtot liegenblieben und dann befehlsgemäß erschossen wurden, das war ihnen nicht nur unverständlich, sondern auch widerwärtig. Es war, als widerstrebe es den Begleitmannschaften angesichts der eigenen traurigen Lage, sich dem Mitleid mit den Gefangenen, das sie doch empfanden, zu überlassen und damit ihre eigene Lage noch zu verschlimmern, und das war anscheinend der Grund, weshalb sie besonders gereizt und rauh mit ihnen umgingen.

Nacht. Biwak. Lagerfeuer. Am Feuer liegen Pierre, barfuß und abgerissen, und Platon Karatajew, mit seinem Soldatenmantel zugedeckt.

KARATAJEW *phantasiert* Und dann, mein Lieber ... Und dann, mein Lieber ...

PIERRE Karatajew, he, Karatajew! Was macht denn deine Gesundheit?

KARATAJEW Meine Gesundheit? Nicht so wichtig. Gott gibt Kummer durch Krankheit, aber darum noch nicht den Tod. *Phantasiert.* Und dann, mein Bruder, vergehen so zehn Jahre oder noch mehr. Der alte Mann lebt also in der Katorga.
Pierre winkt ab, wendet sich von Karatajew ab.
Er schickt sich in alles und tut nichts Böses. Er bittet Gott nur, er solle ihn sterben lassen. Also schön. Und dann, mein Lieber, wollten sie das Alterchen suchen. Wo ist das Alterchen, das für nichts und unschuldig gelitten hat? Der Zar hat ein Papier geschickt! Aber Gott hatte sich schon seiner erbarmt, er war gestorben! Ja, so war das, mein Falke, du! *Stöhnt leise.*
Ein französischer Begleitsoldat kommt näher, betrachtet Karatajew, stößt ihn mit dem Gewehrkolben an. Karatajew steht auf, taumelt, nimmt seinen Hund an der Leine. Soldat führt ihn ab. Dann in der Ferne ein Schuß. Der Hund heult.

PIERRE So ein dummes Vieh! Warum heult es? *Legt sich hin, im Halbschlaf* In der Mitte ist Gott, und jeder Tropfen hat das Bestreben, sich auszubreiten, um ihn möglichst groß zu spiegeln. Und jeder Tropfen wächst und rinnt mit anderen zusammen und wird zusammengepreßt und an der Oberfläche vernichtet und sinkt in die Tiefe und taucht wieder empor. So war es ja auch mit Karatajew, eben war er auseinandergeflossen und verschwunden. Vous avez compris, mon enfant?* Karatajew ist tot. *Phantasiert.* Die schöne Polin auf dem Balkon meines Hauses in Kiew. Das Baden und die flüssige, hin und her wogende Kugel, und ich lasse mich ins Wasser gleiten, das über mir zusammenschlägt. *Schläft ein.*
Gefangener russischer Soldat schleicht sich zum Feuer, sieht sich verstohlen um und beginnt ein Stück Pferdefleisch zu braten.

* Haben Sie verstanden, mein Kind? (frz.)

FRANZÖSISCHER ESKORTESOLDAT *nimmt ihm das Fleisch weg*
Vous avez compris, sacré nom! Ça lui est bien égal! Brigand! Va!*
*Fernes Reitereigetrappel, Pfiffe, Schüsse. Rufe: »Les cosaques!«
läßt den Ladestock mit dem Fleisch fallen* Les cosaques!
GEFANGENER RUSSISCHER SOLDAT Die Kosaken, die Kosaken.
Pjotr Kirillowitsch! Die Kosaken. *Streckt die Arme aus.*
Meine lieben Brüder, ihr Lieben.
Pierre streckt die Arme aus und weint.

Dunkel

Achtundzwanzigste Szene

*Haus der Bolkonskis in Moskau. Dasselbe Zimmer wie in der
zweiten Szene. Spuren der Verwüstung. Abend. Eine Kerze. Natascha, in Trauerkleidung, sitzt in einer dunklen Ecke. Marja,
auch in Trauerkleidung, geht dem eintretenden Pierre entgegen.*

MARJA Ja. So sieht man sich wieder. Ich habe mich so
gefreut, als ich von Ihrer Rettung hörte. Das war die
einzige frohe Nachricht, die wir nach langer Zeit wieder
erhielten.
PIERRE Ja, was für ein Schicksal!
MARJA Sie erkennen sie am Ende gar nicht? Natascha.
PIERRE Das kann nicht ...
MARJA Sie ist bei mir zu Gast. Sie braucht ärztliche Behandlung. Man hat sie mit Gewalt von zu Hause weggeschickt.
PIERRE Ja, ja, also so war es. Er war also ruhiger geworden?
Milder als früher? Er hat mit allen Kräften seiner Seele
ja immer danach gestrebt, ein vollkommener Mensch zu
werden, so daß er keine Furcht vor dem Tode zu haben

* Haben Sie verstanden, Himmeldonnerwetter! Dem ist das ganz
egal! Los, Halunke! (frz.)

brauchte. Also weicher war er geworden? Was für ein Glück, daß er Sie wiedersehen durfte.

NATASCHA Ja, das war ein Glück. *Steht auf, spricht erregt.* Ich wußte nichts, als wir von Moskau abfuhren. Auf einmal hat Sonja mir gesagt, er sei unter unseren Verwundeten. Ich wollte ihn sehen und bei ihm sein. *Verstummt.*

MARJA Sagen Sie, Sie wußten noch nichts vom Tode der Gräfin, als Sie damals hier in Moskau zurückblieben?

PIERRE Nein. Wir waren nicht gerade vorbildliche Eheleute. Aber dieses Ende hat mich doch furchtbar erschüttert. Wenn sich zwei Menschen schlecht vertragen, sind immer alle beide daran schuld. Es ist mir sehr, sehr leid um sie ...

MARJA Ja, und nun sind Sie wieder ledig und Heiratskandidat. *Pause.* Aber Napoleon haben Sie tatsächlich gesehen und gesprochen, wie man uns erzählte?

PIERRE Keine Spur. Alle scheinen zu glauben, Gefangenschaft hieße, bei Napoleon zu Gast zu sein. Nicht nur, daß ich ihn nicht gesehen habe, ich habe nicht einmal etwas von ihm gehört. Ich war in viel, viel schlechterer Gesellschaft.

NATASCHA Aber das stimmt doch, daß Sie hier in Moskau zurückgeblieben sind, um Napoleon zu töten?

PIERRE Ja. *Pause.* Es war ein grauenhafter Anblick. Verlassene Kinder, manche inmitten der Flammen ... Ohrringe herausgerissen ...

MARJA Und ...

PIERRE Und dann kam eine Patrouille, und alle Männer außer denen, die geplündert hatten, wurden verhaftet. Also ich auch.

NATASCHA Sie haben uns bestimmt nicht alles erzählt. Sie haben bestimmt noch irgend etwas Besonderes getan ... *Pause.* Etwas Gutes.

PIERRE *lacht* Man spricht immer von Unglück und Leiden. Aber wenn man mich jetzt, hier in diesem Augenblick, fragen würde: Willst du wieder sein, was du vor der Gefangenschaft warst, oder das alles noch einmal von vorn durchmachen? Um Gottes willen, dann schon lieber noch einmal Gefangenschaft und Pferdefleisch. Wieviel liegt doch noch vor einem! *Zu Natascha* Das möchte ich auch besonders Ihnen sagen. Nun, leben Sie wohl, es ist Zeit, schlafen zu gehen. *Erhebt sich.*

NATASCHA Weißt du, Marja, er ist so sauber und glatt und frisch wie Papa, wenn er aus dem Dampfbad kam.

MARJA Er ist wundervoll. Ich verstehe, daß Fürst Andrej niemanden so liebte wie ihn.

NATASCHA *streicht plötzlich Pierre über die Haare* Geschoren … *Geht weinend hinaus.*

PIERRE Ich weiß nicht, seit wann ich sie liebe. Aber ich habe mein ganzes Leben lang nur sie geliebt, und ich liebe sie so sehr, daß ich mir ein Leben ohne sie nicht denken kann. Sie jetzt schon um ihre Hand zu bitten, das wage ich nicht, aber der Gedanke, sie könnte vielleicht die Meine werden und ich verpaßte diese Möglichkeit, das wäre grauenvoll! Fürstin, helfen Sie mir! Was soll ich tun? Was meinen Sie, darf ich hoffen? Meinen Sie?

MARJA Ja. Fahren Sie ruhig nach Petersburg. Ich werde Ihnen schreiben.

PIERRE Fürstin!

MARJA Natascha! Er fährt nach Petersburg!

NATASCHA *kommt herein* Leben Sie wohl, Graf. Ich werde sehr auf Sie warten. *Fällt ihm plötzlich um den Hals und küßt ihn.*

PIERRE *atemlos vor Freude* Nein, das ist unmöglich! Unmöglich!

Dunkel

Neunundzwanzigste Szene

Dasselbe Zimmer im Hause der Bolkonskis. Tag.

MARJA *allein* Nach diesem kalten Empfang! Ich hatte recht, daß ich nicht als erste zu den Rostows fahren wollte! Ich habe nichts anderes erwartet. Mit ihm habe ich nichts zu schaffen, ich wollte nur die alte Dame sehen, die immer gut zu mir war und der ich für vieles zu Dank verpflichtet bin. *Weint.*

KELLNER Graf Nikolai Iljitsch Rostow.

MARJA *wischt die Tränen weg* Sage ... Nein. Bitte ihn herein. *Kellner ab.*

Er kommt ja doch nur, um eine Höflichkeitspflicht zu erfüllen.

Rostow, in Zivil, kommt herein.

Nehmen Sie Platz, Graf. *Pause.* Wie geht es der Gräfin?

ROSTOW Danke, gut.

MARJA Sie sind in Zivil, Graf?

ROSTOW Ich hege Abscheu vor dem Zivildienst. Aber ich kann nicht mehr zur Armee, nach dem Tode meines Vaters klammert sich meine Mutter an mich, ich bin der letzte Sinn ihres Lebens. Darum muß ich die geliebte Uniform ausziehen und in Moskau Zivildienst tun. *Pause.* Leben Sie wohl, Fürstin.

MARJA Ach, Verzeihung. Sie wollen schon fahren, Graf? Nun, leben Sie wohl.

ROSTOW Ja, Fürstin, es kommt einem so vor, als wäre es eben erst gewesen, doch wieviel Wasser ist schon ins Meer hinuntergeflossen, seit wir uns zum erstenmal sahen. Wir alle haben viel Unglück durchgestanden, doch ich würde viel darum geben, wenn ich diese Zeit noch einmal erleben könnte ... aber das kann man ja nicht!

MARJA Ja, ja. Aber Sie haben doch keinen Grund, sehnsüchtig in die Vergangenheit zu blicken, Graf. Soweit ich Ihr jetziges Leben übersehe, werden Sie sich seiner stets mit Freuden erinnern, denn Ihre jetzige Selbstverleugnung ...

ROSTOW Ich kann Ihr Lob nicht annehmen. Im Gegenteil, ich mache mir ständig Vorwürfe, aber das ist ein ganz uninteressantes, unerfreuliches Thema. Leben Sie wohl, Fürstin. *Geht zur Tür, bleibt plötzlich stehen und dreht sich um. Pause.*

MARJA Ich dachte, Sie würden mir erlauben, an diese Dinge zu rühren. Wir sind uns doch so nahe gekommen ... auch mit Ihrer Familie, und so dachte ich, Sie würden meine Teilnahme nicht als unangebracht empfinden, aber ich habe mich wohl getäuscht. Ich weiß nicht warum, aber Sie waren früher anders und ...

ROSTOW Dafür gibt es tausend Gründe! Ich danke Ihnen, Fürstin. Manchmal hat man es schwer.

MARJA Und wovon? Ich will es Ihnen sagen! *Flüsternd* Nein, nicht nur Ihr guter, offener, fröhlicher Blick, nicht nur Ihr gutes Aussehen macht, daß ich mich in Sie verliebt habe. Ich habe gespürt, daß Sie eine starke, opferwillige Seele haben. Ja, Sie sind jetzt arm, und ich bin reich ... Nur das ist der Grund! Aber mir ist mein Reichtum ... Ich gestehe es Ihnen. Deshalb wollen Sie mir die Freundschaft entziehen. Das tut mir weh! Ich habe so wenig Glück im Leben gehabt, daß mich jeder Verlust schmerzt. Entschuldigen Sie, leben Sie wohl! *Weinend ab.*

ROSTOW *verzweifelt* Fürstin! Bleiben Sie um Gottes willen! Fürstin!

Marja kehrt zurück.

schweigt ein Weilchen, schleudert dann seinen Hut zu Boden Entschuldigen Sie, es ist eine Husarengewohnheit, den Händen freien Lauf zu lassen. *Verzweifelt* Ich ... Ich liebe Sie!

Dunkel

Dreißigste Szene – Finale

Novemberabend. Frost. Kurgan. Lagerfeuer eines Musketierregiments. Ein Wald französischer Fahnen.

KUTUSOW *kommt mit seiner Suite herein* Was sagst du?

GENERAL Französische Fahnen, Euer Durchlaucht!

KUTUSOW Aha, die Fahnen! *Wendet sich in die Ferne.* Ich danke euch allen. Ich danke euch allen für die Treue, mit der ihr eure schwere Pflicht erfüllt habt. Der Sieg ist vollkommen, und Rußland wird euch nicht vergessen. Ihr habt euch Ruhm für alle Zeiten erworben! *Pause.* Beugt ihm den Kopf, beugt ihn!

Der französische Adler wird gesenkt.

Tiefer, tiefer, ja, so ist es recht! Hurra, Kinder!

Hinter der Bühne Tausende von Stimmen: »Hurraaa!«

Und noch etwas, Brüder! Ich weiß, ihr habt es schwer, aber was läßt sich da machen. Haltet aus, es ist nicht mehr viel, was noch vor euch liegt. Haben wir die Gäste hinausgeleitet, dann ruhen wir uns aus. Der Zar wird eure Dienste nicht vergessen. Ihr habt es schwer, aber ihr seid doch wenigstens im eigenen Lande. Aber die da, seht, wie weit es mit ihnen gekommen ist. Schlimmer als die letzten Bettler! Solange sie noch stark waren, haben wir uns nicht geschont, jetzt können wir sie schonen. Sie sind auch Menschen. Nicht wahr, Kinder? *Pause.* Aber schließlich, wer hat sie zu uns gebeten? Geschieht ihnen recht. Sie können uns kreuzweise!

Tausende Stimmen brüllen, Gelächter. Kutusow mit seiner Suite und den Fahnen ab. Die Musketiere kehren zu ihren Feuern zurück.

ROTGESICHTIGER He, Makejew, wo bei allen Teufeln hast du denn gesteckt? Haben dich die Wölfe gefressen? Schlepp mal Holz ran!

Spitznasiger steht auf, fällt aber wieder hin. Junger bringt Holz, schürt das Feuer. Hinter der Bühne Chorgesang: »Mütterchen, wie ist der Tau so kalt für uns arme Musketiere ...«

TÄNZER *kommt herein* Ach, Mütterchen, wie ist der Tau ...

ROTGESICHTIGER Holla, dir fliegen ja die Sohlen weg! Tanzen ist für die Sohlen schädlich!

TÄNZER Wahrhaftig, Bruder! *Umwickelt den Fuß.* Aber kein Wort Russisch verstehen sie. Ich sag zu ihm: »Von wo bist du?«, da hat er nur etwas geplappert. Komisches Volk.

JUNGER Bei Moshaisk, wo die Schlacht war, da hat mir ein Mushik erzählt, daß man sie aus zehn Dörfern zusammengeholt hat, und sie mußten zwanzig Tage lang die

Leichen wegbringen, und sie haben es nicht geschafft.
Den Rest haben die Wölfe besorgt!

ALTER Ja, das war mal eine Schlacht, daran wird man noch
lange denken. Aber alles, was nachher war, das war bloß
Leuteschinderei.

JUNGER Ja, ja, Onkelchen, vorgestern haben wir sie angegriffen ... Sie ließen uns erst gar nicht rankommen.
Schmissen schon vorher die Gewehre weg. Und dann
auf die Knie. Pardon! haben sie geschrien. Das ist nur
so ein Beispiel. Platow soll Napoleon schon zweimal
gefangengenommen haben. Aber er hat den Spruch
nicht gewußt. Er fängt ihn, hat ihn schon richtig in der
Hand, aber da verwandelt er sich in einen Vogel, fliegt
los, und weg ist er. Und umbringen kann man ihn auch
nicht.

1. FELDWEBEL Du lügst ja wie gedruckt, Kisseljow, von dir
kann man was lernen.

JUNGER Wieso lügen? Wo es doch die reine Wahrheit ist.

ROTGESICHTIGER Wenn ich ihn erst mal in den Fingern
hätte, würde ich ihn in die Erde eingraben. Und dann
einen Espenpfahl mitten hindurch. So viel Menschen,
wie der auf dem Gewissen hat.

ALTER Wir werden der Sache ein Ende machen. Der soll
uns nicht entwischen.

Schritte im Schnee.

TÄNZER Kinder, ein Bär ...

*Auf treten Rambal und Morel. Rambal trägt eine Offiziers-
mütze, Morel einen Frauenpelz, und er hat den Kopf umwickelt
wie ein Bauernweib. Rambal fällt am Feuer hin. Morel zeigt auf
seinen Mund. Musketiere decken Rambal mit einem Mantel zu
und geben ihm Kascha und Wodka. Rambal stöhnt, weigert sich
zu essen. Morel ißt gierig Kascha und trinkt Wodka, zeigt auf
seine Schultern, will erklären, daß Rambal Offizier ist und
Wärme braucht.*

1. FELDWEBEL Offizier ...

2. FELDWEBEL Wir können ja den Oberst fragen, ob er ihn
bei sich wärmen will.

1. Feldwebel bedeutet Rambal, er solle aufstehen. Rambal erhebt sich, taumelt.

ROTGESICHTIGER Na? Du wirst es wohl nicht wieder tun?

TÄNZER Ach, du Dummkopf! Was quatschst du da? Ein richtiger Bauer, wahrhaftig!
Junger Soldat und hinausgegangener Soldat heben Rambal hoch und tragen ihn.

RAMBAL *legt ihnen die Arme um den Hals* Oh, mes braves, oh mes bons amis! Voilà des hommes! Oh, mes braves, mes bons amis!*

MOREL *ißt und trinkt gierig. Singt betrunken* Vive Henri Quatre! Vive ce roi vaillant!**

LIEDERSÄNGER Ja, los, los, bring's mir bei, wie geht das? Ich sing's nach. Wie geht das?

MOREL *umarmt den Liedersänger* Vive Henri Quatre! Vive ce roi vaillant. Ce diable à quatre …

LIEDERSÄNGER Wiwarika! Wif seruwaru! Sidibljaka!
Gelächter.

ROTGESICHTIGER Nicht schlecht! Hohoho!

TÄNZER Los, mach weiter!

MOREL Qui eut le triple talent
de boire, de battre
et d'être un vert galant.***

TÄNZER Auch nicht übel. Na los, Saletajew!

LIEDERSÄNGER Kü … Kü-ü-ü … letriptala de bu de ba i detrawogala.

ROTGESICHTIGER Großartig, der Franzose! Oho!

1. FELDWEBEL Gib ihm noch Kascha, der frißt sich nicht so leicht satt, so verhungert ist der.
Sie geben Morel Kascha, er ißt gierig.

---

* Oh, meine tapferen Burschen, oh, meine guten Freunde. Das sind Menschen! Oh, meine tapferen, meine guten Freunde! (frz.)
** Es lebe Heinrich IV.! Es lebe dieser tapfere König! (frz.)
*** Der verstand sich auf drei Sachen,
auf das Trinken, auf das Raufen
und den Weibern den Hof zu machen. (frz.)

ALTER Sind auch Menschen. Auch der Wermut wächst auf
seiner Wurzel.

2. FELDWEBEL O Gott, seht doch, die vielen Sterne! Das
bedeutet strenge Kälte ...

*Man hört das Lied: »Mütterchen, wie ist der Tau so kalt für uns
arme Musketiere ...«*

Dunkel

SPRECHER Allmählich wurde alles still. Die Sterne glitzer-
ten ruhig am schwarzen Himmel, als wüßten sie, daß
ihnen niemand mehr zusah. Bald aufglänzend, bald
gedämpfter funkelnd, bald mit ihrem Licht zitternd,
flüsterten sie einander eifrig irgend etwas Erfreuliches,
jedoch Geheimnisvolles zu.

Ende

1932

Der verrückte Jourdain

Molièriade
in drei Akten

Louis Béjart · Hubert · La Grange · La Thorillière · Monsieur de Brie ·
Du Croisy, Schauspieler · Madame Molière · Madame de Brie · Madame
Beauval, Schauspielerin · Brindavoine, Molières Diener · Covielle,
Cléontes Diener · Theater- und Musikmeister · Tanzmeister · Schneider ·
Notarius · Don Juan · Statue des Komturs · Tänzer, Tänzerinnen ·
Musikanten, Köche

Die Handlung spielt 1670 in Paris.

Erster Akt

BÉJART *tritt in der Mitte durch den Vorhang, bekleidet mit Umhang und Hut, trägt eine Laterne, hinkt* Dank dem Himmel! Der Tag ist zu Ende, und ich muß gestehen, meine Herrschaften, ich bin rechtschaffen müde. Außerdem schmerzt mich mein lahmes Bein. Was kann meinem Bein helfen? Muskatellerwein. Und wo bekomme ich den? In der Schenke zum Alten Taubenschlag. Auf also zum Alten Taubenschlag. *Geht unter leiser Musik langsam ab.*

BRINDAVOINE *in der Vorhangöffnung, mit Laterne* Herr Béjart, eilt nicht so, hier ist ein Briefchen für Euch.

BÉJART *tut, als höre er nicht, und geht trällernd weiter* La-la-la-la ...

BRINDAVOINE Nein, gnädiger Herr, so wartet doch, ein Brief für Euch.

BÉJART Was? Wie? Ruft mich jemand? Nein, das kommt mir nur so vor. *Geht.* La-la-la-la ...

BRINDAVOINE Nein, gnädiger Herr, laßt das, es kommt Euch nicht so vor, ich bin's.

BÉJART Ach, Ihr seid's Brindavoine? Ich habe Euch gar nicht bemerkt. Wie geht es Euch? Gut, sagt Ihr? Nun, das freut mich sehr. Also auf Wiedersehen, Brindavoine, ich bin sehr in Eile.

BRINDAVOINE Nein, gnädiger Herr, ein Brief für Euch.

BÉJART Ach, mein teurer Brindavoine, ich mag ihn gar nicht öffnen, denn ich weiß auch so, was er enthält.

BRINDAVOINE Außerdem ist hier noch ein Umschlag.

BÉJART Ach, den noch weniger. Der Umschlag enthält Rollen, das sehe ich genau, schließlich habe ich schon mehr als einmal verpackte Rollen gesehen. Nur Rollen werden so nachlässig verschnürt. An der Schnur würde ich mich mit Vergnügen aufhängen. Verschieben wir also das Ganze auf morgen, denn der Morgen ist klüger als der Abend, wie die Philosophie sagt, und lieber erst wägen, dann wagen und …

BRINDAVOINE … und, gnädiger Herr, das ist alles sehr schön, auch ich beschäftige mich gern mit Philosophie, aber dazu habe ich jetzt leider keine Zeit, denn der Herr Direktor läßt sagen, Ihr möchtet Euch unverzüglich dieser Sache annehmen.

BÉJART So. Unverzüglich. *Öffnet den Brief.* Ja, ich hab's geahnt. Oh, Brindavoine! Gute Nacht, Alter Taubenschlag, wir sehen uns heute nicht mehr! Nun denn, teurer Brindavoine, als Dank für diesen Brief erhaltet Ihr die Rolle des Brindavoine.

BRINDAVOINE Nicht doch, gnädiger Herr, ich habe noch nie im Leben auf der Bühne gestanden.

BÉJART Um so interessanter wird es für Euch sein.

BRINDAVOINE Gnädiger Herr, erbarmt Euch, ich bin doch kein Schauspieler, sondern Diener beim Herrn Direktor.

BÉJART Ihr sollt ja auch den Diener spielen, zumal Herr Molière Euch die Rolle offenkundig auf den Leib geschrieben hat. Löchert mich nicht, Brindavoine, ruft die Truppe zusammen.

Brindavoine verschwindet hinter dem Vorhang. Die Musik verstummt.

Chambord … Oh, du meine arme Phantasie, wie würde dir jetzt Muskatellerwein behagen! Wie schön könnte ich jetzt mit den Freunden im Alten Taubenschlag plaudern und würfeln. Ich verspüre nicht den leisesten Wunsch, von der Muse umarmt zu werden. Ach, da geht ja schon der Vorhang auf.

Der Vorhang öffnet sich. Die Bühne ist dunkel.

Licht, Brindavoine, Licht! Oh, dieser dunkle Rachen, der mich seit zwanzig Jahren allabendlich verschlingt, ihm werde ich auch heute nicht entrinnen. Hm, ich bin nicht bei Stimme. Oh, du Born meiner Verzweiflung und meiner Inspiration! Hol's der Teufel, soll ich noch lange warten?

Luken öffnen sich, ihnen entsteigen die handelnden Personen mit Laternen in der Hand.

HUBERT Was gibt's, Lahmer?

BÉJART Ein neues Stück. Wir spielen morgen vor dem König in Chambord. Also, Molière ist krank. Ich führe die Probe. Bitte schreit nicht alle auf einmal, ich verstehe kein Wort. Brindavoine, wo ist der Souffleur?

BRINDAVOINE Dort, gnädiger Herr.

BÉJART Also, ich fasse mich kurz. Herr Molière ist krank, und ich spiele die Hauptrolle, den Jourdain. Der Witz ist der, daß ich verrückt geworden bin.

HUBERT Das merke ich schon lange.

BÉJART Hubert! Ich will damit sagen: Ich, der reiche Pariser Bürger Jourdain, bilde mir ein, ein angesehener Edelmann zu sein, das ist alles. *Zu Madame Molière* Lucile, Jourdains Tochter. Bezaubernd, genau wie Ihr.

Madame Molière verschwindet.

zu La Grange Cléonte, ihr Anbeter.

La Grange verschwindet.

Madame de Brie – Marquise Dorimène, eine schlaue, verlogene Person. Ganz anders als Ihr.

Madame de Brie verschwindet.

Herr La Thorillière – Graf Dorante, ein Spitzbube. Pardon.

La Thorillière verschwindet.

Madame Beauval – Nicole, Luciles Dienerin. Kurzum, Ihr wißt Bescheid.

Madame Beauval verschwindet.

Du Croisy – Philosoph Pancrace, ein Pedant.

DU CROISY Erlaube mal, das ist ein bißchen knapp. Kann ich nicht wenigstens erfahren, worum es geht?

BÉJART Philibert, das muß ich dir sagen? Woran erkennt man denn den Pedanten? Perücke, komischer Hut, Pelerine. Verschwinde, Du Croisy.

Du Croisy verschwindet in seiner Luke, kommt als Pedant wieder heraus.

Na bitte, du warst schon immer für deine schnelle Arbeit berühmt.

Du Croisy verschwindet.

zu einem der Schauspieler Covielle – Cléontes pfiffiger Diener.

Covielle verschwindet.

zu drei Schauspielern Herr de Brie und ihr beide endlich spielt den Fechtmeister, den Musikmeister und den Tanzmeister; ihr habt euch an den armen Jourdain herangemacht und zieht ihm das Geld aus der Tasche, indem ihr ihn mit allerlei Vorführungen ergötzt.

De Brie und der Tanzmeister verschwinden.

Hm ... Schneider, Notarius, Tänzer ... aha, alle zur Stelle. Brindavoine! Magische Beleuchtung für das Empfangszimmer des Herrn Jourdain!

Die Bühne wird magisch beleuchtet.

HUBERT Ich habe wohl nichts zu tun?

BÉJART O doch, mein lieber Hubert. Du bist mein treues altes Eheweib.

Umarmt und küßt Hubert dreimal.

HUBERT Oh, wie mir diese Frauenrollen zum Halse heraushängen!

Verschwindet.

BÉJART Brindavoine, zieh mir die Hose aus.

Brindavoine fängt an, Béjart die Hose auszuziehen.

Ach, das habe ich ganz vergessen, wir haben ja Publikum. Komm, Brindavoine, wir gehen ins Schlafzimmer. Herhören, meine Herrschaften, es geht um folgendes: Es ist Morgen. Herrn Jourdains Tag beginnt. Der Musikmeister äugt durch einen Spalt und sieht zu, wie Brindavoine Herrn Jourdain ankleidet. Los geht's.

Béjart und Brindavoine verschwinden hinter der Tür. Der
Musikmeister äugt mit dem Rücken zum Publikum durch den
Spalt. Die andere Tür öffnet sich. Auf tritt Tanzmeister.

TANZMEISTER *für sich* Der ist ja schon da. Flinker Bursche.
Laut Guten Tag.

MUSIKMEISTER *ohne sich vom Spalt zu lösen* Guten Tag.

TANZMEISTER *steigt auf einen Stuhl und äugt ebenfalls* Könnt
Ihr was sehen?

MUSIKMEISTER Ja. Brindavoine zieht ihm eine himbeerrote
Hose an.

TANZMEISTER Sachen gibt's … *Pause.* Ihr scheint Herrn
Jourdain jeden Tag zu besuchen, mein Herr?

MUSIKMEISTER Ja. Ihr doch auch.

TANZMEISTER Aber Ihr seid schon vom frühen Morgen an
hier. Ich habe noch nie gehört, daß frühmorgens
Serenaden angestimmt werden.

MUSIKMEISTER Nun ja, Ihr würdet gewiß vorziehen, daß
Euer Schüler schon vom Morgen an tanzte.

TANZMEISTER Das ist nützlicher als das Herumkrähen.

MUSIKMEISTER Gewiß, gewiß, statt dessen soll er schon in
der Früh herumhampeln.
Pause.

TANZMEISTER *flüsternd* Wißt Ihr, es wäre doch viel besser,
wenn wir beide uns nicht stritten.

MUSIKMEISTER Findet Ihr?

TANZMEISTER Allerdings. Ich werde Euch meinen Gedanken erläutern. Seit der ehrenwerte Herr dieses Hauses
übergeschnappt ist, umwimmeln ihn viel zu viele Leute.
Ihr werdet zugeben, daß wir uns nur schaden, wenn wir
uns streiten, und leicht ein anderer unseren Platz ein-
nehmen könnte.

MUSIKMEISTER Ihr habt ein kluges Köpfchen, mein Herr.

TANZMEISTER Ich danke Euch, mein Herr. Also, Bündnis?

MUSIKMEISTER Bündnis.

TANZMEISTER Mir mißfällt zum Beispiel dieser lange Speichellecker mit seinem Rapier.

MUSIKMEISTER Der Fechtmeister?

TANZMEISTER Ja. Den müssen wir aus dem Hause graulen. Pssst. Jourdain kommt.

Béjart tritt feierlich ein, gefolgt von Brindavoine.

BÉJART Guten Tag, meine Herren Lehrer.

MUSIKMEISTER, TANZMEISTER Wie geht es Euch, Herr Jourdain?

BÉJART Habe ich Euch warten lassen, meine Herren? Daran ist mein Schneider schuld. Ein Mistkerl ist das, kein Schneider. Macht die Hose so eng, daß ich mich kaum darin bewegen kann. Wie findet Ihr die Hose?

MUSIKMEISTER Entzückend.

BÉJART Die feinen Leute tragen morgens solche Hosen. Dies ist meine Morgenhose.

TANZMEISTER Sie steht Euch wunderbar.

BÉJART Ich danke Euch. Also, womit beginnen wir die heutige Theaterstunde?

MUSIKMEISTER Wenn Ihr geruhen wolltet, Euch die Serenade anzuhören, die einer meiner Schüler geschrieben hat, Herr Jourdain.

BÉJART Sehr gut. Brindavoine!

BRINDAVOINE Was steht zu Diensten, gnädiger Herr?

BÉJART Nichts steht zu Diensten. Ich wollte nur feststellen, ob du da bist. Oder doch, zieh mir den Schlafrock an.

Brindavoine zieht Béjart den Schlafrock an.

Brindavoine! Zieh mir den Schlafrock wieder aus. Ich habe es mir anders überlegt. Also, jetzt möchte ich die Serenade hören.

Der zweite Vorhang öffnet sich, und auf einem Podium erscheinen ein Sänger und eine Sängerin. Von Saiteninstrumenten begleitet, singen sie

Ach, ich schmachte Tag und Nacht,
habe an nichts sonst gedacht
als an die schöne Iris ...
Nein, ich kann nicht mehr! Ach, verdammt!

Der Gesang hört auf.

MUSIKMEISTER Pardon, Herr Jourdain ...

BÉJART Das ist kein Schuster, das ist eine Kanaille! Es ist
nicht zum Aushalten, wie sie drücken. Brindavoine, zieh
mir die Schuhe aus. Bitte fortzufahren, meine Herren.

Gesang

Iris, du bist wunderschön,
das hab ich sofort gesehn,
jetzt schmerzt mein Herz vor Liebe ...

MUSIKMEISTER Wie findet Ihr das?

BÉJART Hm, das Lied ist etwas trübselig. Klingt nach Fried-
hof. Offen gestanden, ich möchte es nicht lernen. Da
habe ich dieser Tage ein Liedchen gehört. Ein vortreff-
liches Liedchen!

Singt

Ach, Jeanettchen ist verschwunden,
und ich hatte sie so lieb,
habe es noch nicht verwunden,
daß sie nicht mehr bei mir blieb.

Ist das nicht allerliebst?

TANZMEISTER Ganz reizend. So lieb und schlicht!

BÉJART Und wie singe ich?

MUSIKMEISTER Meisterlich. Einfach vortrefflich. Das werden wir auch lernen.

BÉJART Nun, jetzt die Tänze.

TANZMEISTER Achtung. Menuett.

BÉJART Ich liebe das Menuett.

Ein Menuett wird gespielt. Tänzer und Tänzerin tanzen.

TANZMEISTER Bitte auf die Bühne, gnädiger Herr. Macht
mir alles nach.

Alle singen – la-la-la-la ...

BÉJART Wißt Ihr, es ist mir ein bißchen peinlich, daß ich
hinke.

TANZMEISTER Wer hinkt? Ihr? Warum glaubt Ihr das, Herr
Jourdain?

BÉJART Bemerkt man es etwa nicht?

MUSIKMEISTER Keineswegs.

TANZMEISTER So, a-la-la-lala-la ... Die Schultern stillhalten!
Fußspitzen nach außen! A-la-la-lala-la ...

MUSIKMEISTER Bravo, bravo!
Auf tritt Fechtmeister.
FECHTMEISTER Guten Morgen, gnädiger Herr.
BÉJART Ah!
TANZMEISTER *zum Musikmeister* Da ist er schon, der Halunke!
BÉJART Nun, meine Herren, jetzt beginnt die Fechtstunde.
FECHTMEISTER Gnädiger Herr, Ihr solltet vor dem Fechtunterricht nicht tanzen. Das tut nicht gut, es ermüdet Euch.
TANZMEISTER Pardon, mein Herr, das Tanzen ermüdet niemanden. Fechten ermüdet.
FECHTMEISTER Gnädiger Herr, hört nicht auf den Tanzlehrer.
TANZMEISTER Gnädiger Herr, ich würde Euch raten, nicht auf das zu hören, was der Herr Degenschwenker redet.
BÉJART Aber meine Herren, wir wollen doch nicht streiten. Feine Leute wissen das Tanzen und das Fechten wohl zu vereinen.
FECHTMEISTER Hier, gnädiger Herr, das Rapier. Erst die Verbeugung. Körper gradehalten. Den Kopf ebenfalls grade. So. Eins, zwei. Fangt an, gnädiger Herr. Fallt aus. Das war schlecht. *Versetzt Béjart einen Hieb.*
BÉJART Au … O Gott …
FECHTMEISTER Noch ein Stoß. Eins, zwei. Fallt aus. Das war schlecht. *Versetzt Béjart einen Hieb.*
BÉJART Heilige Gottesmutter …
FECHTMEISTER Sprung zurück. Fallt noch einmal aus. Das war schlecht. *Versetzt Béjart einen Hieb.*
BÉJART Heilige Jungfrau …
FECHTMEISTER Die wird Euch nicht helfen. Sprung vorwärts. Fallt aus. Das war schlecht. Das war wieder schlecht. *Versetzt Béjart einen Hieb.*
BÉJART *fällt aus, zerschlägt eine Vase* Oh …
FECHTMEISTER Das war gut. *Versetzt Béjart einen Hieb, schlitzt ihm das Kamisol auf.*
BÉJART *setzt sich auf den Fußboden* Ich ergebe mich.

FECHTMEISTER Nun, genug für diesmal. Es reicht. Ihr seht, welch eine Kunst das ist, gnädiger Herr.

BÉJART Ich sehe es.

FECHTMEISTER Die Fechtkunst steht bedeutend höher als das Getanze und all diese Musik.

BÉJART Verzeiht, meine Herren, ich muß das Kamisol wechseln. Brindavoine! *Mit Brindavoine ab.*
Pause.

TANZMEISTER Mein Herr, sagtet Ihr nicht, die Fechtkunst stehe höher als der Tanz?

FECHTMEISTER Ich sagte es.

MUSIKMEISTER Und höher als Musik und Theater?

FECHTMEISTER Jawohl.

TANZMEISTER Das ist eine Frechheit, mein Herr.

FECHTMEISTER Im Gegenteil, Ihr seid ein Tölpel.

TANZMEISTER Ich gebe Euch gleich eins aufs Maul.

MUSIKMEISTER Ich auch.

FECHTMEISTER Versucht es nur.

TANZMEISTER Ich versuch's.

FECHTMEISTER Versucht es nur!

TANZMEISTER Ich versuch's.

FECHTMEISTER Versucht es nur!

TANZMEISTER Ihr habt mich überredet. *Schlägt den Fecht-meister.*

MUSIKMEISTER Recht so!

FECHTMEISTER So! Erst die Verbeugung. Körper gradehalten. Eins, zwei. Ich falle aus.

MUSIKMEISTER *von hinten* Das war schlecht! *Schlägt den Fecht-meister. Der Tanzmeister entreißt dem Fechtmeister das Rapier und drischt auf ihn ein.*

FECHTMEISTER *schreit* Hilfe!

MADAME BEAUVAL *läuft herein* O Gott, das hat uns noch ge-fehlt! *Verschwindet und ruft* Herr Jourdain! Herr Jourdain! Eure Lehrer prügeln sich!

BÉJART *läuft herein, mit einem anderen Kamisol* Aber meine Herren! Was macht Ihr! Meine Herren! Meine Herren!

Andere Beleuchtung. Aus einer Luke taucht der Philosoph Pancrace auf.

DU CROISY Was ist das für ein Lärm? Was ist das für ein Krach? Ich glaube gar, hier wird ein Mensch verprügelt.

BÉJART Das ist die reinste Wahrheit, Herr Philosoph. Sie haben ihn ziemlich verdroschen. Meine Herren! Herr Philosoph, ich flehe Euch an, stiftet Frieden! Meine Herren, darf ich bekannt machen, das ist mein Philosophielehrer, Herr Pancrace.

DU CROISY Ich werde Frieden stiften. Worum geht es, gnädiger Herr?

FECHTMEISTER *weinend* Sie haben mich verprügelt.

BÉJART Warum habt Ihr nicht zugestochen?

FECHTMEISTER Verklagen werde ich die beiden, sie werden schon sehen.

DU CROISY Ruhe! Mein Herr, Ihr solltet vor allem Eure Ausdrucksweise ändern. So hättet Ihr's sagen sollen: Ich glaube, sie haben mich verprügelt.

FECHTMEISTER Wieso – ich glaube?

BÉJART Meine Herren, nehmt doch Platz. Dies ist ein berühmter Mann, er wird es Euch alsbald erklären.

FECHTMEISTER Wieso – ich glaube?

DU CROISY Mein Herr, die Philosophie lehrt uns, nie absolut zu urteilen. Ihr könnt etwas glauben, aber das Faktum braucht in Wirklichkeit nicht zu existieren.

BÉJART Da habt Ihr's.

FECHTMEISTER Was haben wir? Das ist doch dummes Geschwätz!

DU CROISY Schon wieder: Ihr glaubt, es sei dummes Geschwätz.

BÉJART Na also, ich hab's Euch ja gesagt.

FECHTMEISTER Aber erlaubt, ich habe ein Veilchen im Gesicht!

DU CROISY Ihr glaubt es zu haben.

FECHTMEISTER Ich verstehe gar nichts!

DU CROISY Ihr glaubt, gar nichts zu verstehen! Gleich werdet Ihr alles verstehen. Erklärt mir Euren Streit.

FECHTMEISTER Die Sache ist die, daß diese beiden Halun-
    ken …
MUSIKMEISTER, TANZMEISTER Wir werden's dir gleich zei-
    gen!
BÉJART Aber, aber, meine Herren …
DU CROISY Vor allem eines: In welcher Sprache wollen wir
    uns unterhalten? Griechisch vielleicht?
BÉJART Ach, verdammt.
FECHTMEISTER Nein.
DU CROISY Lateinisch?
FECHTMEISTER Nein.
DU CROISY Syrisch?
FECHTMEISTER Nein.
DU CROISY Hebräisch?
FECHTMEISTER Nein.
DU CROISY Arabisch? Na?
FECHTMEISTER Aber nein.
DU CROISY Italienisch, Spanisch, Englisch, Deutsch?
FECHTMEISTER Nein. In der Muttersprache.
DU CROISY Aha! In der Muttersprache. Dann bitte ich
    Euch, in dieses Ohr hineinzusprechen. Es ist für die
    Muttersprache bestimmt. Mit dem andern vernehme
    ich nur Fremdsprachen.
FECHTMEISTER Ein Trottel ist das, kein Philosoph.
DU CROISY Ihr glaubt, ich sei ein Trottel.
BÉJART Ihr glaubt es.
FECHTMEISTER Pfui! *Spuckt nach Du Croisy.*
BÉJART Was macht Ihr da? Verzeiht ihm, Herr Philosoph!
DU CROISY Bitte sehr, er hat mich nicht getroffen.
FECHTMEISTER Bist du ein Teufel oder ein Mensch? *Stürzt
    sich auf Du Croisy.*
    Béjart gerät dazwischen und erhält einen Schlag ins Gesicht.
BÉJART Danke schön! Was soll denn das?
DU CROISY Macht nichts, macht nichts, er hat mich gar
    nicht berührt.
BÉJART Aber erlaubt …
DU CROISY Nur eines – werdet nicht zornig.

171

BÉJART Ich werde nicht zornig. Werft ihn hinaus, den Schuft! Raus aus meinem Hause, ein für allemal!

MUSIKMEISTER, TANZMEISTER Das war schon längst fällig! Mit Vergnügen!

Der Musikmeister und der Tanzmeister packen den Fechtmeister und schleppen ihn hinaus.

DU CROISY Ohne Zorn, ohne Zorn, Herr Jourdain.

BÉJART Ich bin nicht zornig. Dieser Schurke!

DU CROISY Nun, womit werden wir uns heute beschäftigen, Herr Jourdain?

BÉJART Seht, ich bin verliebt … Was sagt Ihr dazu?

DU CROISY Ich sage, das ist möglich.

BÉJART Eine liebreizende Frau!

DU CROISY Auch das ist möglich.

BÉJART Ich möchte ihr einen Liebesbrief schicken.

DU CROISY Auch das ist möglich. In Versen oder in Prosa?

BÉJART Weder in Versen noch in Prosa.

DU CROISY Das nun ist nicht möglich.

BÉJART Warum nicht?

DU CROISY Es gibt nur Verse oder Prosa. Etwas Drittes kann man weder schreiben noch sprechen.

BÉJART Ich bin erschüttert. Vielen Dank für diese Eröffnung. Aber gestattet, wie ist es denn im Theater? Ich möchte, daß es wie im Theater klingt, genauso schön.

DU CROISY Trotzdem – entweder Prosa oder Verse.

BÉJART Herr Musikmeister!

MUSIKMEISTER *tritt auf* Ja, hier bin ich, Herr Jourdain.

BÉJART Könntet Ihr uns jetzt gleich eine Theaterszene vorführen, aber in Prosa?

MUSIKMEISTER Nichts leichter als das, gnädiger Herr. Wenn Ihr gestattet, zeige ich Euch die Schlußszene aus dem »Don Juan« von Herrn Molière.

BÉJART Herr Philosoph, nehmt Euch einen Stuhl.

MUSIKMEISTER He, los, das Finale des »Don Juan« für Herrn Jourdain!

Die Beleuchtung wechselt, ein Vorhang geht auf. Dekoration für »Don Juan«. Die Statue des Komturs tritt auf.

STATUE Halt, Don Juan! Ihr habt mir gestern versprochen, mit mir zu speisen.

DON JUAN Ja. Wo gehen wir hin?

STATUE Gebt mir Eure Hand.

DON JUAN Da!

STATUE Don Juan, das Verharren in der Sünde führt zu einem grauenhaften Tode!

DON JUAN O Himmel! Wie wird mir? Ein unsichtbares Feuer verbrennt mich!

BÉJART Ist das Prosa?

DU CROISY Ja.

HUBERT *tritt plötzlich auf, spricht zu der Statue* Raus mit dir!

STATUE Verzeihung, wie bitte?

HUBERT *zu Don Juan und der Statue* Schert euch beide sofort aus meinem Hause! Verschwindet!
Don Juan und die Statue ab.

DU CROISY Ich glaube, das ist Eure Gattin?

BÉJART Leider. Diesmal glaubt Ihr es nicht nur. Sie ist es wirklich. O mein Gott! Ich flehe dich in Prosa an, keinen Skandal in Gegenwart des Lehrers!

HUBERT Was geht im Hause vor?

BÉJART Nichts geht vor. Wir haben uns nur »Don Juan« angesehen.

HUBERT Also war es Don Juan, der mir meine beste Vase zerschlagen hat? Don Juan hat hier herumgetrampelt wie ein Pferd? Was geht in unserem Hause vor?

BÉJART Beruhige dich doch, mein Schnuckelchen.

HUBERT Ich bin nicht dein Schnuckelchen! Was soll das? Du machst dich über mich lustig, alter Sittenstrolch!

BÉJART Seht Ihr, solche Prosa bekommen wir nun zu hören, Herr Philosoph. Komm zu diesem Ohr ... oder nein, laß es lieber ...

DU CROISY Ohne Zorn, gnädige Frau.

HUBERT Nun mischt sich dieser Narr auch noch ein!

BÉJART Was redest du da! Das ist der Philosoph Pancrace. *Zu Du Croisy* Mein Herr, wir werden ein andermal weitermachen. Ihr seht ja ...

173

DU CROISY Ja, ich glaube, daß ich sehe. Auf Wiedersehen, gnädiger Herr. *Ab.*

HUBERT Was soll das alles? Es ist doch eine Schande! Du bist vollends übergeschnappt, seit du dich für einen angesehenen Edelmann hältst. Schon am frühen Morgen passieren Schweinereien im Hause, Hanswurste treiben sich herum, Musik spielt, es ist doch peinlich vor den Nachbarn! So ein ehrbarer Mann, und völlig verrückt geworden! Statt sich um seinen Laden zu kümmern, treibt er dummes Zeug!

BÉJART Schweig, unwissendes Weib!

HUBERT Wer ist hier ein unwissendes Weib? Du holst doch lauter Gesindel ins Haus! Allein schon dieser adlige Gauner mit den Kniemanschetten, der dir dein Geld abjagt! Dieser Betrüger!

BÉJART Wer ist dieser Betrüger?

BRINDAVOINE *tritt auf* Der Graf Dorante.

BÉJART Psst! Schweig augenblicklich!

LA THORILLIÈRE *tritt auf* Mein lieber Jourdain! Wie geht es Euch?

BÉJART Oh, Graf! Welche Ehre! Mir geht es vortrefflich!

LA THORILLIÈRE Herr Jourdain, ich bitte Euch vor allem, bedeckt Euch sofort, Ihr werdet Euch erkälten.

BÉJART Um keinen Preis, Graf. *Behält den Hut in der Hand.*

LA THORILLIÈRE Herr Jourdain, Ihr zwingt mich zu gehen.

BÉJART Zu gehen? Euch? Dann setze ich den Hut lieber auf.

LA THORILLIÈRE Oho! Ihr seid ja hochelegant gekleidet! So ziehen sich morgens nur die höfischen Kavaliere an.

BÉJART Sehe ich wie ein höfischer Kavalier aus?

LA THORILLIÈRE Wenn nicht, soll mir die Zunge verdorren.

BÉJART Graf, wenn Euch die Zunge verdorrte, würde ich vor Kummer sterben.

LA THORILLIÈRE Und wenn Ihr stürbet, würde ich Euch sofort folgen, ebenfalls vor Kummer. Erlaubt mir, Euch zu küssen, Herr Jourdain.

BÉJART Keinesfalls! Diese Ehre kann ich nicht annehmen!

LA THORILLIÈRE Ihr müßt. Ich bin heute morgen mit dem Gedanken aufgewacht, daß mir etwas sehr Angenehmes bevorsteht. Ich dachte: Heute werde ich Herrn Jourdain küssen. *Küßt ihn.* Die eine Wange ist fertig. Reicht mir die andere.

HUBERT Widerlicher Speichellecker!

LA THORILLIÈRE Ah, Madame Jourdain! Pardon, ich hatte Euch nicht bemerkt.

HUBERT Bitte, bitte ...

LA THORILLIÈRE Eure Hand, Madame Jourdain.

HUBERT Strapaziert Euch nicht.

LA THORILLIÈRE Madame Jourdain ist mißgestimmt.
Hubert knurrt etwas.
Nun, mein lieber Jourdain, ich bin zu Euch gekommen, um mit Euch abzurechnen.

BÉJART *leise, zu Hubert* Siehst du? Was bist du doch gemein.
Zu La Thorillière Mein Herr, das ist keineswegs erforderlich.

LA THORILLIÈRE Kein Wort weiter, Herr Jourdain. Ich bin es gewohnt, bei meinen Geschäften peinlich korrekt zu sein. Also, wieviel schulde ich Euch?

BÉJART Ich habe mir einen Gedächtniszettel angelegt. Da ist er. Zuerst erhieltet Ihr zweihundert Livres.

LA THORILLIÈRE Ganz richtig.

BÉJART Weiterhin habe ich für Euch drei Rechnungen bezahlt. Dem Schneider fünftausend Livres, dann die Läden, der Sattler ... insgesamt fünfzehntausendachthundert Livres.

LA THORILLIÈRE Ganz und gar richtig. Rechnet dazu noch die zweihundert Livres, die ich mir jetzt von Euch leihe, dann sind es genau sechzehntausend Livres.

HUBERT O Gott, ist das ein Schurke!

LA THORILLIÈRE Wie meinen, gnädige Frau ...

HUBERT Ach nichts. Ich hab nur gesagt, daß Herr Jourdain ein Dummkopf ist.

LA THORILLIÈRE Ich bitte Euch, gnädige Frau, er ist ein sehr kluger Mann.

HUBERT Pfui! *Spuckt aus, ab.*

BÉJART Jawohl, Graf, ich bringe Euch das Geld sofort. *Ab.*

LA THORILLIÈRE *allein* Um meine Geschäfte steht es miserabel, meine Herrschaften. Und am schlimmsten ist, er hat sich in Dorimène verliebt und weiß nicht, daß ich ihr einen Heiratsantrag gemacht habe. Dabei muß ich sie unbedingt heiraten. Wenn ich nicht ihr Vermögen an mich bringe, falle ich meinen Gläubigern in die Klauen. Ja, meine Rolle ist nicht sehr schön, aber was soll ich machen? *Zum eintretenden Béjart* Vielleicht geniert es Euch, lieber Jourdain?

BÉJART Keineswegs, Graf! Für Euch bin ich zu allem bereit. *Gibt ihm das Geld.*

LA THORILLIÈRE Vielleicht kann ich Euch meinerseits irgendwie gefällig sein?

BÉJART *flüsternd* Ich hätte gern gewußt, Graf, wie es mit ...

LA THORILLIÈRE Ich verstehe Euch schon, Ihr braucht es nicht auszusprechen. Der Marquise Dorimène, in die Ihr verliebt seid, geht es ausgezeichnet. *Für sich* Oh, gleich fragt er nach dem Ring, ich spüre es ...

BÉJART Und der Ring ...

LA THORILLIÈRE Ich verstehe schon. Ihr wollt fragen, ob ihr der Brillantring gefallen hat, den Ihr mit meiner Hilfe ihr geschenkt habt?

BÉJART Ihr habt es erraten.

LA THORILLIÈRE Sie war entzückt.

BÉJART Sagt doch, wann ...

LA THORILLIÈRE Ich verstehe schon ...

HUBERT *tritt leise auf* Dieses Gespräch gefällt mir nicht. *Flüsternd* Nicole!

Madame Beauval tritt leise auf.

Leise Geh horchen, worüber sie reden.

LA THORILLIÈRE *leise* Ich habe vor, die Marquise Dorimène für morgen zu Euch zum Essen einzuladen ...

BÉJART Sollte mich wirklich ein solches Glück erwarten?

LA THORILLIÈRE Gewiß.

BÉJART Da muß ich sehen, wie ich mich meines teuren Weibes entledige. *Bemerkt Madame Beauval, gibt ihr eine Ohrfeige.* Ach, du Luder! *Zu La Thorillière* Kommt weg von hier. *Mit La Thorillière ab.*

MADAME BEAUVAL *hält sich die Wange, zu Hubert* Da seht Ihr's, gnädige Frau.

HUBERT Mach dir nichts draus, arme Nicole, ich werde dich belohnen. Wovon haben diese Schufte gesprochen?

MADAME BEAUVAL Oh, gnädige Frau, Euer Teurer plant eine Liebesintrige mit einer Marquise Dorimène.

HUBERT Dieser Halunke! Wir sind noch keine vierundzwanzig Jahre verheiratet, und schon ist er meiner überdrüssig!

MADAME BEAUVAL Laßt es Euch nicht verdrießen, gnädige Frau.

HUBERT Ich denke gar nicht daran. Ich fürchte nur, er verschwendet das ganze Vermögen, und meine arme Tochter bleibt ohne Mitgift. So kann es nicht weitergehen. Schick sofort Brindavoine zu Cléonte, er soll Lucile einen Heiratsantrag machen. Sonst ist alles verloren.

MADAME BEAUVAL Ich eile, gnädige Frau, ich fliege.

Hubert ab.

Brindavoine! Brindavoine!

BRINDAVOINE *tritt auf* Was willst du?

Der Vorhang schließt sich langsam.

MADAME BEAUVAL Lauf sofort zu Cléonte, die gnädige Frau will es so, und ruf ihn her.

BRINDAVOINE Die gnädige Frau mag wollen, was sie will, ich kann ihn nicht mehr herrufen, weil jetzt der Akt zu Ende ist.

MADAME BEAUVAL *zum Publikum* Pause.

Vorhang

MADAME BEAUVAL *zu Brindavoine* Los, beeil dich, hole Cléonte her.

BRINDAVOINE Den brauch ich nicht zu holen, da kommt er selber. *Ab.*

Auftreten La Grange und Covielle.

MADAME BEAUVAL Ach, Ihr kommt wie gerufen, Herr Cléonte! Eben wollten wir nach Euch schicken. Guten Tag, Covielle.

LA GRANGE Scher dich zum Teufel!

MADAME BEAUVAL Was soll das heißen?

LA GRANGE Begib dich zu deiner treubrüchigen Herrin und sage ihr, Cléonte lasse sich nicht verspotten.

MADAME BEAUVAL Was? Ich verstehe gar nichts. Covielle, was ist los?

COVIELLE Pack dich.

MADAME BEAUVAL Na, ich gratuliere. Zuerst ist unser Herr übergeschnappt, und nun diese beiden auch. Das muß ich dem Fräulein erzählen. *Läuft hinaus.*

LA GRANGE Darf man einen treuen und ergebenen Liebhaber so behandeln?

COVIELLE Nein, gnädiger Herr. Unsere Liebsten haben sich wirklich ein freches Stück geleistet!

LA GRANGE Zeige mir einen Mann auf der Welt, Covielle, der sie so zärtlich und so leidenschaftlich lieben könnte.

COVIELLE Ich kann Euch keinen zeigen, gnädiger Herr.

LA GRANGE Zwei Tage lang habe ich sie nicht gesehen, und diese beiden Tage dünken mich fürchterliche Jahrhunderte. Endlich läßt mich ein glücklicher Zufall ihr auf der Straße begegnen, ich stürze auf sie zu, in meinem Gesicht steht ... Was stand in meinem Gesicht geschrieben, Covielle?

COVIELLE Freude und Leidenschaft standen in Eurem Gesicht geschrieben, gnädiger Herr, oder ich will verdammt sein.

LA GRANGE Und was geschieht? Die Treulose wendet den Blick und geht an mir vorbei, als sähe sie mich zum erstenmal. Stimmt's, Covielle?

COVIELLE Jawohl, gnädiger Herr. Nicole hat es mit mir genauso gemacht.

LA GRANGE Und das nach all den Tränen, die ich so oft zu ihren Füßen geweint habe.

COVIELLE Was sind schon Tränen, gnädiger Herr! Wie viele Eimer Wasser habe ich vom Brunnen zu ihr geschleppt!

LA GRANGE Eimer? Wovon redest du?

COVIELLE Von Nicole, gnädiger Herr.

LA GRANGE Wie oft habe ich im Feuer meiner Leidenschaft geglüht!

COVIELLE Wie oft wurde ich in der Küche geröstet, während ich ihr den Bratspieß drehte.

LA GRANGE Wieso? Ach so, du sprichst von Nicole.

COVIELLE So ist es, gnädiger Herr.

LA GRANGE Meine Empörung ist ohne Grenzen!

COVIELLE Was kann es da auch für Grenzen geben.

LA GRANGE Mach sie schlecht, Covielle! Entwirf mir ein widerwärtiges Bild von ihr, damit ich sie schnellstens vergesse.

COVIELLE Mit Vergnügen, gnädiger Herr. Sie hat kleine Augen.

LA GRANGE Was lügst du da? Nun ja, ihre Augen sind klein, aber welches Feuer strahlt in ihnen!

COVIELLE Der Mund ist zu groß.

LA GRANGE Das stimmt, aber er ist bezaubernd.

COVIELLE Von Gestalt ist sie recht kurz geraten.

LA GRANGE Aber dafür graziös und wohlproportioniert.

COVIELLE Sie ist dumm, gnädiger Herr.

LA GRANGE Wie kannst du es wagen! Sie hat einen sehr feinen Verstand.

COVIELLE Erlaubt, gnädiger Herr, Ihr laßt mich sie ja gar nicht schlechtmachen.

LA GRANGE Doch, doch, mach sie nur schlecht.

COVIELLE Sie ist launenhaft, gnädiger Herr.

LA GRANGE Aber begreife doch, die Launen stehen ihr trefflich zu Gesicht!

COVIELLE Nun, es reicht, gnädiger Herr, ich bin es müde. Mag Euch ein anderer sie schlechtmachen.

Madame Molière und Madame Beauval treten auf.

LA GRANGE Ich will nicht mit ihr sprechen. Denk daran, Covielle, kein Wort.

COVIELLE Verlaßt Euch auf mich, gnädiger Herr.

MADAME MOLIÈRE Was bedeutet Euer Benehmen, Cléonte?

MADAME BEAUVAL Was hast du, Covielle?

MADAME MOLIÈRE Seid Ihr stumm, Cléonte?

MADAME BEAUVAL Was ist, hast du die Sprache verloren?
Pause.

LA GRANGE Sie ist eine richtige Verbrecherin!

COVIELLE Eine Judasseele!

MADAME MOLIÈRE Du hast recht, Nicole, sie sind beide übergeschnappt. Wenn Euch die gestrige Begegnung aus dem Gleichgewicht gebracht hat, so erlaubt, daß ich Euch alles erkläre.

LA GRANGE Nein, ich will nichts hören.

MADAME BEAUVAL Laß mich doch erklären.

COVIELLE Nein.

MADAME MOLIÈRE Gestern früh nämlich …

LA GRANGE Nein.

MADAME BEAUVAL Gestern morgen …

COVIELLE Verzieh dich!

MADAME MOLIÈRE Cléonte, wartet!

LA GRANGE Genug mit Euren verlogenen Liedern!

MADAME BEAUVAL So hör doch, Covielle!

COVIELLE Ist ja doch alles gelogen.

MADAME MOLIÈRE Na schön, wenn Ihr nicht hören wollt ...
Komm, Nicole.

MADAME BEAUVAL Kommt, gnädiges Fräulein.

LA GRANGE Na schön, laßt mich den Grund Eures Verhaltens wissen.

MADAME MOLIÈRE Nein, ich habe keine Lust mehr.

COVIELLE So kläre mich schon auf.

MADAME BEAUVAL Nein.

LA GRANGE Ich bitte Euch.

MADAME MOLIÈRE Laßt mich.

COVIELLE Los doch!

MADAME BEAUVAL Nichts da.

LA GRANGE Ihr wollt also gehen? Na schön! Aber wisset,
Grausame, ich verlasse Euch, um zu sterben! Covielle!

COVIELLE Gnädiger Herr, ich folge Euren Schritten.

MADAME MOLIÈRE Wartet, Cléonte!

MADAME BEAUVAL Bleib stehen, Covielle!

COVIELLE Da stehe ich.

MADAME MOLIÈRE Hört denn also. Ich war gestern morgen
in Begleitung meines Vaters, und er hatte mir verboten,
auf der Straße einen andern als einen Grafen zu
grüßen. Da hatte ich Furcht, Euch auch nur zuzunicken.

COVIELLE Das ist ein Ding!

LA GRANGE Lügt Ihr auch nicht, Lucile?

MADAME MOLIÈRE Nein, ich schwöre es!

LA GRANGE Liebt Ihr mich denn?

MADAME MOLIÈRE Oh, Cléonte!

MADAME BEAUVAL Covielle!

*Sie küssen sich. Man hört Schritte, Madame Molière und
Madame Beauval laufen weg. Aus der anderen Tür tritt
Hubert.*

HUBERT Ah, Cléonte! Ich freue mich, Euch zu sehen!

LA GRANGE Meine liebe Madame Jourdain.

HUBERT Ach, Cléonte, ich bin mißgelaunt.

LA GRANGE Was verdrießt Euch, gnädige Frau?

HUBERT Ein Idiot verdrießt mich, Cléonte.

LA GRANGE Warum denn solche Worte, gnädige Frau, ich bitte Euch!

HUBERT Ach, lieber Freund, ich spreche doch nicht von Euch.

COVIELLE Dann bin also ich gemeint.

HUBERT Dieser Idiot ist mein Mann, Cléonte. Ja, ja. Er ist übergeschnappt, wie schwer es mir auch fällt, das zuzugeben. Für einen vornehmen Edelmann hält er sich. Kurz und gut, Cléonte, macht so bald wie möglich einen Heiratsantrag, solange er noch nicht unser ganzes Vermögen durchgebracht hat. Meine Tochter liebt Euch, und mir gefallt Ihr auch sehr gut.

LA GRANGE Oh, gnädige Frau, wenn Ihr wüßtet, wie süß mir Eure Worte in den Ohren klingen!

HUBERT Küßt mich, Cléonte.

Covielle küßt Hubert.

Was hast du denn damit zu schaffen?

COVIELLE Ach, gnädige Frau, ich gestehe Euch, daß auch ich einen Plan habe. Ich liebe Eure Dienerin Nicole. Ich hoffe, daß Ihr meiner Ehe nichts in den Weg legen werdet.

HUBERT Nein.

Covielle küßt Hubert.

Weg! So, jetzt gehe ich ihn holen. *Ab.*

BÉJART *eintretend* Ah, mein Herr!

LA GRANGE Gnädiger Herr, ich bin gekommen, um Euch zu sagen, daß die Ehre, Euer Schwiegersohn zu sein, so groß ist, daß ich mich nicht enthalten kann, Euch um die Hand Eurer Tochter zu bitten.

BÉJART Sehr angenehm. Vor allem aber, mein Herr, sagt mir, in welcher Sprache Ihr mit mir zu sprechen wünscht.

LA GRANGE In meiner Muttersprache, gnädiger Herr, wenn es Euch beliebt. Eine andere Sprache kann ich nicht.

BÉJART So bitte ich Euch, in dieses mein Ohr hineinzusprechen. Es ist bei mir für die Muttersprache bestimmt. Das andere Ohr ist für fremdländische Sprachen.

LA GRANGE Gern, gnädiger Herr. *Begibt sich zu Béjarts anderem Ohr.*

COVIELLE Das ist ein Ding!

LA GRANGE Also, gnädiger Herr ...

BÉJART Pardon. Wollt Ihr mit mir in Versen oder in Prosa reden?

LA GRANGE In Prosa, wenn es Euch beliebt. Ich kann nicht in Versen sprechen.

BÉJART Ach, wie schade. Nun, so sprecht in Prosa.

LA GRANGE Also, gnädiger Herr, ich möchte Eure Tochter heiraten.

BÉJART *nach kurzem Überlegen* Das ist möglich.

LA GRANGE Ich vergöttere sie, gnädiger Herr.

BÉJART *nach kurzem Nachdenken* Auch das ist möglich.

LA GRANGE *aufgeregt* Was werdet Ihr mir antworten, gnädiger Herr?

BÉJART Es ist unmöglich.

LA GRANGE Oh, gnädiger Herr!

BÉJART Ich frage Euch – seid Ihr von Adel, mein Herr?

LA GRANGE Nein, gnädiger Herr, von Adel bin ich nicht. Ich sage es geradeheraus, denn ich bin nicht gewohnt zu lügen.

Covielle zischelt etwas.

Was zwinkerst du mir zu?

COVIELLE *räuspert sich* Ich habe Euch nicht zugezwinkert, gnädiger Herr, das ist Euch nur so vorgekommen. Sprecht weiter, gnädiger Herr, aber stellt es gescheit an.

LA GRANGE Ja, gnädiger Herr, ich verstehe nicht zu lügen, ich bin nicht von Adel.

COVIELLE Ach, du lieber Gott!

BÉJART Ich weiß Eure Ehrlichkeit zu schätzen, mein Herr. Kommt in meine Arme.

Sie küssen sich.

Aber meine Tochter bekommt Ihr nicht.

LA GRANGE Warum nicht?

COVIELLE So eine Prosa kommt also heraus.

BÉJART Ich bin fest entschlossen, meine Tochter nur einem Grafen zu geben. Entschuldigt mich, mein Herr, ich muß meinen zahlreichen Lakaien einige Anweisungen erteilen. Mit vorzüglichem Respekt habe ich die Ehre, Euer gehorsamer Diener Jourdain zu sein. *Ab.*

LA GRANGE *sinkt in einen Sessel* Was sagst du dazu, Covielle?

COVIELLE In Versen oder in Prosa? Um es in Versen zu sagen – Ihr seid ein Holzkopf, gnädiger Herr.

LA GRANGE Was unterstehst du dich?

COVIELLE Was schon. Ihr werdet ewig Junggeselle bleiben, gnädiger Herr.

LA GRANGE Lügen sind mir zuwider.

COVIELLE Dummheit ist mir noch mehr zuwider. Ich bin Euch gewaltig dankbar, gnädiger Herr, daß Ihr auch meine Sache verdorben habt. Der wird sagen, er werde seine Dienerin nur dem Diener eines Grafen geben. *Ereifert sich.* Es wurde Euch doch in Eurer Muttersprache und in das zuständige Ohr hinein gesagt, daß Ihr es mit einem Verrückten zu tun habt! Oder nicht? Also mußtet Ihr auf alles eingehen. Ich bitte um meinen Lohn, gnädiger Herr, ich will zu einem Grafen in Dienst gehen, denn ich muß heiraten.

LA GRANGE Covielle, es wäre Verrat, mich in so einem schwierigen Moment im Stich zu lassen! Lasse dir etwas einfallen, Covielle!

COVIELLE Glaubt nur nicht, daß immer andere für Euch denken werden.
Pause.

LA GRANGE Covielle!

COVIELLE Gnädiger Herr, Ihr stört meinen Gedanken beim Reifen. Wenn ein Mensch übergeschnappt ist, sind alle Mittel recht. Hm … hm … also … ah, da ist er schon gereift!

LA GRANGE Covielle, du bist genial!

COVIELLE Ja, ja. Also, gnädiger Herr, heute abend werde ich Euch in einen angesehenen Edelmann verwandeln.

LA GRANGE Wie soll das vor sich gehen?

184

COVIELLE Das ist meine Sache. Gebt mir vor allem Geld, gnädiger Herr.

LA GRANGE Soviel du willst, Covielle.

COVIELLE Ich brauche fünfzig Pistolen für Spesen und zehn Pistolen für mich selbst.

LA GRANGE Da hast du sie, Covielle!

COVIELLE Also, ich will vor allem mit diesen beiden Scharlatanen ein Wörtchen reden, dem Musikmeister und dem Tanzmeister. Ihr, gnädiger Herr, werdet geruhen, Euch nach Hause zu begeben und dort meine Anweisungen abzuwarten. Ihr solltet Herrn Jourdain keine Gelegenheit geben, sich Euch überzusehen. *Ab.*

HUBERT *tritt auf* Nun, wie steht's, lieber Cléonte?

LA GRANGE *bricht in Tränen aus* Ach, gnädige Frau, er hat abgelehnt.

HUBERT Das kann nicht sein! Oh, dieser verdammte Narr! Na, dem werd ich's zeigen! *schreit* Jourdain! Jourdain!
La Grange eilt hinaus, macht dabei eine wegwerfende Handbewegung.

BÉJART *tritt auf* Ich glaube, du schreist, meine Liebe?

HUBERT Warum hast du Cléonte abgewiesen? Diesen guten Mann, den deine Tochter liebt?

BÉJART Er gefällt mir auch sehr gut.

HUBERT Ist er etwa kein anständiger Mensch?

BÉJART Doch. Je länger ich darüber nachdenke, desto mehr bin ich überzeugt, er ist ein anständiger Mensch.

HUBERT Liebt Lucile ihn etwa nicht?

MADAME MOLIÈRE *läuft herein* Ja, ich liebe ihn.

BÉJART Ja, gewiß, sie liebt ihn.

HUBERT Und liebt er sie nicht?

MADAME MOLIÈRE Ich werde geliebt!

BÉJART Zweifellos wirst du geliebt, deswegen brauchst du nicht so zu schreien.

HUBERT Er hat ein hübsches Vermögen!

BÉJART Nicht nur das, er hat ein ausgezeichnetes Vermögen.

HUBERT Also warum ...

BÉJART Ich kann sie ihm nicht geben. Es tut mir leid, aber ich kann sie ihm nicht geben. Er ist kein Graf.

MADAME BEAUVAL *tritt plötzlich auf* Und Ihr, gnädiger Herr, seid Ihr ein Graf?

BÉJART Ach, du bist auch hier? Du hast mir gerade noch gefehlt. Nein, ich bin leider kein Graf, aber ich verkehre in Gesellschaft von Grafen und werde auch künftig nur mit Grafen verkehren.

HUBERT Ich erlaube dir nicht, meine Tochter unglücklich zu machen! Wer hat sie geboren?

BÉJART Ich habe ... äh! Du natürlich! Erschreckt hast du mich! Du hast sie geboren, und nun laßt mich alle in Ruhe!

MADAME MOLIÈRE Cléonte oder keiner! Wenn Ihr dieser Ehe nicht zustimmt, bringe ich mich um!

MADAME BEAUVAL Liebes Fräulein, tut das nicht!

BÉJART O Gott, wie ihr mich quält!

MADAME MOLIÈRE *schluchzend* Oh, ich Unglückliche!

HUBERT Da siehst du, wohin du das arme Mädchen bringst!

MADAME MOLIÈRE Mama, ich gehe weg!

HUBERT Wo willst du hin, mein armes Töchterchen?

MADAME BEAUVAL Wo wollt Ihr hin, gnädiges Fräulein?

MADAME MOLIÈRE Mich ertränken oder zur Tante! *Läuft hinaus.*

HUBERT Nicole, mir nach! Wir dürfen sie nicht weglaufen lassen! *Eilt mit Madame Beauval hinaus.*

BÉJART Da seht Ihr's, meine Herren, was das für ein Irrenhaus ist! Brindavoine!

Auf tritt Brindavoine.

Bring mir einen kalten Umschlag für den Kopf.

BRINDAVOINE Gnädiger Herr, der Graf Dorante und eine Dame wollen zu Euch.

BÉJART Das ist sie! Bei Gott, sie ist es! Welches Glück, daß die andern alle aus dem Hause sind! Bitte sie ... das heißt nein, bitte sie nicht herein ... warte ... das heißt nein ... o Gott, und ich bin noch nicht angezogen ... sag ihnen ... bitte sie herein und sag ihnen, ich käme sofort! *Ab.*

Auf treten La Thorillière und Madame de Brie.

MADAME DE BRIE Dorante, ich fürchte, es war übereilt, Euch in dieses fremde Haus zu folgen.

LA THORILLIÈRE Oh, liebe Dorimène, das sind doch Bagatellen. Habt ein Einsehen, wo sonst sollte ich mit Euch zu Mittag speisen, ohne Euch Klatschereien auszusetzen?

MADAME DE BRIE Außerdem bitte ich Euch, Graf, mir keine Geschenke mehr zu kaufen. Dieser teure Ring zum Beispiel, was soll das ...

LA THORILLIÈRE O Dorimène!

Auf tritt Béjart.

Da ist ja auch unser lieber Jourdain.

BÉJART Gnädige Frau, wie kann ich Euch danken für die Ehre ... die ich die Ehre habe ... wenn Ihr mir die Ehre erweist ... mich zu besuchen ... diese Ehre, Marquise ...

LA THORILLIÈRE Genug, Herr Jourdain. Die Marquise legt keinen Wert auf solche Komplimente.

MADAME DE BRIE Herr Jourdain ist ein Mann von Welt.

LA THORILLIÈRE *leise, zu Béjart* Hört, sagt doch bitte der Marquise kein Wort von dem Ring, den Ihr ihr geschenkt habt.

BÉJART *leise* Aber ich möchte doch wenigstens erfahren, ob er ihr gefallen hat.

LA THORILLIÈRE Nein. Das wäre gar nicht weltmännisch. Tut so, als hättet Ihr ihn gar nicht bemerkt.

BÉJART Wie ärgerlich ...

Alle nehmen Platz.

MADAME DE BRIE Ihr schaut auf meinen Ring? Nicht wahr, er ist herrlich?

BÉJART Ich denke nicht daran, hinzuschauen. Außerdem ist das eine Lappalie, so ein Ringlein ...

LA THORILLIÈRE Ähem – ähem ...

MADAME DE BRIE Eine Lappalie? Ich sehe, Ihr seid sehr verwöhnt.

BÉJART Es gibt doch wahrlich ganz andere, Gräfin.

MADAME DE BRIE Hm ...

LA THORILLIÈRE *leise* Daß dich der Teufel hole.

Auf tritt Brindavoine mit einem nassen Lappen, den er Jourdain um die Stirn legt.

BÉJART Was soll das?

BRINDAVOINE Euer Umschlag, gnädiger Herr.

BÉJART *leise* Pack dich zum Teufel!

Brindavoine ab.

Achtet nicht auf ihn, Marquise, das ist mein verrückter Diener. Brindavoine!

Auf tritt Brindavoine.

BRINDAVOINE Was befehlt Ihr?

BÉJART Wie weit ist das Diner?

BRINDAVOINE Alles bereit, gnädiger Herr.

BÉJART Gnädige Frau, erlaubt mir, Euch zu bitten ... diese Ehre ... zu speisen ... mein bescheidenes Mittagsmahl ...

MADAME DE BRIE Mit dem größten Vergnügen, Herr Jourdain.

BÉJART He, Musikanten! Herein mit den Speisen!

Auf einem Podium stellen sich die Musikanten auf, aus dem Fußboden kommt ein luxuriös gedeckter Tisch zum Vorschein, umstanden von vier Köchen. Tanzend reichen die Köche die Speisen zu.

Marquise, ich bitte Euch!

MADAME DE BRIE Wie prachtvoll bei Euch alles eingerichtet ist!

LA THORILLIÈRE Marquise, Herr Jourdain ist für seine Diners berühmt.

BÉJART Es gibt doch wahrlich ganz andere Diners!

MADAME DE BRIE Ich sage es noch einmal, Ihr seid sehr verwöhnt!

LA THORILLIÈRE Wein, Marquise?

MADAME DE BRIE Welches Aroma!

LA THORILLIÈRE Ein herrlicher Tropfen!

BRINDAVOINE Es gibt doch wahrlich ganz andere Weine!

BÉJART Bist du närrisch, Brindavoine?

BRINDAVOINE Keineswegs, gnädiger Herr.

BÉJART Laß den nächsten Gang auftragen.

LA THORILLIÈRE Interessant, was uns unser liebenswürdiger Gastgeber als nächsten Gang vorsetzen wird.

BÉJART Ihr werdet's gleich sehen. Es ist ein Geheimnis meines Kochs.

Aus dem Fußboden taucht ein Tisch auf, darauf sitzt Hubert.
Au! *Pause.*

HUBERT Aha! Eine ehrenwerte Gesellschaft! So ist das also? Die Hausfrau ist nicht da, und der Hausherr verschwendet sein Vermögen in Gesellschaft eines vergnügten Dämchens samt Anbeter! Sehr schön! Sehr schön!

BÉJART Ich bin erledigt!

LA THORILLIÈRE Gnädige Frau, was habt Ihr denn? Was sind das für Ausdrücke! Erstens gebe ich dieses Essen und nicht Herr Jourdain …

HUBERT Schweigt, Betrüger!

LA THORILLIÈRE Gnädige Frau!

HUBERT Was heißt hier gnädige Frau! Gnädige Frau bin ich schon seit dreiundzwanzig Jahren, und Ihr, gnädige Frau, schämt Ihr Euch nicht, in ein fremdes Familienhaus einzudringen!

BÉJART O Gott!

MADAME DE BRIE Was hat sie da zu mir gesagt? Das habe ich Euch zu verdanken, Dorante!

LA THORILLIÈRE Beruhigt Euch, Dorimène!

MADAME DE BRIE Bringt mich augenblicklich weg von hier!

LA THORILLIÈRE *zu Hubert* Schämt Euch, gnädige Frau!

BÉJART Ich bin tot … erledigt …

La Thorillière führt die weinende Madame de Brie hinaus.

BRINDAVOINE Soll ich den Tisch abräumen, gnädiger Herr?

BÉJART Räum ihn ab … *Zeigt auf Hubert.* Sie auch … den Tisch … bring alles hinaus … ich bin blamiert.

BRINDAVOINE Soll ich den Umschlag bringen, gnädiger Herr?

BÉJART Scher dich zum Teufel!

BRINDAVOINE Mit Vergnügen, gnädiger Herr, zumal gerade der zweite Akt zu Ende ist.

Vorhang

Dritter Akt

Abend. Béjart allein.

BÉJART *verdrießlich* Ja, hereingelegt hat mich meine liebenswürdige Gattin. O Gott, o Gott ... Ich kann keinem Menschen mehr unter die Augen treten. Und alle haben
mich sogleich vergessen, keiner kommt zu mir, auch die
verfluchten Lehrer sind wie im Erdboden verschwunden. Ob ich mich jetzt wohl mit Philosophie beschäftige? Ein vortrefflicher Mann, dieser Pancrace, so un-
terhaltsam. Und die Philosophie ist eine große Sache.
Aber vielleicht hat es bei dem Essen gar keinen Skandal
gegeben, und ich habe es nur geglaubt? Das muß ich mir
suggerieren. Es gab keinen Skandal, und basta. Es gab
keinen Skandal. Es gab keinen Skandal ... Doch, es gab
einen Skandal. Die Philosophie kann mich auch nicht
trösten. Ob ich ein Menuett tanze? He, Brindavoine!
BRINDAVOINE *tritt auf* Was befehlt Ihr, gnädiger Herr?
BÉJART Ich langweile mich, Brindavoine.
BRINDAVOINE Eßt doch etwas, gnädiger Herr.
BÉJART Nein, ich mag nicht. Ist meine Frau nicht zu Hause?
BRINDAVOINE Nein, gnädiger Herr.
BÉJART Na, Gott sei Dank. Sag Bescheid, man soll mir ein
Menuett spielen.
BRINDAVOINE Die Musikanten sind nicht da, gnädiger Herr.
BÉJART Da siehst du es, alle haben mich meinem Schicksal
überlassen. Sing du mir ein Menuett vor, Brindavoine.

BRINDAVOINE Ich singe aber sehr schlecht, gnädiger Herr.

BÉJART Macht nichts, wir singen zu zweit.

Beide singen ein Menuett. Béjart macht dabei einige Tanz-schritte.

A-la-lala-la-la … Nein, es macht keinen Spaß. Geh, Brin-davoine, mit dir ist's noch langweiliger.

BRINDAVOINE Sehr wohl, gnädiger Herr. *Geht und kommt nach kurzer Zeit wieder herein.* Gnädiger Herr, ein Türke wünscht Euch zu sprechen.

BÉJART … la-lala … Ein Türke? Bist du auch nicht betrun-ken, mein Lieber? Wo sollte hier ein Türke herkommen?

BRINDAVOINE Ich kann nicht sagen, wo der Türke her-kommt, gnädiger Herr.

BÉJART Nun gut, ich lasse bitten.

Brindavoine geht und kehrt sogleich zurück. Auf tritt der als Türke verkleidete Covielle.

COVIELLE Mein Herr, ich weiß nicht, ob ich die Ehre habe, Euch bekannt zu sein.

BÉJART Nein, mein Herr.

COVIELLE Aber ich, mein Herr, habe Euch schon als so klei-nes Kerlchen gekannt.

BÉJART Was Ihr sagt!

COVIELLE Ja, Ihr wart ein bezauberndes Kind. Alle Damen nahmen Euch auf den Arm, um Euch abzuküssen.

BÉJART Ich danke Euch. Abzuküssen? Aber Ihr, mein Herr, macht den Eindruck eines ziemlich jungen Mannes.

COVIELLE Das ist nicht verwunderlich, mein Herr, ich habe in der letzten Zeit in der Türkei gelebt.

BÉJART Aha, aha …

COVIELLE Ja, gnädiger Herr, ich war mit Eurem Vater aufs innigste befreundet. Der Verstorbene war ein echter Edelmann.

BÉJART Wie, mein Herr, Ihr hättet meinen seligen Vater ge-kannt?

COVIELLE Und ob!

BÉJART Ihr sagt, er war ein Edelmann. Irrt Ihr Euch auch nicht?

COVIELLE Ein waschechter Edelmann.

BÉJART *drückt Covielle die Hand* Ihr erfreut mich, mein Herr. Ich bitte Euch ergebenst, Platz zu nehmen. Ihr müßt wissen, es haben sich Dummköpfe gefunden, die in ganz Paris das Gerücht verbreiten, mein Vater sei Kaufmann gewesen.

COVIELLE Welche Torheit! Euer Vater war ein höflicher Mann, der etwas von Stoffen verstand. Er kaufte verschiedene Waren und gab sie dann, für Geld natürlich, an seine Freunde weiter, um ihnen Freude zu bereiten, ohne ihren Stolz zu verletzen.

BÉJART Mein Herr, Ihr gebt mir das Leben wieder.

COVIELLE Na seht Ihr. Also, mein Herr, ich bin zu Euch gekommen, um Euch eine höchst angenehme Neuigkeit mitzuteilen. Der Sohn des Großtürken ist in Paris eingetroffen!

BÉJART Das habe ich nicht gewußt.

COVIELLE Seht Ihr. Ich, gnädiger Herr, bin der Dolmetscher Seiner Hoheit.

Béjart erhebt sich.

Behaltet doch Platz, mein Herr, keine Umstände. Ich habe Euch eine höchst wichtige Angelegenheit mitzuteilen. Kann uns niemand zuhören?

BÉJART Brindavoine, geh hinaus.

BRINDAVOINE Sehr wohl, gnädiger Herr. *Ab.*

BÉJART Sprecht getrost, mein Herr.

COVIELLE Seine Hoheit hat sich in Eure Tochter verliebt.

BÉJART Ah ... äh ... wann ... warum ... wo hat er sie denn gesehen?

COVIELLE Zufällig auf der Straße. Aber es ist nicht wichtig, wo er sie gesehen hat, mein Herr. Wichtig ist, daß er Euer Schwiegersohn werden möchte.

BÉJART Mein Herr, ich bin erschüttert.

COVIELLE Ich habe heute morgen mit Seiner Hoheit gesprochen. Auf einmal sagte er zu mir: »Axiam krok soler ontsch alla mustaf gidelum amanahem varahini ussere karbulat.«

BÉJART Das hat er gesagt?

COVIELLE Genau diese Worte. Wie findet Ihr das?

BÉJART *für sich* Prügel hätte mein Vater verdient, daß er mir nicht Türkisch beigebracht hat!

COVIELLE Na, wie gefällt Euch das? Der Sohn des Großtürken!

BÉJART Ich muß Euch gestehen, Herr Dolmetscher, ich habe mein Türkisch ein bißchen vergessen. Diese Gouvernanten, wißt Ihr … Ich habe nur die Hälfte verstanden …

COVIELLE Oh, keine Sorge, ich werde es Euch übersetzen. Diese Worte bedeuten: »Hast du dieses schöne Mädchen gesehen, die Tochter des Pariser Edelmannes Jourdain?« Ich bejahte höflich, auf türkisch natürlich. Darauf sagte er: »Ah, marababa sahem!« Das heißt: »Ach, wie bin ich in sie verliebt.« Dann befahl er mir, fahre hin, bitte Herrn Jourdain um ihre Hand und sage ihm, daß ich ihm die Würde eines Mamamutschi verleihe.

BÉJART Mamamutschi? Möglich. Aber was ist ein Mamamutschi?

COVIELLE Ein Paladin.

BÉJART Eijeijei!

COVIELLE Damit nicht genug, er wird sogleich selbst bei Euch erscheinen.

BÉJART Das kann nicht sein! Ich …

COVIELLE Aber vielleicht seid Ihr gegen diese Heirat?

BÉJART Aber Herr Dolmetscher, wie könnte ich das wagen! O Gott, welches Unglück! Ihr müßt wissen, meine Tochter, die unvernünftige Lucile, hat sich einen gewissen Cléonte in ihren Dickkopf gesetzt, und ich gestehe Euch, der ist hart wie Holz, darum fürchte ich …

COVIELLE Beunruhigt Euch nicht, mein Herr. Sie wird anderen Sinnes werden, wenn sie den Sohn des Großtürken sieht. Ich will Euch etwas ins Ohr sagen, aber bedenkt bitte, es ist ein großes Staatsgeheimnis: Der Sohn des Großtürken sieht diesem Cléonte sehr ähnlich, fast wie ein Ei dem andern. Ich habe ihn auf der Straße getroffen. Nun aber drängt die Zeit, mein Herr, Ihr müßt ein türkisches Gewand anlegen.

BÉJART Wie denn das? Ich habe keins.

COVIELLE Oh, mein Herr, alles ist vorbereitet. Gleich erscheint der Hofschneider, der wird Euch ankleiden. He! *Auftritt Schneider.*

BÉJART Aber das ist doch mein Schneider! Wie geht das zu, mein Herr?

SCHNEIDER Ganz einfach, gnädiger Herr. Ich bin in die Dienste Seiner türkischen Hoheit getreten. Bemüht Euch bitte ins Schlafzimmer. *Béjart und der Schneider ab.*

COVIELLE *zur Tür* He, meine Herren!
Auftreten Musikmeister und Tanzmeister.
Ich hoffe, meine Herren, bei Euch ist alles in Ordnung? Außerdem müßt Ihr unbedingt das Geheimnis wahren. *Gibt den Lehrern Geld.*

TANZMEISTER Keine Sorge, gnädiger Herr. Wir sind echte Künstler, darum dienen wir mit unserer Kunst dem, der uns bezahlt, und halten uns nicht mit Redereien auf.

COVIELLE Recht so. Geht jetzt. Der Prinz wird sogleich eintreffen.
Die Lehrer ab. Auftritt La Thorillière. Covielle verbirgt sein Gesicht.
Ach, ein Fremder! Wie ärgerlich.

LA THORILLIÈRE Guten Tag, mein Herr. *Mustert Covielle.*

COVIELLE Karigar kamboto.

LA THORILLIÈRE Wie meinen?

COVIELLE Ambassu?

LA THORILLIÈRE Sprecht Ihr nicht französisch? *Für sich* Irgendwo habe ich diese Visage schon gesehen.

COVIELLE Wir nicht verstehn.

LA THORILLIÈRE Seid Ihr Türke?

COVIELLE Ja, Türke, laßt mich in Frieden. O Gott! Mikossi.

LA THORILLIÈRE Mikossi, was soll das! Du bist doch Covielle!

COVIELLE Psst, gnädiger Herr, um Gottes willen!

LA THORILLIÈRE Was bedeutet diese Maskerade?

COVIELLE Gnädiger Herr, verratet uns nicht. Gleich wird mein Herr Cléonte als türkischer Prinz hier erscheinen.

LA THORILLIÈRE Das hast natürlich du ausgeheckt?

COVIELLE Ich will es nicht leugnen, gnädiger Herr.

LA THORILLIÈRE Aber wozu?

COVIELLE Jourdain will Lucile nicht an Cléonte verheiraten, weil der nicht von Adel ist.

LA THORILLIÈRE Ah, verstehe.

COVIELLE Ich hoffe, gnädiger Herr, Ihr …

LA THORILLIÈRE Ach Gott, ich habe meinen Geldbeutel zu Hause vergessen!

COVIELLE Wieviel war darin?

LA THORILLIÈRE Zwanzig Pistolen.

COVIELLE Gnädiger Herr, nehmt bitte diese zwanzig Pistolen als Darlehen an.

LA THORILLIÈRE Danke. Höre, kann ich nicht die Gräfin Dorimène einladen, dieser Komödie beizuwohnen? Sie wird maskiert sein.

COVIELLE Warum nicht?

LA THORILLIÈRE Ausgezeichnet. *Ab.*

Auf tritt Béjart, als Türke kostümiert, gefolgt vom Schneider.

BÉJART Schaut doch mal her, Herr Dolmetscher, ist alles in Ordnung?

COVIELLE Hm … dreht Euch mal um … Ja!

Draußen ertönt Musik, Laternen huschen vorüber.

Da kommt Seine Hoheit!

La Grange, in türkischem Kostüm, wird hereingetragen. Auf treten Musikmeister und Tanzmeister, nach ihnen Schauspieler in türkischen Kostümen.

LA GRANGE Ambusahim oki boraf, salamaleki!

BÉJART Herr Dolmetscher, zu Hilfe!

COVIELLE Das heißt: Herr Jourdain, möge Euer Herz das ganze Jahr blühen wie ein üppiger Rosenstrauch!

BÉJART Ich bin Seiner Hoheit ergebenster Diener.

LA GRANGE Utin jok base moran.

COVIELLE Gebe der Himmel Euch die Kraft des Löwen und die Weisheit der Schlange!

BÉJART Ich wünsche Seiner Hoheit von ganzem Herzen dasselbe!

COVIELLE Ossabinamen sadok?

LA GRANGE Bel men.

BÉJART Was bedeutet bel men?

COVIELLE Bel men bedeutet: Man muß so schnell wie möglich mit der Zeremonie beginnen, denn er möchte gleich jetzt Eure Tochter sehen und mit ihr die Ehe schließen, da er für sie eine ungewöhnliche Liebe empfindet, die ihm das Herz verzehrt. Das ist alles.

BÉJART Das alles steckt in den beiden Wörtern bel men? Eine großartige Sprache. Viel besser als unsere.

COVIELLE Gar kein Vergleich! Ah, ein Gast!

Auf tritt La Thorillière, er führt Madame de Brie herein.

LA THORILLIÈRE Herr Jourdain, ich hoffe, Ihr werdet der Marquise und mir erlauben, der Zeremonie beizuwohnen?

BÉJART Gern, Graf, ich freue mich sehr. *Zu Madame de Brie* Ich freue mich, Marquise, daß der widerwärtige Ausfall meiner Frau Euch nicht gehindert hat, mein Haus zu betreten.

MADAME DE BRIE Oh, das sind Lappalien, ich habe sie längst vergessen. Ich bin ja maskiert, da wird sie mich nicht erkennen. Ich gratuliere Euch zu Eurer neuen Würde, Herr Jourdain.

BÉJART Ja, Paladin, gnädige Frau. *Reicht ihr die Hand zum Kuß. Madame de Brie küßt sie verdutzt.*

Macht Euch nichts daraus, gnädige Frau, es ist mir selber unangenehm. Aber da kann man nichts machen, Position verpflichtet. Eure Hoheit, salamaleki, erlaubt mir, Euch die Marquise Dorimène vorzustellen ... verflucht, er kapiert ja nicht ... bel men ... Dolmetscher!

COVIELLE *weist auf La Thorillière* Kosuri mana. Das bedeutet: Erlaubt mir, Euch den Grafen Dorante vorzustellen.

BÉJART *leise zu La Thorillière* Die Hand, küßt ihm die Hand.

LA THORILLIÈRE *zu Covielle* Na, jetzt wird's schon fatal.

COVIELLE Küßt sie ihm schon, und verderbt mir nicht das Konzept. Wichtigkeit!
La Thorillière küßt La Grange voller Ekel die Hand.
He, schickt nach der Braut!
BÉJART *beunruhigt* Ja, man müßte nach der Braut schicken.
Musik. Dann schreit Madame Molière hinter der Szene auf.
Brindavoine, wo ist Lucile?
BRINDAVOINE Man bringt sie, gnädiger Herr, aber sie sträubt sich.
BÉJART Oh, ich hab's ja gewußt ... Diese Unwissenheit!
Türken führen die verwirrte Madame Molière herein.
BRINDAVOINE Hier ist sie, gnädiger Herr.
BÉJART *zu Madame Molière* Karigar kamboto. Das bedeutet auf türkisch, du wirst jetzt mit Seiner Hoheit dem türkischen Prinzen getraut.
MADAME MOLIÈRE Zu Hilfe!
BÉJART Brindavoine, halt sie fest!
BRINDAVOINE Gnädiger Herr, sie reißt sich los.
BÉJART Was machst du, dumme Gans! Usti maraf ... man wird dir Türkisch einpauken müssen ... Brindavoine, ich flehe dich an, halt sie am Arm fest! Eure Hoheit, achtet nicht darauf, sie ist eine dumme Gans ... bel men.
MADAME MOLIÈRE Gute Leute, helft mir doch!
BÉJART Bel men ... bel men ...
Plötzlich erscheint der Notarius mit einer Laterne und mit Büchern.
NOTARIUS Verzeihung, hier soll eine Hochzeit stattfinden? Man hat mich gerufen. Ich bin der Notarius.
COVIELLE Ja, natürlich, tretet näher.
BÉJART Ein Notarius? Verzeihung ... salamaleki basu ... Seht doch, was hier los ist ... Brindavoine!
BRINDAVOINE Gnädiger Herr, ich kann nicht mehr, sie hat ja Kräfte ...
MADAME MOLIÈRE Aaah ...
NOTARIUS Verzeihung, ich bin bestürzt. Das soll eine Hochzeit sein? Eine Prügelei ist das.

COVIELLE Macht nichts, Herr Notarius, macht nichts. Bleibt bitte. Vorläufig ist es eine Prügelei, aber dann wird Hochzeit sein. *Zwinkert ihm zu.*

NOTARIUS *besorgt* Ich verstehe nicht, warum Ihr zwinkert.

COVIELLE Ach, schweigt schon, ich zwinkere doch gar nicht. Nehmt Platz. *Zu Madame Molière* Gnädiges Fräulein, ich beschwöre Euch, schaut doch den Prinzen an!

MADAME MOLIÈRE Zum Teufel mit ihm! Zum Teufel! Zum Teufel!

NOTARIUS Eine solche Hochzeit habe ich noch nie erlebt! Sie will doch gar nicht! Und mit Gewalt darf es nicht geschehen!

COVIELLE Sie wird gleich wollen, bestimmt, ich versichere es Euch! *Zu Madame Molière* So seht mich doch an, ich bin Covielle, was macht Ihr denn?

MADAME MOLIÈRE Was? Covielle?

COVIELLE Leise!

BRINDAVOINE Ich habe sie gebändigt, gnädiger Herr.

COVIELLE Seht doch dem Prinzen ins Gesicht!

MADAME MOLIÈRE *sieht La Grange an* Ach!

LA GRANGE Lucile!

MADAME BEAUVAL *stürzt plötzlich herein* Was geschieht mit meinem Fräulein? Zu Hilfe! Ich gebe sie nicht in türkische Hände!

BÉJART Binde sie, Brindavoine!

BRINDAVOINE O nein, gnädiger Herr, um keinen Preis.

NOTARIUS Eine absonderliche Hochzeit.

COVIELLE *zu Madame Beauval* Besinn dich, Verrückte! Ich bin Covielle, und der Prinz ist Cléonte!

MADAME BEAUVAL Ah! Stimmt zu, gnädiges Fräulein, stimmt zu!

MADAME MOLIÈRE Vater, ich bin einverstanden!

BÉJART Puuuh! Na also … Euer Hoheit, sie ist einverstanden! Bel men … kurzum, alles in Ordnung!
Plötzlich öffnet sich der Fußboden, und Hubert erscheint.

Da ist sie! Entsetzlich! Guten Tag, Frau. Gebe der Himmel dir die Weisheit des Löwen, alte Schlange ... Nein, das muß wohl anders heißen. Verdirb nicht die Beziehungen zur Türkei. Verschwinde hier, ich beschwöre dich. Ustin jok ... Euer Hoheit, darf ich vorstellen, meine Frau, diese Hexe ...

HUBERT Was hast du da schon wieder ausgeheckt, du alte Kanaille? Deine Tochter willst du ins Verderben stürzen? Brindavoine, ruf die Polizei!

NOTARIUS So was, eine Hochzeit mit Polizei! Ohne mich!

COVIELLE Ich flehe Euch an, wartet noch einen Moment. *Zu Hubert* Gnädige Frau, seht doch einmal dem Prinzen ins Gesicht!

Hubert gibt Covielle eine Ohrfeige.

NOTARIUS Peng! Nein, jetzt bleibe ich schon aus Neugier hier! *Setzt sich.*

COVIELLE Madame Jourdain, bevor Ihr jemanden ins Gesicht schlagt, solltet Ihr ihm wenigstens ins Gesicht sehen.

Aus dem Fußboden taucht Du Croisy auf.

DU CROISY Herr Jourdain, unter den Philosophen von Paris, aber auch unter der einfachen Bevölkerung verbreiten sich Gerüchte über ein glückliches Ereignis in Eurem Hause. Darf ich Euch beglückwünschen ...

BÉJART Was heißt hier beglückwünschen ... Wißt Ihr, was passiert ist? Diese Furie hat den Dolmetscher des Großtürken geohrfeigt, und nach der Hochzeit wird es Krieg mit der Türkei geben.

BRINDAVOINE Da besteht kein Zweifel.

COVIELLE Nichts wird es geben. Ich verzeihe ihr die Ohrfeige. *Zu Hubert, leise* Gnädige Frau, ich bin Covielle, und das ist Cléonte.

HUBERT Meiner Treu! Ich bin einverstanden, gib deine Tochter dem Großtürken!

BÉJART Oh, der Herrgott hat Eure Bitten erhört, Euer Hoheit, und hat sie mit Weisheit gesegnet.

COVIELLE Herr Notarius, ans Werk!

NOTARIUS Ja, in der Tat, alles ist ganz von selbst in Ordnung gekommen! Der Name der Eheschließenden …

BÉJART Der Herr Sohn des Großtürken einerseits …

NOTARIUS Verzeihung, des Großtürken?

COVIELLE *leise* Er macht bloß Spaß. Schreibt: Cléonte einerseits und Lucile Jourdain andererseits.

NOTARIUS Aha, das ist etwas anderes. *Schreibt.*

COVIELLE *zum Notarius* Zweiter Kontrakt: Der Diener Covielle einerseits und die Dienerin Nicole andererseits. *Zu Béjart* Gnädiger Herr, ich muß Euch gestehen, ich bin in Eure Dienerin verliebt.

BÉJART Um Himmels willen, mein Herr, in dieses Luder! Wenn es Euch derart pressiert, so ehelicht doch meine Frau, dann könnt Ihr in der Türkei herrlich und in Freuden leben!

COVIELLE Nein, gnädiger Herr, ich wage nicht, Euch Euer Glück zu rauben.

BÉJART Eure Sache, mein Herr. Meine Herrschaften, möchte nicht jemand von Euch meine Gattin heiraten? Ich gebe sie frei. Na, wo der Notarius einmal hier ist? Herr Philosoph, mögt Ihr nicht? Ihr werdet ohnehin nur glauben, mit ihr verheiratet zu sein.

DU CROISY Wozu? Glaubt Ihr es lieber auch weiterhin.

LA THORILLIÈRE Ach was, zur Gesellschaft! Dorimène, seid Ihr einverstanden?

MADAME DE BRIE Ja, lieber Dorante.

COVIELLE *zum Notarius* Na also. Einerseits … andererseits … *Der Notarius schreibt.*

BÉJART Wie denn das? Ihr … sie … mein Ring …

LA THORILLIÈRE Herr Jourdain, lohnt es für einen reichen Mann wie Euch, von so einer Kleinigkeit zu reden? Der Ring soll das Hochzeitsgeschenk für meine bezaubernde Gattin sein.

BÉJART Bel men.

COVIELLE So hat ja alles ein glückliches Ende gefunden! *Nimmt den Turban ab.* Gnädiger Herr!

LA GRANGE *nimmt den Turban ab* Mein Herr, verzeiht uns die Maskerade, zu der wir Zuflucht nehmen mußten, um glücklich liebende Herzen zu vereinen. Ja, mein Herr, ich bin Cléonte, aber ich hoffe, mein Herr, Ihr werdet Euch angesichts des glücklichen Antlitzes Eurer Tochter mit uns aussöhnen!

BÉJART Was ist das! Eine Laterne! *Schaut genau hin.* Covielle! Cléonte! Mein Gott! Was ist denn das? Ich sehe Gespenster! Marababa sahem! Axiam krok soler! Seid Ihr Türken oder nicht? *Reißt dem Musikmeister den Turban ab.* Der Musikmeister! *Reißt dem Tanzmeister den Turban ab.* Der Tanzmeister! Was geht hier vor? Ich glaube an gar nichts mehr! An gar nichts!

LEHRER, SCHAUSPIELER *im Chor* Wir gratulieren Euch, Herr Jourdain, und wünschen den Jungvermählten Glück! *Musik dröhnt los.*

HUBERT Komm endlich zu mir, mein teurer Eheliebster, dann können wir süß und friedlich weiterleben wie vor deinen Verrücktheiten.

MADAME MOLIÈRE *wirft sich Béjart in die Arme* Vater, ich bin glücklich!

BÉJART Nein, nein! Alles auf der Welt ist Betrug! *Zu Hubert* Ich glaube nicht, daß du meine Frau bist! *Reißt Hubert die Frauenkleider herunter.* Natürlich nicht, Hubert ist es! Tatsächlich, ich verliere noch den Verstand! Haltet mich fest!

ALLE Beruhigt Euch, Herr Jourdain.

BÉJART Der Philosoph zu mir! Er ist mein einziger Freund, er soll mich trösten.
Du Croisy tritt zu Béjart.
Herr Pancrace, sagt mir etwas Angenehmes!

DU CROISY Mit Vergnügen. Das Stück ist zu Ende!

BÉJART *legt das Kostüm ab, wirft den schwarzen Umhang über und nimmt die Laterne* Ihr könnt gehen. *Zum Orchester* Meister, den Finalemarsch!
Musik. Sämtliche handelnden Personen versinken in den Fußboden. Der Vorhang schließt sich.

wickelt sich fester in den Umhang, steht in der Vorhangöffnung
Jetzt wird mich hoffentlich niemand mehr zurück-
halten. Gott sei Dank, der Tag ist zu Ende. Die Lichter
sind erloschen. Auf zum Alten Taubenschlag, wo mein
geliebter duftender Muskateller wartet. A-la-la-la ...
Unter Musikbegleitung ab.

Ende

1932

Don Quijote

Stück nach Cervantes
in vier Akten und neun Bildern

Personen

Alonso Quijano, genannt Don Quijote von La Mancha · Antonia, seine
Nichte · Haushälterin Don Quijotes · Sancho Pansa, Waffenträger
Don Quijotes · Pedro Perez, Dorfpfarrer, Lizentiat · Nicolas, Dorfbarbier ·
Aldonsa Lorenzo, Bäuerin · Simson Carrasco, Bakkalaureus · Palomeque
der Linkshänder, Schenkwirt · Maritorne, Magd in der Schenke · Eseltreiber · Tenorio Hernandez/Pedro Martinez, Logiergäste Palomeques ·
Diener Martinez' · Knecht in der Schenke · Herzog · Herzogin · Beichtvater des Herzogs · Haushofmeister des Herzogs · Doktor Aguero · Dueña
Rodriguez · Page des Herzogs · Schweinetreiber · Frau · Erster und Zweiter Greis, Erster und Zweiter Mönch · Erster und Zweiter Diener, Pferdetreiber, Gefolge des Herzogs

Die Handlung spielt gegen Ende des XVI. Jahrhunderts in Spanien.

Erster Akt

Erstes Bild

Ein Sommerabend. Der Hof des Hauses Don Quijotes mit Pferde-
stall, Brunnen, einer Bank und zwei Pforten; die eine, im Hin-
tergrund, führt zur Straße, die andere, seitlich, ins Dorf. Man
sieht überdies das Innere des Hauses. Im Zimmer Don Quijotes
ein großes Bett mit Bettvorhang, ein Sessel, ein Tisch, eine alte
Ritterrüstung und eine Unmenge Bücher.

NICOLAS *erscheint mit Barbiergerät auf dem Hof* Señora Haushälterin! Nicht da? *Geht zum Haus, klopft.* Señor Quijano,
darf ich eintreten? Señor Quijano! Scheint niemand
dazusein. *Betritt Don Quijotes Zimmer.* Señora Nichte!
Wo stecken die bloß alle? Er hat mich doch zum Haar-
schneiden bestellt! Na schön, warte ich eben, habe
sowieso keine Eile. *Stellt das Barbierbecken auf den Tisch,*
betrachtet die Rüstung. Nun sage einer an, das ist ein
Ding! Wo mag er die herhaben? Ah, weiß schon, den
Harnisch hat er vom Boden geholt. Komischer Kauz!
Setzt sich, nimmt ein Buch vom Tisch, liest »Spie-gel der Rit-
ter-schaft« ... Hm ... Unbegreiflich, daß er so auf diese
Ritter versessen ist.

DON QUIJOTE *hinter der Bühne* Bernardo del Carpio! Bernardo del Carpio!

NICOLAS Das ist doch seine Stimme? Sie ist es. Er kommt.
Lehnt sich zum Fenster hinaus.

DON QUIJOTE *hinter der Bühne* Der große Bernardo del Carpio erwürgte in Roncesvalles den verzauberten Don Roldan!

NICOLAS *im Fenster* Was faselt er da?

DON QUIJOTE *erscheint durch die Pforte im Hintergrund, in der einen Hand ein Buch, in der anderen ein Schwert* Ach, wenn es doch mir, dem Ritter Don Quijote von La Mancha, zur Strafe für meine Todsünden oder zur Belohnung für das Gute, das ich in meinem Leben vollbracht habe, beschieden wäre, endlich dem zu begegnen, den ich suche! Ach!

NICOLAS Don Quijote? Hehe, mit dem scheint's nicht ganz zu stimmen!

DON QUIJOTE Ja, träfe ich doch meinen Feind, den Riesen Brandabarbaran mit der Schlangenhaut ...

NICOLAS Brandabar... Ist unser Hidalgo endgültig übergeschnappt?

DON QUIJOTE ... ich würde Bernardos Beispiel folgen, den Riesen hochheben und in der Luft erwürgen! *Wirft das Buch weg und hackt mit dem Schwert durch die Luft.*

NICOLAS Gerechter Himmel!

Don Quijote kommt ins Haus, Nicolas versteckt sich hinter der Ritterrüstung.

DON QUIJOTE Ist hier jemand? Wer ist da?

NICOLAS Ich bin's, mein liebwerter Señor Quijano, ich bin's.

DON QUIJOTE Ah, endlich schenkt mir das Schicksal das Glück, dich zu treffen, mein blutiger Feind! Komm hervor, versteck dich nicht im Schatten!

NICOLAS Erbarmt Euch, Señor Quijano, was redet Ihr da! Wieso bin ich Euer Feind?

DON QUIJOTE Verstelle dich nicht, dein Zauber verliert vor mir seine Kraft! Ich erkenne dich: Du bist der tückische Zauberer Freston!

NICOLAS Señor Alonso, kommt zu Euch, ich flehe Euch an! Betrachtet doch mein Gesicht, ich bin kein Zauberer, ich bin der Barbier, Euer treuer Freund und Gevatter Nicolas!

DON QUIJOTE Du lügst!

206

NICOLAS Erbarmen!

DON QUIJOTE Komm heraus, und kämpfe mit mir!

NICOLAS O weh mir, er hört nicht auf mich! Señor Alonso, besinnt Euch! Ihr habt einen Christenmenschen vor Euch und keinen Zauberer! Steckt Euer furchtbares Schwert weg, Señor!

DON QUIJOTE Wappne dich, und komm heraus!

NICOLAS Hilf mir, mein Schutzengel! *Springt zum Fenster hinaus und flieht durch die Seitenpforte.*

Don Quijote beruhigt sich, setzt sich hin und schlägt das Buch auf. Hinterm Zaun geht jemand vorüber, Saitenklänge ertönen, und ein schwerer Baß singt:

Ach, deiner Schönheit Schimmer strahlet
Noch heller als das Sonnenlicht!
Wo bist du nur, meine Señora,
Oder hast du vergessen mich?

ALDONSA *betritt den Hof mit einem Korb in der Hand* Señora Haushälterin! Señora Haushälterin!

DON QUIJOTE Wessen Stimme höre ich? Narrt mich schon wieder ein Zauber? Sie ist es!

ALDONSA Señora Haushälterin, seid Ihr zu Hause? *Läßt den Korb im Hof, geht zum Haus, klopft.*

DON QUIJOTE Ist sie es, die da klopft? Nein, es ist der Schlag meines Herzens!

ALDONSA *tritt ein* Ach! Verzeiht, ehrenwerter Señor, ich habe nicht gewußt, daß Ihr hier seid. Ich bin's, Aldonsa Lorenzo. Ist Eure Haushälterin nicht da? Ich habe gepökeltes Schweinefleisch gebracht. Es ist unten in der Küche.

DON QUIJOTE Ihr seid zur rechten Zeit gekommen, Señora. Ich ziehe aus, um den Riesen Caraculiambro zu treffen, den Bezwinger der Insel Malindrania. Ich will ihn besiegen und zu Euch schicken, damit er vor Euch auf die Knie falle und Euch bitte, nach Eurem Willen über ihn zu verfügen.

ALDONSA Ach, gnädiger Herr, was redet Ihr da, Gott behüte!

DON QUIJOTE Er soll Euch erzählen, wie der Zweikampf mit Don Quijote von La Mancha vonstatten ging. Wisset, Hartherzige, dieser Don Quijote steht vor Euch!

ALDONSA Señor Quijano, warum fallt Ihr vor mir auf die Knie? Was soll ich bloß machen …

DON QUIJOTE Caraculiambro wird Euch erzählen, wie es war. So war es … *Nimmt das Buch und liest vor* »Kaum hatte der feuerrote Apollo die güldenen Fäden seines Haupthaares über die Erde verbreitet und die rosige Aurora sich vom Pfühl ihres eifersüchtigen Gemahls erhoben …«

ALDONSA Hört auf, Señor, ich bitte Euch! Ich bin nur ein einfaches Mädchen, aber auch für mich schickt es sich nicht, solche Reden anzuhören.

DON QUIJOTE *liest vor* »… da bestieg Don Belianis sein Pferd und machte sich auf den Weg …« *Nimmt sein Schwert.*

ALDONSA Ich laufe und sage der Haushälterin Bescheid. *Verschwindet lautlos.*

DON QUIJOTE Ich ersetze den Namen Belianis durch Don Quijote. Don Quijote ritt Qualen und Gefahren entgegen mit dem einzigen Gedanken an Euch, meine Gebieterin, Dulcinea von Toboso! *Blickt sich um.* Sie ist weg! Erloschen ist der glänzende Strahl! Hat mich etwa eine Vision heimgesucht? Warum, warum nur lockst du mich erst und verläßt mich dann? Wer hat dich geraubt? Wieder bin ich allein, und düstere Zauberschatten umringen mich. Hinweg! Ich fürchte euch nicht! *Hackt mit dem Schwert durch die Luft, beruhigt sich dann, nimmt das Buch, setzt sich, liest, murmelt etwas. Dämmerung. Hinterm Zaun ertönt ein leiser, geheimnisvoller Pfiff. Überm Zaun zeigt sich der Kopf Sancho Pansas. Sancho pfeift noch einmal, dann verschwindet sein Kopf. Sancho betritt den Hof und führt einen grauen Esel mit sich, beladen mit Bündeln und einem Weinschlauch. Er bindet den Esel an, sieht sich unruhig um, steigt die Treppe hinauf und betritt Don Quijotes Zimmer, nachdem er abermals gepfiffen hat.*

SANCHO Gnädiger Herr …

DON QUIJOTE Ah! Da bist du ja wieder, hartnäckiger Zauberer! Diesmal entgehst du mir nicht! Ergib dich!

SANCHO *niederkniend* Ich ergebe mich.

DON QUIJOTE *setzt Sancho die Schneide des Schwertes an die Stirn* Endlich bist du in meiner Gewalt, abscheulicher Zauberer!

SANCHO Señor! Reibt Euch die Augen, ehe Ihr mir die meinen ausstecht! Ich ergebe mich, zweimal und dreimal. Ich ergebe mich endgültig, unwiderruflich, ein für allemal. Seht doch mich armen Sünder endlich an! Was zum Teufel bin ich für ein Zauberer? Ich bin Sancho Pansa!

DON QUIJOTE Was ist das? Diese Stimme kommt mir bekannt vor. Lügst du auch nicht? Bist du es wirklich, mein Freund?

SANCHO Ja, Señor, ich bin's!

DON QUIJOTE Warum hast du nicht das vereinbarte Signal gegeben?

SANCHO Gnädiger Herr, ich habe es dreimal gegeben, aber der verfluchte Zauberer hatte Euch die Ohren verstopft. Ich habe gepfiffen, gnädiger Herr!

DON QUIJOTE Du bist um Haaresbreite dem Tode entgangen! Gut, daß dir eingefallen ist, dich zu ergeben. Du hast gehandelt wie ein Weiser, der wohl begreift, daß auch der Tapferste sich in verzweifelter Lage für bessere Gelegenheit aufspart.

SANCHO Ich habe sofort erraten, daß ich mich ergeben muß, als Ihr mir mit Euerm vermaledeiten Schwert vor den Augen herumgefuchtelt habt!

DON QUIJOTE Recht so. Aber sage mir, mein Freund, hast du jemals von einem Ritter gelesen, der größeren Mut besessen hätte als ich?

SANCHO Nein, gnädiger Herr, denn ich kann weder lesen noch schreiben.

DON QUIJOTE Na schön, setz dich, wir werden alles besprechen, solange niemand zu Hause ist. Du nimmst also mein Angebot an, mein Waffenträger zu werden und mich auf meinen Fahrten durch die Welt zu begleiten?

SANCHO Ja, Señor, denn ich hoffe, Ihr werdet Wort halten und mich zum Statthalter der Insel ernennen, die Ihr erobern wollt.

DON QUIJOTE Hege nie Zweifel an einem Wort, das dir ein Ritter gegeben hat. Manche Ritter haben ihren Waffenträger für treue Dienste zum Herrscher eines ganzen Reiches ernannt. Auch ich hoffe, in kurzer Zeit ein solches Reich zu erobern. Da ich seiner nicht bedarf, werde ich es dir schenken. Dann wirst du König, Sancho.

SANCHO Hm … Darüber wird noch sehr lange nachzudenken sein.

DON QUIJOTE Was ficht dich an?

SANCHO Meine Frau, Juana Teresa. Ich fürchte, Euer Gnaden, die Königskrone wird ihr nicht eben günstig zu Gesicht stehen. Mag sie schlicht Statthalterin werden, und gebe Gott, daß sie damit fertig wird.

DON QUIJOTE Verlaß dich in allem auf den Willen der Vorsehung, Sancho, erniedrige dich nie, und wünsche dir nie weniger, als du wert bist.

SANCHO Trotzdem muß ich nicht gleich König werden. Mit dem Statthalterposten bin ich einverstanden.

DON QUIJOTE Ausgezeichnet. Wir sind uns in allem einig, und es wird höchste Zeit loszureiten, insgeheim, solange niemand da ist.

SANCHO Richtig, gnädiger Herr, denn Eure Haushälterin … Offen gesagt, ich fürchte dieses Frauenzimmer wie das Feuer!

DON QUIJOTE Hilf mir die Rüstung anlegen.

Sancho hilft Don Quijote.

Schau her, was für einen Helm ich mir angefertigt habe.

SANCHO Wird er denn fest genug sein, gnädiger Herr?

DON QUIJOTE Ach, du Kleingläubiger! Wir wollen ihn erproben. Setz ihn auf, und ich werde dir einen Schlag versetzen, so kräftig, wie ich nur kann, dann wirst du sehen, was er wert ist.

SANCHO Sehr wohl, Euer Gnaden. *Setzt den Helm auf.*

Don Quijote nimmt sein Schwert.

Halt, gnädiger Herr! Ich habe plötzlich eine üble Vorahnung. Laßt uns ihn lieber auf dem Tisch erproben. *Legt den Helm auf den Tisch.*

DON QUIJOTE Deine Feigheit erheitert mich. Schau her! *Schlägt mit dem Schwert zu, der Helm zerspringt in Stücke.*

SANCHO Dem Himmel sei Dank, daß mein Kopf nicht darin war!

DON QUIJOTE Ach, das ist ein schlimmes Unglück! Ohne Helm kann ich nicht losreiten.

SANCHO Señor, lieber ohne Helm als mit so einem.

DON QUIJOTE Was sollen wir tun? Ach, ich bin untröstlich. Da, Sancho, schau mal! *Zeigt auf das Barbierbecken.* Nicht umsonst heißt es, wenn das Schicksal eine Tür versperre, so öffne es alsbald eine andere. O Freude! Der feige Freston hat bei seiner Flucht den Helm vergessen!

SANCHO Señor, das ist ein Barbierbecken, oder ich will nicht meines Vaters Sohn sein!

DON QUIJOTE Der Zauberer hat dir Staub in die Augen geschüttet. Schau her, überzeuge dich! *Stülpt sich das Becken auf den Kopf.* Das ist der Helm des Sarazenenkönigs Mambrino.

SANCHO Sieht aber einem Barbierbecken ähnlich wie ein Ei dem anderen.

DON QUIJOTE Du bist blind!

SANCHO Wie Ihr meint, Euer Gnaden.

DON QUIJOTE Nun ist alles fertig. Du hast nicht mehr den friedfertigen Hidalgo Alonso Quijano vor dir, den man den Gutmütigen nennt. Ich lege mir einen neuen Namen zu – Don Quijote von La Mancha!

SANCHO Sehr wohl, gnädiger Herr!

DON QUIJOTE Und da ein Ritter, der keine Herzensdame hat, einem unbelaubten Baume gleicht, erwähle ich zu meiner Dame die schönste aller Frauen, die Prinzessin Dulcinea von Toboso. Du hast sie sicherlich unter dem Namen Aldonsa Lorenzo gekannt.

SANCHO Freilich kenne ich sie, Señor! Aber Ihr solltet sie nicht Prinzessin nennen, sie ist eine einfache Bäuerin.

Ein herzliebes Mädchen, Señor, und so kräftig, daß es eine Freude ist, sie anzuschauen. Sie könnte jeden Ritter mit einem Ruck am Bart aus dem Schmutz ziehen.

DON QUIJOTE Hör auf, unerträglicher Schwätzer! Mag Dulcinea in deinen Augen keine edle Dame, sondern eine Bäuerin sein. Hauptsache, sie ist für mich besser, reiner und schöner als alle Prinzessinnen. Ach, Sancho, ich liebe sie, und allein damit stellt sie Diana in den Schatten. Ich liebe sie, darum ist sie in meinen Augen weiß wie Schnee, darum gleicht ihre Stirn den elysäischen Gefilden und ihre Braue dem Regenbogen am Himmel! O einfältiger Waffenträger! Ein Poet und Ritter liebt und preist kein Wesen aus Fleisch und Blut, sondern ein Geschöpf seiner unermüdlichen Phantasie! Ich liebe sie so, wie sie mir im Traum erschienen ist! Ich liebe mein Ideal, o Sancho! Hast du mich endlich verstanden? Oder kennst du das Wort »Ideal« nicht?

SANCHO Ich kenne es nicht, aber ich habe Euch verstanden, Señor. Ich sehe jetzt, daß Ihr recht habt und ich ein Esel bin. Ja, Ihr habt recht, Ritter von der traurigen Gestalt.

DON QUIJOTE Wie? Was hast du da gesagt?

SANCHO Ritter von der traurigen Gestalt. Nehmt es mir nicht übel, gnädiger Herr.

DON QUIJOTE Warum hast du diese Worte gesprochen?

SANCHO Ich habe Euch im Mondlicht beobachtet, Ihr habt so ein trauriges Gesicht, wie ich es noch nie gesehen habe. Vielleicht seid Ihr in Kämpfen ermüdet, oder es kommt daher, daß Euch rechts und vorn ein paar Zähne fehlen. Wer hat sie Euch ausgeschlagen, Señor?

DON QUIJOTE Unwichtig! Interessant aber ist, daß dir plötzlich Weisheit zugeflogen ist und dir diese Worte in den Mund gelegt hat. So wisse denn, ich werde mich von nun an so nennen und auch eine traurige Gestalt auf meinem Schilde abbilden lassen.

SANCHO Wozu wollt Ihr dafür Geld ausgeben, Señor? Ihr braucht doch nur Euer Gesicht zu zeigen, dann erkennt ein jeder sogleich, wer vor ihm steht.

DON QUIJOTE Oho! Unter deinem dümmlichen Äußeren
versteckt sich ein Stichler! Nun gut, so will ich denn der
Ritter von der traurigen Gestalt sein, ich nehme diese
Benennung mit Stolz an. Aber dieser traurige Ritter ist
dazu geboren, unser unglückliches eisernes Zeitalter in
ein goldenes zu verwandeln! Nöte und Gefahren sind
mir beschieden, aber auch große Heldentaten! Laß uns
vorwärts schreiten, Sancho, und die ruhmreichen Ritter
der Tafelrunde wiedererwecken! Durcheilen wir die
Welt, um die Kränkungen zu rächen, die Schwache und
Hilflose von Starken und Grausamen erfuhren, um
für die geschändete Ehre zu streiten, um der Welt die
unwiederbringlich verlorene Gerechtigkeit zurückzu-
geben!

SANCHO Ach, Señor Ritter, wie schön, wenn das in Erfüllung ginge! Allein ich habe oft schon gehört, daß
mancher nach Wolle geht und geschoren nach Hause
kommt.

DON QUIJOTE Nein, verwirre mir nicht die Seele mit deinen
Sprüchen. Ich will nicht von Zweifeln gequält werden!
Laß uns eilen, Sancho, solange die Hausgenossen nicht
da sind.
Sie treten in den Hof.
Gleich wirst du mein Roß erblicken. Es ist nicht schlech-
ter als Bucephalus, den Alexander von Mazedonien ritt.
Öffnet die Stalltür.
Ich habe es Rosinante getauft.

SANCHO *betrachtet Rosinante* Wer war dieser Alexander, Euer
Gnaden?

DON QUIJOTE Das erzähle ich dir unterwegs. Laß uns eilen.
Aber worauf wirst du denn reiten?

SANCHO Auf meinem Eselchen, Euer Gnaden.

DON QUIJOTE Äh ... Ich habe noch nie gelesen, daß Waffenträger auf Eseln geritten wären.

SANCHO Es ist ein schöner, kräftiger Esel, gnädiger Herr.

DON QUIJOTE Da kann man nichts machen, also reiten
wir! Leb wohl, mein friedliches Heimatdorf, leb wohl!

Vorwärts, Sancho, der Mond beleuchtet unseren Weg, und gegen Morgen werden wir schon weit sein. Vorwärts!

SANCHO Vorwärts! Los!

Sie reiten davon.

Zweites Bild

Ein Sommermorgen. Eine Wegkreuzung. Auf der einen Seite Wald, auf der anderen ein Feld. Man sieht die Flügel einer Windmühle. Don Quijote und Sancho kommen angeritten und machen halt.

DON QUIJOTE Da sind wir nun auf einem Kreuzweg, Sancho. Ich bin gewiß, wir werden hier mit vollen Händen aus dem See der Abenteuer schöpfen. *Schaut in die Ferne. Sancho steigt vom Esel und bindet ihn abseits des Weges an.*

Das Schicksal ist uns wohlgesinnt. Sieh doch, Sancho!

SANCHO Ich sehe nichts, Señor.

DON QUIJOTE Bist du blind? Warum wunderst du dich gar nicht? Vor uns steht eine Reihe Riesen mit überlangen Knochenarmen!

SANCHO Erbarmt Euch, Señor, das sind doch Windmühlen!

DON QUIJOTE Wie wenig bist du doch in Ritterabenteuern bewandert. Böse Riesen und Zauberer sind das, und ich werde sogleich gegen sie in den Streit ziehen! Ausrotten werde ich die üble Brut!

Die Windmühlenflügel beginnen sich zu drehen.

Ihr schreckt mich nicht, und wenn ihr noch mehr Arme hättet als der Riese Briareus! Haltet ein, ihr gemeinen Kreaturen! Nur ein Ritter steht gegen euch, aber der ist mehr wert als ihr alle!

SANCHO Besinnt Euch, gnädiger Herr, was habt Ihr vor?

DON QUIJOTE Ah, du hast Angst! So warte hier unter den Bäumen und bete! Vorwärts im Namen der schönen und

214

grausamen Gebieterin meines Herzens, Dulcinea von Toboso!

Gibt Rosinante die Sporen und reitet los.

SANCHO Señor, wartet! Wo wollt Ihr hin? *Kniet nieder.* O Gott, was macht mein Herr? Ihr himmlischen Mächte, er rennt mit der Lanze gegen die Flügel an! Señor! Halt! Da, schon reißt es ihn hoch! Lieber Gott, erbarme dich unserer Sünden!

Hinter der Bühne ein schwerer Schlag. Das Barbierbecken kullert auf die Bühne, dann fallen Lanzentrümmer zu Boden, und schließlich stürzt Don Quijote nieder und bleibt reglos liegen.

Ich hab's ja gewußt! Friede seiner Seele! So schnell ist es vorbei mit unseren Abenteuern! Ach, wenn ich daran denke, wie wir gestern abend frisch und munter losgeritten sind, voll von Hoffnungen! Nun habe ich nicht einmal die Geschichte von dem wunderbaren Pferd Alexanders zu Ende gehört, und mein ehrenwerter Herr ist mit gebrochenen Rippen ins Jenseits geflogen! Ach, ach, ach! *Nimmt den Weinschlauch vom Esel herunter, setzt sich neben Don Quijote, trinkt Wein.* Wie schaffe ich ihn bloß nach Hause? Ich muß ihn quer über den Sattel legen. Aber über welchen? *Schaut in die Ferne.* Das arme Pferd liegt da wie ein Sack Gerste. Ich muß ihn auf den Esel legen. Mein armer Freund, noch nie hast du eine so traurige Last getragen.

Don Quijote stöhnt.

Wer stöhnt hier? Mein Herr kann nicht stöhnen, er ist tot. Habe ich etwa selbst vor Kummer gestöhnt? *Trinkt Wein.*

DON QUIJOTE *schwach* Sancho …

SANCHO Was höre ich? Ihr lebt, Señor?

DON QUIJOTE Wenn ich spreche, muß ich wohl leben.

SANCHO Dank dem Himmel, Señor! Ich wollte Euch schon meinem Grauen aufbürden, Euch ins Dorf schaffen und Euch bestatten mit allen Ehren, die Ihr verdient. Der Gedanke, was Eure Haushälterin mir sagen würde, hat mich unendlich gequält, Señor! Nehmt einen Schluck! Ach, gnädiger Herr, ich hatte Euch doch gesagt, es sind Windmühlen!

DON QUIJOTE Urteile niemals über Dinge, von denen du nichts verstehst, Sancho. Wisse, uns erwarten noch viele Hexereien und zauberische Wandlungen. Der verfluchte Zauberer Freston hat die Riesen, als ich dem ersten meine Lanze in den Arm stach, sofort in Windmühlen verwandelt, um mir den Genuß des Sieges zu rauben. Ach, Freston, wie lange wirst du mich noch mit Haß und Neid verfolgen? Bring mir mein Pferd, Sancho.

SANCHO Señor, das vermag nicht einmal Freston. Das arme Tier liegt stocksteif da. Am besten, wir lassen es sich ausruhen; wenn es der Vorsehung gefällt, wird es sich von selbst erheben, und wenn nicht, wird unsere einzige Sorge die sein, ihm die alte Haut abzuziehen und auf dem nächsten Markt zu verkaufen. Ach, gnädiger Herr!

DON QUIJOTE Gib mir meine Lanze.

SANCHO Die wird Euch nicht mehr viel nützen, Euer Gnaden. *Gibt Don Quijote die Bruchstücke.*

DON QUIJOTE Ach, das ist ein schlimmer Verlust! Was ist ein Ritter ohne Lanze? Aber wir werden nicht trauern. Du hast doch sicherlich gelesen …

SANCHO Gnädiger Herr, ich sagte Euch schon …

DON QUIJOTE Ach ja, du kannst ja nicht lesen.

SANCHO So ist es, gnädiger Herr.

DON QUIJOTE Nun, dann will ich dir sagen, daß der kühne Ritter Don Diego Perez de Vargas, als während des Kampfes sein Schwert zersprang, einen gewaltigen Ast von einer Eiche riß und noch am selben Tag so viele Mohren erschlug, daß ihre Leiber sich türmten wie Brennholz auf dem Hinterhof.

SANCHO Wie hieß er, gnädiger Herr?

DON QUIJOTE Don Diego Perez de Vargas. Bring mir einen möglichst schweren Ast, Sancho.

SANCHO Sehr wohl, Señor. *Geht und kehrt mit einem riesigen Ast zurück, an dem er die Lanzenspitze befestigt.* Hier habt Ihr

Eure neue Lanze. Möget Ihr damit nicht weniger Mohren erschlagen als der Don ... Ach, jetzt hab ich den schönen Namen schon wieder vergessen!

DON QUIJOTE Don Diego Perez de Vargas. Er ist aber nicht der einzige, der Mohren erschlug. Der ruhmreiche Rodrigo de Narvaez, Alcalde der Festung Antequera, nahm den Mohren Abinderraez just in dem Augenblick gefangen, als dieser seinen furchtbaren Kampfruf »La ila illa llah!« ausstieß.

SANCHO Ihr hängt ganz schief zur Seite, gnädiger Herr.

DON QUIJOTE Ja, mein Freund, mich plagen gräßliche Schmerzen, und ich klage nur deshalb nicht, weil das Rittern nicht ziemlich ist.

SANCHO Wenn es Euch nicht ziemlich ist, müßt Ihr eben schweigen. Was aber mich betrifft, gnädiger Herr, so werde ich stöhnen und klagen, wenn mir ähnliches widerfährt wie Euch. Oder ist es vielleicht auch für einen Waffenträger nicht ziemlich?

DON QUIJOTE Die Gesetze des Ordens äußern sich nicht dazu.

SANCHO Das freut mich sehr.

DON QUIJOTE Halt, sieh mal! Dort ist Staub auf der Landstraße. Ja, dieser Platz ist günstig für Abenteuer! Aber höre, Sancho: Dein Kampfeseifer mag dich noch so sehr hinreißen, zum Schwerte greifen darfst du nicht, in welch großer Gefahr ich auch immer schweben mag, es sei denn, mich überfallen Leute deinesgleichen.

SANCHO Diesen Befehl braucht Ihr mir nicht zweimal zu geben, gnädiger Herr.

DON QUIJOTE Sieh dorthin! Ich hatte recht. Dort kommen zwei schwarze Gestalten mit Maske und hinter ihnen eine Kutsche. Ich verstehe alles: Die beiden sind Zauberer, und in der Kutsche sitzt eine Prinzessin, die sie geraubt haben!

SANCHO Ich rate Euch, genauer hinzusehen, Señor! Die beiden Schwarzen sind Mönche, hinter ihnen gehen ihre Diener, und von Zauberern ist keine Spur!

DON QUIJOTE Du bist kurzsichtig oder gar blind!

SANCHO Gnädiger Herr, dieses Stücklein wird noch schlimmer als das mit den Windmühlen!

DON QUIJOTE Störe mich nicht! Deine Sache ist es, den Kampf zu beobachten und sodann die reiche Beute einzuheimsen, die uns zufallen wird. *Zwei Mönche erscheinen.* Halt, teuflisches Gesindel! *Sancho versteckt sich hinter einem Baum.* Halt! Gebt der Dame in der Kutsche augenblicklich die Freiheit zurück! Ihr habt die Unglückliche durch Betrug in Gefangenschaft geführt!

ERSTER MÖNCH Was? Wir verstehen nicht, Herr! Welche Dame? Wir sind friedliche Benediktiner, gehen unseres Weges und haben mit der Kutsche nichts zu tun. Sie ist ja schon abgebogen.

DON QUIJOTE Ich glaube Euren trügerischen Worten nicht!

ERSTER MÖNCH Herr, Ihr seid in einem seltsamen Irrtum befangen ...

DON QUIJOTE Schweigt!

SANCHO *hinterm Baum* Schweigt!

DON QUIJOTE Ihr Hinterlistigen werdet sogleich die Kraft meines Schwertes zu spüren bekommen! *Zieht das Schwert.*

ERSTER MÖNCH Hilfe! Diener! Zu Hilfe! Hier sind Räuber! *Läuft davon.*

ZWEITER MÖNCH Zu Hilfe!

DON QUIJOTE *läuft dem Ersten Mönch hinterher* Bleib stehen, gemeine Ausgeburt! Du bist mein, du bist besiegt!

SANCHO *pfeift durchdringend, springt hinterm Baum hervor und stürzt sich auf den Zweiten Mönch* La ila illa llah! Du bist besiegt, du bist mein!

ZWEITER MÖNCH *fällt auf die Knie* O Himmel, schütze mich!

SANCHO Zieh die Kleider aus, verfluchter Perez de Vargas! *Reißt dem Mönch Hut und Maske ab.*

ZWEITER MÖNCH Nehmt alles, doch laßt mir das Leben! *Gibt Sancho seine Kleider.*

Zwei Diener kommen herbeigelaufen.
Beschützt mich! *Läuft davon.*
ERSTER DIENER Was machst du da, verfluchter Buschklep-
per, mitten auf der Landstraße?
ZWEITER DIENER Räuber!
SANCHO Na, na, na, verschwindet, gute Leute, das geht
euch nichts an. Die Beute ist mein, und basta. Wir haben
die Zauberer besiegt, nicht ihr!
ZWEITER DIENER Frecher Landstreicher!
ERSTER DIENER Drauf!
Die Diener stürzen sich mit Knüppeln auf Sancho.
SANCHO Seid ihr toll geworden? Señor, zu Hilfe! Man will
Eurem Waffenträger die Beute rauben!
ERSTER DIENER Spitzbube!
ZWEITER DIENER Da hast du! *Reißt Sancho am Bart.*
Beide Diener prügeln auf ihn ein.
SANCHO Señor! Señor! Señor! La ila illa llah! *Stürzt und*
bleibt reglos liegen.
ZWEITER DIENER Nun weißt du, was es heißt, Wanderer aus-
zuziehen!
Die Diener laufen mit der Kleidung des Mönchs davon.
DON QUIJOTE *eilt herbei* Der Abschaum ist davongelaufen
wie ein Hase im Feld! Was hast du? O Gott, er ist tot! Was
soll ich jetzt machen?
SANCHO Oh …
DON QUIJOTE Du lebst?
SANCHO Wenn ich spreche, muß ich wohl leben, daß mich
der Teufel hole! Und wenn ich noch einmal …
DON QUIJOTE Ach, verdammtes Gedächtnis! Hätte ich nicht
vergessen, vor dem Aufbruch eine Flasche vom Balsam
des Fierabras zu bereiten, so könnten uns keine noch
so schlimmen Wunden schrecken!
SANCHO Was ist das für ein Balsam, gnädiger Herr?
DON QUIJOTE Eine wundertätige Arznei, Sancho. Wenn
du mich in einer Schlacht mitten durchgehauen
siehst – wie dies denn oftmals begegnet bei fahrenden
Rittern –, so ängstige dich nicht. Hebe die beiden Hälf-

ten sauber auf, füge sie sorgfältig und gerecht aneinander und gib mir zwei Schluck von dem genannten Balsam zu trinken, und du wirst sehen, daß ich alsbald gesund bin wie ein Fisch. Solch eine Arznei ist das, Sancho.

SANCHO Gnädiger Herr, den Statthalterposten auf der Insel, den Ihr mir so großmütig versprochen habt, brauche ich nicht. Gebt mir nur das Rezept dieses Balsams.

DON QUIJOTE Keine Sorge, mein Freund, ich werde dir noch erstaunlichere Geheimnisse enthüllen und dich fürs ganze Leben mit Wohltaten überhäufen.

SANCHO Wenn's so ist, Señor, bin ich glücklich, mit Euch geritten zu sein. Auch der Schmerz scheint schon ein bißchen nachzulassen. *Öffnet sein Bündel und holt Mundvorrat heraus.* Wir müssen uns stärken, gnädiger Herr. Aber Ihr werdet meine schlichte Kost verschmähen.

DON QUIJOTE Du hast eine falsche Vorstellung von Rittern, mein Freund. Ritter speisen nur dann gut, wenn zu ihren Ehren ein feierliches Gastmahl veranstaltet wird. Während ihrer Fahrten ernähren sie sich, wie es sich eben trifft, meistens leider nur von Blumen und Träumen.

SANCHO Blumen habe ich nicht, gnädiger Herr, ich habe Brot, Knoblauch, Käse und Eicheln, und ich träume nur davon, das Rezept Eures Balsams zu besitzen. Eßt, Herr.

DON QUIJOTE Setze dich auch, warum stehst du, mein Freund? Worüber sinnst du nach?

SANCHO Ich sinne darüber nach, wie Ihr, ein Ritter, meine schlichte Kost verzehren werdet.

DON QUIJOTE Ich denke an etwas anderes. Du sprichst von deiner Kost. Ich denke an die Zeit, in der es die Worte mein und dein noch nicht gab. Wenn die Menschen so friedlich wie wir jetzt im grünen Gras saßen, teilten sie freigebig untereinander, was ihnen die wohltätige Natur, die ihnen nichts verweigerte, gespendet hatte. Was sollten auch Menschen, die ihre Herden weideten, voreinander verstecken! Klare Quellen schenkten ihnen

Wasser, die Bäume schenkten ihnen Früchte. Man wußte noch nichts vom Geld, von dem aller Lug und Trug, aller Grimm und Eigennutz herrührt, und wenn es diese Zeit auch nie gab, Sancho, so wurde sie doch die Goldene genannt. Ich sagte dir schon, der Traum des fahrenden Ritters ist es, diese strahlende Zeit zu neuem Leben zu erwecken! Ach, Sancho, wäre mir nicht das ruhelose Glück beschieden, ein Ritter zu sein, so möchte ich wohl Hirt werden! Ich würde mich Quijotis und dich Pansino nennen, wir würden über Hügel und Wiesen streifen, Romanzen singen und aus vollem Herzen selig seufzen. Tagsüber würde üppiges Eichenlaub uns vor der glühenden Sonne beschirmen, und des Nachts würden uns die friedlichen Sterne leuchten. Ach, fühlst du nicht, daß nur in solch einem Leben der Mensch sein wahres Glück fände und daß dies sein schönstes Los wäre?

SANCHO Ihr seid ein gelehrter Mann, Señor, und wißt mancherlei Interessantes zu erzählen. Man könnte Euch stundenlang mit gespitzten Ohren zuhören. Aber das Interessanteste ist der Balsam. Vielleicht sagt Ihr mir doch jetzt gleich das Rezept? Sonst gerät das über all den Abenteuern in Vergessenheit.

DON QUIJOTE Und ich hatte gedacht, du sinnst über das Goldene Zeitalter nach! Gedulde dich noch; sobald wir unter einem Dach sind, werde ich den Balsam bereiten und dir sein Geheimnis enthüllen.

In der Ferne hört man Männerstimmen, jemand pfeift ein Liedchen.

DON QUIJOTE Wer mag das sein?

SANCHO *schaut hin* Das sind Pferdetreiber aus dem Yangueser Kreis, Señor. Verwegene Burschen, gnädiger Herr, sie halten immer zusammen, diese Yangueser! Ich glaube, sie kommen vom Markt.

Man hört von weitem Gelächter.

DON QUIJOTE Worüber lacht man dort?

SANCHO Einer von ihnen hat Eure Rosinante angestoßen. Sie lachen über das Pferd, Señor.

DON QUIJOTE Was hast du gesagt? Der Frechling wagt es, eines Ritters Roß anzurühren? Ich gelobe, keine Ruhe zu geben, bis wir dieser Bande von Taugenichtsen eine Lehre erteilt haben!

SANCHO Erbarmt Euch, gnädiger Herr, wie wollen wir denen eine Lehre erteilen? Es sind ihrer mindestens zwanzig, und wir sind nur zwei, genauer gesagt, anderthalb!

DON QUIJOTE Du vergißt, daß ich allein für mehr als hundert stehe!

Drei Pferdetreiber treten auf.

Mut, Sancho, ziehe sie zur Rechenschaft!

SANCHO *zum Ersten Pferdetreiber* Warum hast du ein fremdes Pferd angestoßen?

ERSTER PFERDETREIBER Was für ein Pferd?

DON QUIJOTE Stell dich nicht dumm!

ZWEITER PFERDETREIBER Ach, das da! Das alle viere von sich streckt? Wir dachten, das wäre kein Pferd, sondern ein Skelett.

Auftritt Vierter Pferdetreiber.

DON QUIJOTE Du Kanaille wagst es, über das Pferd des berühmtesten Ritters zu lachen?

SANCHO Ja, Kanaille, gib Rechenschaft: Du wagst es?

ZWEITER PFERDETREIBER Ja, ich wage es.

SANCHO Du wagst es?

PFERDETREIBER Wir wagen es!

Auftritt Fünfter Pferdetreiber.

SANCHO Da hast du! *Gibt dem Zweiten Pferdetreiber eine Ohrfeige.*

ZWEITER PFERDETREIBER Da hast du die Quittung! *Gibt Sancho eine Ohrfeige.*

SANCHO Zu Hilfe, Señor!

DON QUIJOTE *schlägt den Dritten Pferdetreiber mit der Lanze.* Wehrt euch, verächtliches Pack!

DRITTER PFERDETREIBER Zu Hilfe, Jungs!

ERSTER PFERDETREIBER Zu Hilfe, Jungs! Man schlägt unsere Yangueser! *Sechster und Siebenter Pferdetreiber eilen herbei.*

VIERTER PFERDETREIBER *schlägt Sancho* Hierher, Brüder! Man schlägt unsere Yangueser!

FÜNFTER PFERDETREIBER *schlägt Don Quijote* Laßt uns den Unsern helfen, Jungs!

SECHSTER PFERDETREIBER *stürzt sich auf Don Quijote und entreißt ihm die Lanze* Drauf, Jungs!

SIEBENTER PFERDETREIBER *schlägt Sancho* Hierher, Jungs! Man schlägt die Unsern!

Achter Pferdetreiber eilt herbei.

PFERDETREIBER *stürzen sich auf Don Quijote und werfen ihn zu Boden*
Drauf, Jungs!
Sie schlagen Sancho.

SANCHO *versucht sich zu wehren* Zu Hilfe, Señor, man schlägt uns!

VIERTER PFERDETREIBER Wehrt euch, Jungs, man hat uns überfallen!

Die Pferdetreiber prügeln Sancho und Don Quijote windelweich. Neunter, Zehnter und Elfter Pferdetreiber eilen herbei und werfen sich ebenfalls auf Sancho und Don Quijote.

SANCHO Hilfe! Ich hab's Euch ja gesagt, Señor!

DON QUIJOTE *krächzend* Diese Schufte! Sancho, zu Hilfe!

SANCHO Abindarrez ... *Verstummt.*

ZWÖLFTER PFERDETREIBER *eilt herbei* Halt, ihr Verfluchten, haltet ein! Was macht ihr da! Das wird euch teuer zu stehen kommen! Seht doch, die geben keinen Mucks von sich!

ERSTER PFERDETREIBER Halt, ihr Teufel, haltet ein!

ZWEITER PFERDETREIBER Genug, ihr Teufel, haltet ein!

PFERDETREIBER Halt, ihr Teufel, haltet ein, haltet ein!

ERSTER PFERDETREIBER Genug, Jungs! Laßt sie doch, die Raufbolde!

ZWEITER UND DRITTER PFERDETREIBER Wir waren so erschrokken!

ZWEITER PFERDETREIBER Der da hat mir eine Ohrfeige verpaßt!

ERSTER PFERDETREIBER Der Satan soll sie holen, der Satan, wir kriegen bloß Ärger ihretwegen! Weg von hier, Jungs!

PFERDETREIBER Schnell weg!

Alle Pferdetreiber ab. Im Gras bleiben Don Quijote und Sancho unbeweglich liegen. Traurig steht der Esel neben ihnen.

Vorhang
Ende des ersten Aktes

Zweiter Akt

Drittes Bild

Ein Sommerabend. Schenke Palomeques des Linkshänders. Ein Brunnen, ein Tor im Hintergrund, ein offener Schuppen mit löcherigem Dach, zwei Seitengebäude. Aus den Fenstern des einen tönt Gelächter und Gläserklirren, dort speist eine lustige Gesellschaft zu Abend. Maritorne hängt Wäsche auf die Leine.

MARITORNE *singt*
Hier liegt ein toter Schäfer
Voll Blut ist seine Brust.
Erstochen. Wegen Liebe
Hat sterben er gemußt ...

ESELTREIBER Guten Tag, schöne Frau!

MARITORNE Ach, schämst du dich nicht, einen so zu erschrecken? Guten Tag!

ESELTREIBER Guten Tag, Maritorne! Ich habe dich eine Ewigkeit nicht gesehen und mich nach dir gesehnt. Du bist noch schöner geworden!

MARITORNE Ach, hör auf mit deinen Späßen!

ESELTREIBER Ich spaße nicht, meine liebe Maritorne. Komm näher, ich will dir etwas zuflüstern.

MARITORNE Schäm dich!

ESELTREIBER Das ist ein Ding! Woher weißt du denn, was ich dir zuflüstern will?

MARITORNE Unsereins weiß schon, was so geflüstert wird. *Singt* Hier liegt ein toter Schäfer …

ESELTREIBER Hör zu, ich habe die Absicht, heute bei euch zu übernachten. Wenn alles still ist, kommst du mich besuchen.

MARITORNE Ei, da hast du dir ja was ausgedacht! Um nichts auf der Welt! Wo wird dich der Herr unterbringen?

ESELTREIBER Ich werde sehen, daß ich im Schuppen schlafe.

PALOMEQUE *im Seitengebäude* Maritorne! Maritorne!

MARITORNE Laß mich! Du hörst doch, der Wirt ruft!

PALOMEQUE *schaut zum Fenster heraus.* Maritorne! Wo steckt die verdammte Dirne!

MARITORNE Warum schreit Ihr denn so? Hier bin ich, wo sollte ich sonst sein?

PALOMEQUE Was machst du da?

MARITORNE Seht Ihr das nicht? Ich hänge Wäsche auf.

PALOMEQUE Ich weiß schon, von wegen Wäsche! Dich darf man keinen Moment aus den Augen lassen.

ESELTREIBER *tritt hinter der Wäsche hervor* Meinen Gruß, Wirt! Guten Tag, Señor Palomeque!

PALOMEQUE Ah, da haben wir ja schon die Wäsche! So was von Dirne! Nicht zu sagen! Kaum dreht man den Kopf weg, schon fängt sie Liebeshändel an!

ESELTREIBER Nein, Wirt, Ihr scheltet sie zu Unrecht, sie ist ein braves Mädchen. Ich habe eben erst den Hof betreten und noch keine drei Worte zu ihr gesagt.

PALOMEQUE Worte gibt's verschiedene. Manchmal sind drei Worte gefährlicher als eine lange Rede. Diese Schöne ist ja allgemein bekannt.

MARITORNE Schlimm genug, daß die Not meiner Familie mich nötigt, für ein Spottgeld in der Schenke zu dienen.

PALOMEQUE Aber, aber, es reicht, hör auf zu jammern, faules Ding! *Maritorne verschwindet.*
Du willst zu mir?

ESELTREIBER Ja, ich will bei Euch übernachten.

PALOMEQUE Alles besetzt, kein Bett frei. Höchstens im Schuppen. Einverstanden?

ESELTREIBER Da muß ich mich ja mit dem Sternenhimmel zudecken, so löcherig, wie Euer Dach ist.

PALOMEQUE Oh, verzeiht, ehrenwerter Señor! Wenn ich gewußt hätte, daß Ihr uns heute beehrt, hätte ich für Euch einen Palast mit goldenem Dach und Seidendecken bauen lassen. Wenn es dir nicht paßt, dann geh doch und schlafe auf dem Feld. Ich habe dich nicht eingeladen, und ich sage dir, alles ist besetzt.

ESELTREIBER Na schön, schön, dann schlafe ich eben im Schuppen.

PALOMEQUE Da hast du eine Pferdedecke! *Wirft ihm eine Pferdedecke aus dem Fenster.* Leg dich darauf, und du wirst schlafen wie auf einem Daunenpfühl, wie ein König, alle werden dich beneiden.

Der Eseltreiber nimmt die Pferdedecke, geht an Maritorne vorbei und macht ihr geheimnisvolle Zeichen.

MARITORNE *leise* Nicht doch, was soll das! *Singt*
»Ein Messer drang ins Herz ihm,
Und er aus Liebe starb ...«

HERNANDEZ *im Fenster des Seitengebäudes* He, Wirt! Gebt uns noch Wein!

PALOMEQUE Sofort, Señores! *Läuft mit einem Weinschlauch ins Seitengebäude und kehrt dann in seine Räume zurück. Aus dem Seitengebäude hört man Gelächter und Saitenklänge.*

HERNANDEZ *singt im Seitengebäude* »Ach, Marques von Mantua, Mantua, Mantua, mein Oheim und mein Herr!«
Zum Tor herein kommt Sancho, krumm und schief, und führt seinen Esel am Zügel. Quer über dem Esel liegt halbtot Don Quijote. Dahinter folgt lahmend Rosinante, beladen mit der verbeulten Rüstung und der selbstgemachten Lanze. Sanchos Kopf ist mit einem Lappen umwunden, ein Auge ist blau verschwollen und sein Bart zur Hälfte ausgerissen.

SANCHO Dank dem Himmel, wir haben eine Schenke erreicht! O Gott! *Setzt sich auf den Rand des Brunnens.* He, Fräulein, Fräulein! Komm mal her!

MARITORNE Das Ding ist gut! Solche hatten wir noch nicht!

SANCHO *zu Don Quijote* Kommt zu Euch, Señor, wir haben die Schenke erreicht!

DON QUIJOTE Was?

SANCHO Setzt Euch aufrecht, gnädiger Herr, sonst seht Ihr aus wie ein Sack Dung. Wir sind in der Schenke angekommen.

DON QUIJOTE Was sagst du, Sancho? In einem Schloß sind wir angekommen? Warte, sogleich wird ein Zwerg erscheinen und trompeten, man wird die Brücke herunterlassen, und wir werden einziehen.

SANCHO Wo sollen hier Brücken und Zwerge herkommen, Señor! Besinnt Euch!

Man hört einen Schweinehirten ins Horn stoßen.

DON QUIJOTE Hörst du die Trompete, kleingläubiger Waffenträger? Das ist das Begrüßungssignal. *Steigt ächzend vom Esel.*

MARITORNE Das wird ein Gaudium!

DON QUIJOTE *zu Maritorne* O schönste Señora! Erlaubt mir, mich Euch vorzustellen. Ich bin der fahrende Ritter Don Quijote von La Mancha, den die Fama Ritter von der traurigen Gestalt nennt. Ich bin jener Ritter, dessen Heldentaten die des Brennenden Schwertes und des Reinald von Montalban, der das goldene Bildnis Mahomeds raubte, in den Schatten stellen! Euer gehorsamster Diener!

MARITORNE Ach, ich bin Euch zutiefst dankbar, Caballero! *Zu Sancho* Er spricht so süß, so schön, aber so absonderlich, so absonderlich, daß man rein gar nichts begreift!

ESELTREIBER *blickt aus dem Schuppen* Na, diese räudige Ratte will sich doch nicht etwa an Maritorne heranmachen?

MARITORNE *zu Sancho* Ist er etwa ein Grieche?

SANCHO Jaja, nur bring uns unter, Mädchen, damit wir hier übernachten können.

MARITORNE Wirt! Wirt!

PALOMEQUE *blickt aus dem Fenster* Was willst du?

MARITORNE Hier sind neue Gäste.

PALOMEQUE *starrt Don Quijote mit weit aufgerissenen Augen an und kommt dann heraus* Womit kann ich dienen?

DON QUIJOTE Señor Kastellan, Ihr seht vor Euch einen Ritter vom Orden der Fahrenden und seinen Waffenträger.

PALOMEQUE Was sagt Ihr da? Orden?

DON QUIJOTE Wir wären Euch außerordentlich verbunden, wenn Ihr uns über Nacht in Eurem Kastell beherbergtet.

PALOMEQUE Señor Caballero, ich stehe Euch mit allem zur Verfügung außer mit Zimmer und Bett, denn es ist nichts frei.

DON QUIJOTE Wir sind mit wenigem zufrieden, denn des Ritters Ruhe ist die Schlacht, sein Schmuck die Waffe und sein Bett der harte Fels.

ESELTREIBER O Gott, was der für einen Schwulst daherredet, daß ihn der Teufel hole!

PALOMEQUE Na, wenn's so ist, gnädiger Herr, werdet Ihr keinen besseren Platz finden als meinen Schuppen.

ESELTREIBER Teufel, Wirt, den Schuppen habt Ihr doch mir gegeben.

PALOMEQUE Dort ist auch für drei Platz genug. *Zu Don Quijote* Wo hat man Euch denn so zugerichtet, gnädiger Herr?

SANCHO Er ist von einem Felsen gefallen.

MARITORNE Von was für einem Felsen? Bei uns gibt es doch gar keine Felsen.

SANCHO Wenn ich sage, er ist von einem Felsen gefallen, muß es ja irgendwo einen geben.

PALOMEQUE *zu Sancho* Du bist wohl auch von einem Felsen gepurzelt?

SANCHO Ja, ich auch. Das heißt, ich bin nicht gefallen, sondern als ich ihn fallen sah, hatte ich selber das Gefühl, ganz zerschlagen zu sein.

MARITORNE Ja, das kommt vor! Ich träume auch manchmal, daß ich falle, und wenn ich aufwache, fühle ich mich ganz zerschlagen.

PALOMEQUE Wir wissen schon, wovon du träumst, brauchst gar nicht darüber zu reden. He!

Der Knecht eilt herbei.

Bring das Pferd und den Esel in den Stall.

DON QUIJOTE Ich bitte Euch ergebenst, gut für mein Pferd zu sorgen, Señor Kastellan, denn es ist das beste Reitpferd, das je auf Erden gelebt hat.

ESELTREIBER Das da? *Macht Palomeque Zeichen, daß Don Quijote nicht richtig im Kopf ist.*

Der Knecht führt den Esel und Rosinante weg.

SANCHO *zu Don Quijote* Ihr solltet ihnen von Alexander erzählen, Señor, sonst glauben sie Euch nicht. Wir wollen in den Schuppen gehen. *Führt Don Quijote in den Schuppen.*

Alle verlassen den Hof.

Was meint Ihr, Señor, wieviel Zeit wird vergehen, bis wir die Beine wieder bewegen können, von Gehen gar nicht zu reden?

DON QUIJOTE Ich gestehe, an allem, was geschehen ist, bin ich selber schuld. Ich hätte keinesfalls das Schwert gegen Menschen erheben dürfen, die nicht dem Ritterstande angehören. Wenn uns wieder einmal eine Bande überfällt wie heute, werden wir es so machen: Ich ergreife gar nicht erst mein Schwert, sondern du ziehst das deine und schlägst erbarmungslos drein. Erst wenn Ritter eingreifen, trete ich auf den Plan und werde dich wohl zu verteidigen wissen. Ist der Gedanke gut?

SANCHO Sehr gut, Señor, daß mich der Blitz erschlage! Gnädiger Herr, erstens bin ich ein friedlicher, stiller, sanfter, ruhiger, gutmütiger und verträglicher Mensch. Zweitens habe ich kein Schwert, was mich sehr freut, und drittens werde ich es weder gegen einen Menschen einfachen Standes noch gegen einen Edelmann ziehen, weder gegen einen Bauern noch gegen einen Ritter, weder gegen einen Ziegenhirten noch gegen einen Schweinehirten, weder gegen den Teufel noch gegen den Satan!

DON QUIJOTE Schade, daß ich vor Schmerz nicht genug Luft habe, sonst würde ich dir gebührend antworten. Aber eines kann ich dir sagen – mit deiner Friedensliebe solltest du der Hirt Pansino werden und nicht eine Insel regieren. Du wirst es mit Feinden zu tun haben, und dazu braucht es Mut. Unglücklicher! Begreife, daß Stürme wie der heutige untrennbar mit unserem Stande verbunden sind, der ohne sie jeglichen Reiz verlöre.

SANCHO Sagt mir nur eines, Señor: Werden solche Ernten, wie wir sie heute eingeheimst haben, einander pausenlos folgen oder wenigstens mit einigen Abständen? Sonst sind wir am Ende nach zwei Ernten unfähig, die dritte einzubringen.

DON QUIJOTE Vergiß das Leid, das uns ereilt hat, Sancho. Keine Erinnerung hält der Zeit stand, und keinen Schmerz gibt es, der nicht vom Tode geheilt würde. Wir werden nunmehr den Balsam des Fierabras bereiten.

SANCHO *lebhafter* Was wird dazu gebraucht, gnädiger Herr? He, Fräulein!

MARITORNE Was wollt Ihr?

SANCHO Hör zu, Herzblatt, wir werden jetzt Balsam zubereiten.

MARITORNE Was für einen Balsam?

SANCHO Einen Zauberbalsam, mein Goldstück! Verstehst du, wenn einer beim Kampf in zwei Hälften gehackt wird, oho, dann gibst du ihm davon zu trinken, und schon drischt er auf die Mohren los!

MARITORNE Gebt mir ein wenig davon zu kosten, mir ist recht schwer ums Herz!

SANCHO Meinetwegen. *Zu Don Quijote* Also was wird gebraucht, gnädiger Herr?

DON QUIJOTE Eine große Kasserolle.

SANCHO *zu Maritorne* Hast du gehört? Eine Kasserolle.

MARITORNE Ja, eine Kasserolle.

DON QUIJOTE Dahinein gießt man fünf Flaschen süßen Rotwein.

SANCHO *zu Maritorne* Verstanden?

MARITORNE Verstanden.

DON QUIJOTE Dazu kommt eine Handvoll geriebener Knoblauch.

SANCHO *zu Maritorne* Merke es dir, eine Handvoll Knoblauch.

ESELTREIBER *tritt hinzu* Was soll das werden?

MARITORNE Sie kennen einen Balsam, den wollen sie zubereiten. Ein Balsam ist das, verstehst du, wenn einer in zwei Hälften gehackt wird ...

ESELTREIBER Aha, aha!

DON QUIJOTE Vier oder fünf Eßlöffel Salz.

SANCHO *zu Maritorne* Paß auf!

ESELTREIBER Ich merke es mir. Fünf Eßlöffel Salz. Das ist richtig.

MARITORNE *biegt die Finger ein* Fünf.

DON QUIJOTE Eine Prise roten Pfeffer, eine Handvoll gestoßene Eicheln, Essig, drei Flaschen Lampenöl und einen Teelöffel Vitriolöl.

ESELTREIBER Ganz richtig. Ich kenne diesen Balsam.

DON QUIJOTE Das alles wird schön verrührt und auf dem Feuer erhitzt.

MARITORNE Verstehe. Ich mache es gleich fertig.

ESELTREIBER Ich helfe dir. Das ist ein guter Balsam, er hilft sogar Maultieren, besonders gegen Räude.

Maritorne, Eseltreiber und Sancho gehen in die Küche.

PALOMEQUE *betritt den Schuppen* Ehrenwerter Señor, meine Magd hat mir gesagt, Ihr kennt das Geheimnis eines allheilenden Balsams. Ich bin glücklich, Señor, daß Euch das Schicksal zu mir geführt hat. Meine Magd hat schon alles Notwendige erhalten. Ich hoffe, Ihr werdet auch mir von der Arznei zu kosten geben. In letzter Zeit habe ich heftige Kreuzschmerzen. Dafür werde ich Euch meinerseits aufs beste bedienen.

DON QUIJOTE Ich werde Eure Bitte mit Vergnügen erfüllen, Señor Kastellan.

PALOMEQUE Kreuzschmerzen, als ob mich einer mit dem Messer sticht.

KNECHT *mit einem Becher* Gnädiger Herr.

PALOMEQUE Was willst du?

KNECHT Um ein bißchen Balsam bitten. Ich habe ein riesiges Gerstenkorn.

PALOMEQUE Na und, wirst nicht gleich dran sterben!

DON QUIJOTE Jagt ihn nicht weg, Señor Kastellan, man muß auch ihm helfen. Ich gebe ihm gerne etwas von diesem Balsam.

PALOMEQUE Nun, wenn Ihr so großmütig seid, Señor ...

Auftreten Maritorne mit einer Kasserolle, Sancho, der Eseltreiber und der Diener Don Martinez', alle mit Bechern.

MARITORNE Fertig, Herr.

PALOMEQUE *zum Diener* Was willst du?

DIENER Mein Herr, Don Pedro Martinez, hat von dem Balsam gehört und läßt um eine Portion bitten.

PALOMEQUE Soso! *Zum Diener* Kostet zwei Real.

DIENER Bitte. Aber kräftig muß er sein. *Gibt Palomeque das Geld.*

MARITORNE Niemand könnte besser vorwärmen, Señor.

DON QUIJOTE *streckt die Hände über die Kasserolle und flüstert Beschwörungen.*

Palomeque, der Diener und der Eseltreiber nehmen die Mützen ab.

Ihr könnt trinken.

PALOMEQUE Halt, halt, immer der Reihe nach! *Gießt Balsam in die Becher.*

Der Diener eilt ins Seitengebäude. Die übrigen trinken den Balsam. Als erstem wird Don Quijote schlecht, und er schlägt zu Boden.

Au! Au! Au! Was ist denn das?

MARITORNE Herr, ich brauche einen Priester. Für meine treuen Dienste kann ich einen Priester verlangen. Ich sterbe. *Die Musik im Seitengebäude bricht jäh ab, man hört Klirren und Gelächter.*

SANCHO Verflucht soll er sein, Euer Balsam, von jetzt an und in alle Ewigkeit!

Palomeque stürmt davon, auch Maritorne und der Knecht laufen weg. Aus dem Seitenflügel kommt Don Pedro Martinez gelaufen, gefolgt von seinem Diener, der einen Becher trägt.

MARTINEZ Du Ausgeburt der Hölle, was hast du mir da zu trinken gegeben? Giftmischer!

DIENER Señor, ich habe zwei Real bezahlt, als wären es Pfennige. Es ist ein vortrefflicher Balsam. Ihr habt es mir doch befohlen!

MARTINEZ Mörder! *Läuft davon.*

DIENER Warum ist er denn so wütend? Ich muß doch mal kosten. *Trinkt den Rest des Balsams, macht wilde Tanzbewegungen mit den Beinen und läuft dann Martinez hinterher.*

SANCHO Was macht Ihr bloß mit den Leuten, Señor?

ESELTREIBER *trinkt langsam den Balsam, wischt sich den Mund, wendet sich an Sancho* Was denn, ist dir schlecht, Freund?

SANCHO Laß mich.

ESELTREIBER Ich werde dir sagen, woran es liegt: Es ist zu wenig Pfeffer drin, aber sonst ist der Balsam richtig. Ein bißchen scharf ist er schon. Wir kurieren damit unsere Maultiere. Zuerst strampelt das Maultier kräftig und schlägt aus, aber dann hat es das ganze Jahr über eine eiserne Gesundheit und fliegt dahin wie ein Pfeil von der Armbrust. Hab keine Angst. Zuerst wird dir noch schlechter, doch danach bist du kerngesund.

SANCHO Verfluchter Kerl, verdrück dich! Mir wird schlecht, wenn du vor mir stehst.

ESELTREIBER Verzage nicht, Freund! Oho, ich glaube, er wirkt auch bei mir. *Ab.*

DON QUIJOTE Ich weiß, warum dir schlecht ist, Sancho: Du bist nicht zum Ritter geweiht, und dieser Balsam …

SANCHO Donnerwetter, warum habt Ihr mir das nicht vorher gesagt, Señor!

DON QUIJOTE Ich fühle mich besser. Jetzt möchte ich nur noch schlafen. *Schläft ein.*

Palomeque, Maritorne und der Knecht kehren zurück.

PALOMEQUE Da hat es mir schlimme Teufel in die Schenke getrieben! So etwas war noch nie da!

MARTINEZ *erscheint in Begleitung seines Dieners* Weißt du, das ist eine feine Sache! Zuerst wird einem wirklich ein bißchen übel, aber hinterher fühlt man sich erleichtert. Kaufe diesem Kurpfuscher noch einen Becher voll ab.

DIENER Sehr wohl, Señor. *Geht mit Martinez ins Seitengebäude.*

Der Eseltreiber kehrt in den Schuppen zurück.

SANCHO Oh, wofür solche Strafe? Am Tag zweimal hintereinander Prügel, und am Abend dieser Balsam. Wollt Ihr mich zugrunde richten, gnädiger Herr? Was ist das für ein Leben?

ESELTREIBER Prügel? Bist du nicht vom Felsen gefallen?

SANCHO Laß mich in Ruhe.

Es wird rasch dunkel, der Mond tritt hervor. In Palomeques Fenster zeigt sich Licht und erlischt wieder. Im Seitengebäude hört man noch eine Zeitlang Lachen, Singen und Gläserklirren.

MARTINEZ *im Seitengebäude* Eure Gesundheit, Señores!

Dann wird es auch im Seitengebäude still, die Fenster erlöschen. Auf dem Hof erscheint Maritorne.

MARITORNE *schleicht zum Schuppen* Jetzt schlafen sie wohl schon alle. *Horcht.* Ja, sie schlafen. Oh, ich hab Angst! He, Treiber, schläfst du?

DON QUIJOTE *erwachend* Was höre ich?

Maritorne sucht im Schuppen das Lager des Eseltreibers.

nimmt Maritornes Hand Bezaubernde Señora!

MARITORNE Bist du's! Du hast mir doch zugeflüstert ...

DON QUIJOTE O leidenschaftliche Señora, wie gern würde ich mich Euch in gebührendem Maße erkenntlich zeigen für die Ehre ...

ESELTREIBER *erwachend* Was ist denn das?

MARITORNE Ach, ich hab den Falschen erwischt! Du bist es ja gar nicht.

DON QUIJOTE Das Schicksal hat mich hierher verschlagen, mit Wunden bedeckt ...

MARITORNE Laßt mich, Señor!

DON QUIJOTE Señora ...

ESELTREIBER Oho! Dieser Ziegenbart entpuppt sich als toller Hecht! Dabei sieht er aus wie ein stilles Wasser! Kocht Balsam, fällt vom Felsen ...

DON QUIJOTE Ich verstehe Eure Absicht ...

MARITORNE Laßt mich, Señor!

DON QUIJOTE Ihr müßt wissen, Señora, ich bin der unvergleichlichen Dulcinea von Toboso treu.

ESELTREIBER Schluß mit dem Gesäusel! *Schleicht zu Don Quijote und schlägt ihm das Barbierbecken über den Kopf.*

DON QUIJOTE Ach, du tückischer Mohr!

MARITORNE Ach!

SANCHO *erwacht* Wer ist da? Wer ist da? Was machst du hier, Goldstück? *Faßt Maritorne am Arm.*

ESELTREIBER Misch dich nicht in Dinge, die dich nichts angehen! *Schlägt Sancho.*

SANCHO Au! Geht es schon wieder los? *Schlüpft unter die Pferdedecke.*

DON QUIJOTE *greift zum Schwert* Warte, Treubrüchiger, der du aus dem Winkel über mich herfällst! He, Sancho!

SANCHO Ich schlafe, Herr.

MARITORNE Wo soll ich denn nun hin?

ESELTREIBER Nicht dorthin, nicht dorthin! Der Wirt ist aufgewacht, er kann dich sehen!
Palomeques Fenster ist hell geworden.
Los, übers Dach! *Hilft Maritorne, sie verschwindet aus dem Schuppen. Er eilt zu seinem Lager und deckt sich zu.*

DON QUIJOTE Das Schloß ist verzaubert! Hier sind Zauberer! Hier also habt Ihr Euch versteckt, Ihr grimmen Kreaturen! Ihr seid Eurer viele, und ich bin allein, aber Ihr schreckt mich nicht! *Sticht sein Schwert in einen Weinschlauch.* Da strömt das schwarze Blut! Du bist besiegt, Bösewicht!

MARTINEZ *im Seitengebäude* Was ist geschehen? He, Licht!

HERNANDEZ *im Seitengebäude* Licht, Licht!

PALOMEQUE *eilt auf den Hof* Was ist da im Schuppen los? He! Ich verpfände meinen Kopf, dahinter steckt die verdammte Maritorne! He! Maritorne, wo bist du, gemeines Stück?

DON QUIJOTE Der Feind ist besiegt!

MARITORNE *im Fenster* Was wollt Ihr? Welche bösen Geister wecken Euch mitten in der Nacht auf, Herr Wirt?

PALOMEQUE Wie? Da bist du? Ich war überzeugt, du wärst im Schuppen!

Hernandez läuft in den Hof, Martinez kommt mit einem Degen, sein Diener mit einem Feuerhaken und noch ein Logiergast mit einem Leuchter.

MARTINEZ Wer hat wen überfallen? Was ist passiert? He, wer ist erschlagen worden?

HERNANDEZ Diebe? Wo sind die Diebe? Ah, da im Schuppen! *Es wird hell.*

DON QUIJOTE Mein Feind ist erschlagen, verehrter Herr Kastellan! Seht, da fließt sein Blut!

PALOMEQUE *läßt den Leuchter fallen* Es wäre mir lieber, wenn das Eure flösse! Seht doch, Señores, dieser Verrückte hat den Weinschlauch aufgeschlitzt!

ESELTREIBER *tut, als erwache er* Teufel, warum läßt man mich nicht schlafen?

SANCHO Wirklich, warum läßt man mich und meinen Ritter nicht schlafen?

DON QUIJOTE Die übrigen sind entflohen, Sancho! Schleunigst hinterher!

SANCHO Ja, Señor, es ist höchste Zeit. Wenn mich die Vorahnung nicht trügt, wird es hier ein großes Getümmel geben. *Eilt zum Pferdestall, führt Rosinante und den Esel hinaus.*

Der Knecht und Maritorne erscheinen.

PALOMEQUE Seht doch, Señores, was dieses verrückte Pärchen angerichtet hat! Der Wein, mein bester Wein!

HERNANDEZ Tatsächlich, das müssen Teufel sein, nicht wahr, Señor Martinez?

MARTINEZ Ist das der, der den Balsam gemacht hat?

DIENER Ja, gnädiger Herr.

MARTINEZ Ein vortrefflicher Balsam, aber warum werden die nachts von Geistern geweckt?

DON QUIJOTE *im Sattel* Señor Kastellan, ich bin verzweifelt, daß ich Euer gastfreundliches Schloß so überstürzt verlassen muß. Aber ich muß meine Feinde verfolgen. Ich danke

Euch für die Aufmerksamkeiten, die Ihr mir und meinem Waffenträger erwiesen habt, und wünsche Euch alles Gute.

ESELTREIBER Schon wieder das Gesäusel! Man müßte ihm zum Abschied eins ins Genick hauen!

SANCHO Haltet keine langen Reden, Señor, reiten wir lieber los.

PALOMEQUE Behaltet Euren Dank für Euch, Herr Apotheker, und bezahlt mir das Nachtlager, die Zehrung und vor allem den Wein, den Ihr in meiner Schenke verdorben habt!

DON QUIJOTE Wie, dies ist eine Schenke? Sagt Ihr die Wahrheit? Dann war ich also im Irrtum, als ich mich in einem Schloß wähnte. Aber das hat nichts weiter zu bedeuten. Glut und Hitze, Kälte und Unwetter martern die Ritter auf ihren Fahrten durch die Welt zum Wohle der Menschheit, und noch nie hat jemand gewagt, Bezahlung von ihnen zu verlangen. So wollen es die Ordensregeln. Lebt wohl.

PALOMEQUE Halt! Gerechtigkeit, Señores!

DON QUIJOTE *droht mit der Lanze* Aus dem Weg, wenn dir dein Leben lieb ist, habgieriger Schankwirt! *Reitet zum Tor hinaus.*

PALOMEQUE Gerechtigkeit! Gerechtigkeit! Ich bin beraubt! Haltet den anderen! *Zum Knecht* Schließ das Tor! *Sancho wird umringt* Kanaille, wirst du zahlen oder nicht?

SANCHO Glut und Hitze ... martern unseren Orden ... Laßt mich durch.

PALOMEQUE Seht Ihr, Señores, was das für Spitzbuben sind?

HERNANDEZ Wollen wir dem Schuft eine Abreibung verpassen?

MARTINEZ Ich wiederhole, der Balsam ist vortrefflich, aber dieser ist in der Tat ein Gauner! Gebt eine Decke her!

SANCHO Zu Hilfe, Señor! Haltet ein, ihr gemeinen Kreaturen! Zu Hilfe!

Don Quijotes Kopf erscheint über der Mauer. Man stürzt sich auf Sancho und wirft ihn auf die Decke.

DON QUIJOTE *hinter der Mauer* Gemeine Schurken! Laßt sofort meinen Waffenträger los!

Sancho wird hochgeschleudert.

PALOMEQUE *in einer Pause* Wirst du zahlen?

SANCHO Gern tät ich's, aber ich kann nicht.

PALOMEQUE Werft ihn hinauf bis zum Himmel!

MARTINEZ Genug! Zum Teufel mit ihm!

PALOMEQUE *eignet sich Sanchos Weinschlauch an* Gib mir den Weinschlauch, und verschwinde aus meinen Augen, du gerissener Betrüger!

Alle verlassen den Hof außer Maritorne und dem Esel—treiber.

ESELTREIBER Mir gefällt der Bursche! Der setzt sich durch! Hat trotz allem nicht bezahlt. Tüchtig!

MARITORNE Da, trink Wasser.

DON QUIJOTE *hinter der Mauer* Trink nicht das Wasser, Sancho, es ist vergiftet. Ich habe noch eine Flasche Balsam, der bringt dich schnell wieder auf die Beine.

SANCHO Señor, spart Euch Euren Balsam für Reinald von Montalban auf oder für das goldene Bildnis des Mahomed samt allen Teufeln und laßt mich zufrieden!

DON QUIJOTE Unglücklicher, ich kann nicht mit ansehen, wie du dich vergiftest! Besinn dich! *Reitet von der Mauer weg.*

SANCHO Gib mir Wein, Fräulein. *Flüsternd* Dir bezahle ich ihn. *Maritorne bringt Wein.*

ESELTREIBER Ich trinke zur Gesellschaft mit.

SANCHO Ich danke dir. *Gibt Maritorne eine Münze.*

ESELTREIBER Laß doch, sei mein Gast. Du gefällst mir, du hast so einen festen Charakter.

SANCHO Ihr seid die einzigen guten Menschen unter all den Quälgeistern in dieser Schenke. Dein Benehmen, Fräulein, war zwar ein bißchen zu verurteilen, aber ich verurteile Menschen nicht gern. Dank euch, lebt wohl.

MARITORNE Leb wohl.

ESELTREIBER *geleitet Sancho zum Tor* Du mußt mehr Pfeffer hineingeben, merke es dir. Dann kannst du getrost einen Real pro Becher nehmen.

Vorhang

Viertes Bild

Bei Don Quijote. Es ist Tag. Im Zimmer Antonia, Haushälterin, Perez und Nicolas.

PEREZ Also was machen wir jetzt? Ein weises Wort sagt nicht umsonst, man müsse Gleiches mit Gleichem kurieren.

NICOLAS Ich bin mit Euch völlig einer Meinung, mein verehrter Gevatter.

PEREZ Der Drang nach Heldentaten hat unseren armen Hidalgo aus dem Hause getrieben. Wir müssen ihm eine Heldentat ermöglichen, die ihn nach Hause führt. Nun habe ich mir mit Señor Nicolas etwas ausgedacht: Ihr, Antonia, müßt die Rolle einer verzauberten Prinzessin spielen.

ANTONIA Ich verstehe Euch nicht, Señor Lizentiat.

NICOLAS Wir brauchen nur das Bündel aufzuschnüren, dann werdet Ihr alles verstehen! *Entnimmt dem Bündel ein prächtiges Frauengewand, einen langen künstlichen Bart, eine Gitarre und Masken.*

PEREZ Merkt Euch, Antonia, Ihr seid eine bezaubernde Prinzessin, die Tochter des Königs Tinacrio des Wissenden und der Königin Jaramilla, Erbin des großen Königreiches Mikomikon in Guinea. Der böse Riese Pandalifando mit dem schiefen Blick hat Euch Euer Reich geraubt. Wir reiten Eurem wahnwitzigen Onkel hinterher, und Ihr müßt ihn unter Tränen bitten, für Euch einzutreten und das Reich dem Riesen wieder zu entreißen.

HAUSHÄLTERIN O Gott, erbarm dich uns armer Sünder!

NICOLAS Ich will nicht der Barbier dieses Ortes sein, wenn er Euch nicht überallhin folgt!

PEREZ Ihr müßt ihm aber einschärfen, daß der Weg zu Eurem Königreich durch La Mancha führt.

ANTONIA Ah, jetzt verstehe ich!

NICOLAS *gibt Antonia Kleid und Maske* Kleidet Euch um, Antonia.

ANTONIA Sofort. *Geht ins Nebenzimmer.*

HAUSHÄLTERIN Barmherziger Himmel, was für Winkelzüge wir anstellen müssen, um unseren armen Herrn zurückzuholen an den häuslichen Herd! Der Teufel und der Räuber Barrabas sollen die Ritterbücher, die den hellsten Kopf von La Mancha getrübt haben, in die Hölle holen! Und mitsamt den Büchern auch den Dickwanst Sancho, der Señor Alonso aus dem Hause gelockt hat! *Ab.*

PEREZ Ans Werk, teurer Gevatter.

Perez hängt sich den Bart um. Nicolas legt ein Frauenkleid nebst Kopfputz an, setzt die Maske auf, nimmt die Gitarre, Antonia erscheint in dem prächtigen Gewand, ebenfalls maskiert.

ANTONIA Seid Ihr das, Maese Nicolas? Wen stellt Ihr denn jetzt dar?

NICOLAS Ich bin die Dueña, die Euch in Eurer traurigen Verbannung begleitet. Prägt Euch meinen Namen ein – Dolores. *Spielt auf der Gitarre.*

PEREZ Und ich bin Euer Oheim, Señora Antonia, der Bruder des ermordeten Königs Tinacrio.

ANTONIA Ich verstehe, ich verstehe!

PEREZ Es kommt nur auf eines an – ihn hierherzulocken, dann wird uns schon, je nach den Umständen, etwas einfallen.

In diesem Moment kommt Sancho auf seinem Esel in den Hof geritten. Die Haushälterin läuft sogleich aus der Küche.

HAUSHÄLTERIN Da ist er! Ja, er ist es! Meine armen Augen täuschen mich nicht!

SANCHO Ich bin's, Señora Haushälterin.

HAUSHÄLTERIN Er ist es, der Zankstifter und Vagabund!

SANCHO Ja, das ist sie …

Antonia, Perez und Nicolas stürzen ans Fenster und betrachten die Szene.

HAUSHÄLTERIN Antworte, du stinkender Papagei, der anderen nachplappert: Wo ist Señor Quijano? Wo hast du ihn gelassen? Bist du allein? Antworte, bist du allein zurückgekehrt?

SANCHO Señora Haushälterin, ich bin nicht so dumm zu behaupten, wir wären zu zweit. Ihr seht doch, daß ich allein bin.

HAUSHÄLTERIN Wo hast du Verfluchter Señor Alonso gelassen?

SANCHO Steht mir denn hier kein gutherziger Mensch bei? Teure Haushälterin, ich habe in diesen Tagen viel Prügel bezogen, doch jedesmal erst beim Aufbruch, hier aber beginnt das Gezerre schon, kaum daß ich die Nase zum Tor hereingesteckt habe! Zu Hilfe!

ANTONIA O Gott, sie quält ihn!

PEREZ Wartet, wartet, gleich werden wir alles erfahren.

HAUSHÄLTERIN Wo hast du meinen Herrn gelassen?

SANCHO Rettet mich vor der höllischen Haushälterin! Der Señor lebt, ist gesund und unversehrt. Ihr habt nicht das Recht, mich zu schlagen! Schon sehr bald werde ich Statthalter sein!

HAUSHÄLTERIN Hat man so was je gehört, gute Leute? Wer hat dir denn diesen Floh ins Ohr gesetzt, du habgieriger Tölpel? Wo ist Señor Quijano? Warum sagst du nichts?

SANCHO Gerechter Gott! Und niemand, niemand entreißt mich den Klauen der Haushälterin, die mich zerfleischt wie der Habicht das Küken!

PEREZ Señora Haushälterin! Ehrenwerte Señora, unterdrückt Euren Zorn, den Ihr gegen diesen gänzlich unschuldigen Mann schleudert!

SANCHO Wer ist denn das?

HAUSHÄLTERIN Er soll sagen, wo er Señor Alonso gelassen hat!

PEREZ Wir werden das eher erfahren als Ihr. Ich rate Euch gut, Señora Haushälterin, bereitet uns Wegzehrung, denn uns steht eine weite Reise bevor.

HAUSHÄLTERIN Na gut, Señor. Aber ich flehe Euch an, bringt in Erfahrung, wo mein armer Herr steckt! *Ab.*

PEREZ Verehrtester, laßt Euren Esel dort, und bemüht Euch herein.

SANCHO *betritt das Zimmer* Ich wünsche Euch gute Gesundheit, hochverehrte Señores!

PEREZ Er ist es wirklich!

NICOLAS Kann ich meinen Augen trauen?

PEREZ Ja, Prinzessin, er ist es, Sancho Pansa, Waffenträger des ruhmreichen Ritters Don Quijote. Ich werde nicht ruhen, ehe ich ihn geküßt habe!

ANTONIA Nein, nein, zuerst ich!

NICOLAS Nein, laßt mich als ersten! *Umarmt Sancho.* Ich bin ganz aufgeregt. Das einzige, was mich in solchen Fällen beruhigt, ist Musik. *Spielt auf der Gitarre. Perez und Antonia umarmen Sancho.*

SANCHO Ich danke Euch ergebenst für die Musik und die Zärtlichkeit, womit Ihr mich überschüttet, aber sagt, woher kennt Ihr mich?

PEREZ Der Ruhm Eures Ritters hat bereits die Welt durcheilt, so wie das Feuer durch einen Wald rast, und ihm nach ist natürlich Euer Ruhm geeilt. Nehmt Platz, geliebter Waffenträger, und sagt uns, wo ist Euer Ritter?

SANCHO Ich nehme mit Vergnügen Platz, da mich die Schläge der Haushälterin sehr ermüdet haben, aber wo sich mein Herr befindet, sage ich nicht.

PEREZ Aber warum denn nicht?

ANTONIA Was höre ich? Der grausame Waffenträger will mir die letzte Hoffnung rauben?

NICOLAS Warum wollt Ihr uns nicht sagen, wo Euer Herr sich aufhält?

SANCHO Weil er mir befohlen hat, es geheimzuhalten.

NICOLAS Mein lieber Waffenträger, das ist aber sehr merkwürdig! Zu zweit seid Ihr fortgeritten und allein zurückgekehrt. Die Leute könnten glauben, Ihr hättet Señor Don Quijote umgebracht.

SANCHO Verehrte Doña, jeden bringt sein Schicksal um. Ich habe so etwas nie getan, das wissen alle.

ANTONIA Nein, er wird uns sagen, wo Don Quijote ist. Wisset, Sancho, vor Euch steht die Prinzessin von Mikomikon!

SANCHO Aha! Sehr interessant! Ich habe noch nie eine Prinzessin gesehen.

ANTONIA Ich hoffe, Ihr werdet mir jetzt den Aufenthaltsort Eures Ritters nennen, den ich suche, ihn um Hilfe und Schutz zu bitten.

SANCHO Nein, Prinzessin, ich nenne ihn nicht.

ANTONIA So hört denn die traurige Geschichte meines Lebens, böser Waffenträger. Ich lebte in unbeschreiblichem Luxus im Königspalast meines unvergessenen Vaters Tinacrio des Wissenden und seines jetzt untröstlichen Bruders …

PEREZ Das bin ich.

ANTONIA Ja, er ist es. Man erwies mir königliche Ehren, tagsüber saß ich auf einem goldenen Thron, und nachts sangen Prinzen unter meinen Fenstern im Park Serenaden.

Nicolas spielt auf der Gitarre.

SANCHO Eure Geschichte ist sehr interessant, Prinzessin, nur finde ich darin nichts Trauriges.

ANTONIA So hört weiter, Unglücklicher! An einem entsetzlichen Tag fielen die Horden des Riesen Pandalifando über unser Königreich her …

SANCHO Ah, das ist schon schlechter! Das kann ich mir gut vorstellen. Kürzlich ist eine kleine Horde von Yangueser Pferdetreibern über uns hergefallen, und ich spüre bis heute … Aber das tut nichts zur Sache. Wie ging es weiter?

ANTONIA Meine Mutter, die Königin Jaramilla, und mein Vater …

SANCHO Dieser Tinacrio?

ANTONIA Ja, ja! Sie wurden abgeschlachtet!

SANCHO Alle beide zu Tode?

ANTONIA Ja. Sie ruhen im Grabe.

SANCHO *zu Perez* Und wie seid Ihr als Königsbruder unverletzt geblieben? Ihr habt Euch gewiß ergeben? In verzweifelter Lage spart sich auch der Tapferste für bessere Gelegenheit auf.

NICOLAS *zu Perez* Wie genau der zuhört, hol ihn der Teufel!

PEREZ *zu Nicolas* Er scheint ein bißchen gerührt zu sein.
Nicolas spielt auf der Gitarre.

ANTONIA Da bin ich dann in Begleitung meiner Dueña geflohen, um Don Quijote von La Mancha zu suchen, damit er uns unter seinen Schutz nehme. Jetzt werdet Ihr mir doch gewiß sagen, wo er ist?

SANCHO Ich sag's nicht.

NICOLAS *schleudert die Gitarre weg* Daß dich sämtliche Donnerwetter …

PEREZ Meine liebwerte Dueña Dolores, Ihr seid zu Unrecht ärgerlich. Ich finde, der Waffenträger handelt richtig, wenn er das Geheimnis wahrt, das sein Herr ihm anvertraut hat. Aber sagt doch, mein lieber Sancho Pansa, was hat Euch allein hergeführt?

SANCHO Ich bringe einen Brief für die Nichte meines Herrn.

PEREZ Sie ist mit dem Lizentiaten und dem Dorfbarbier weggefahren.

SANCHO Den kenne ich, Nicolas heißt er.

NICOLAS Ja, mit Nicolas. Das ist ein feiner Kerl, dieser Nicolas!

SANCHO Listig ist er.

NICOLAS Na, na, na …

PEREZ Wartet … In die Stadt sind sie gefahren, um sich nach dem verschwundenen Oheim zu erkundigen. Ist denn der Brief wichtig?

SANCHO Sehr wichtig und vor allem sehr angenehm.

PEREZ Was Ihr sagt!

SANCHO Er enthält die Anweisung, mir für treue Dienste zwei junge Esel zu geben. *Sucht in den Taschen.* Ach du lieber Gott!

PEREZ Was ist denn?

SANCHO Ich unglücklicher Erzdummkopf! Ich Vieh, ich Schwein! Verflucht will ich sein! *Backpfeift sich selbst.* Da! Da!

ANTONIA Was habt Ihr, Waffenträger?

NICOLAS Was habt Ihr, Starrkopf?

SANCHO Prügelt mich, Señores, ich bitte Euch, denn es macht sich nicht gut, sich selbst zu prügeln! Ich habe den Brief verloren und damit wohl auch die jungen Esel! Die ganze Nacht bin ich geritten und habe davon geträumt, wie meine Juana Teresa sich freuen wird. Ach, Ihr lieben Eselchen! Gezittert habe ich vor Freude, als ich euch in Gedanken schon besaß, euer zartes Fellchen kraulte und euch in meinem Stall stehen sah! Wer wird mir ohne Brief glauben, daß mein Herr mir wirklich die beiden Esel geschenkt hat? Pandalifando, warum hast du statt dieses Tinacrio des Wissenden nicht mich abgeschlachtet?

PEREZ Ja, das ist schade.

NICOLAS Ja, dem Traum von den Eselchen müßt Ihr den Abschied geben! *Spielt auf der Gitarre.*

SANCHO Hört auf zu klimpern! Das ist ja eine gräßliche Angewohnheit! Kaum passiert etwas Ärgerliches, schon greift Ihr zur Gitarre!

PEREZ Beruhigt Euch, Sancho. Ich weiß, wer Eurem Kummer abhelfen kann – sie, die mildherzige Prinzessin von Mikomikon. Sie braucht der Haushälterin nur ein Wort zu sagen, schon habt Ihr die Esel.

SANCHO Wird die satanische Haushälterin ihr denn gehorchen?

PEREZ Ich bürge dafür. Aber nach einem so großen Entgegenkommen müßt Ihr ihr natürlich sagen, wo Don Quijote sich aufhält.

SANCHO *nach kurzem Überlegen* Gut.

ANTONIA Ach, du braver Waffenträger! *Zum Fenster hinaus* Señora Haushälterin! Señora Haushälterin!

Perez, Nicolas und Sancho blicken zum Fenster hinaus.

HAUSHÄLTERIN Was wünscht Ihr?

ANTONIA Liebe Haushälterin, bemüht Euch und gebt Sancho auf Befehl von Señor Alonso zwei junge Esel.

HAUSHÄLTERIN Was? Was? Was habt Ihr gesagt? Zwei junge Esel?

SANCHO Ja!

HAUSHÄLTERIN Eher laß ich mir die Seele aus dem Leibe reißen, als daß ich diesem Taugenichts ...

SANCHO Da habt Ihr's! Was habe ich gesagt!

PEREZ *leise, zum Fenster hinaus* Wenn Ihr Señor Alonso wiedersehen wollt, gebt sie sofort heraus ...

HAUSHÄLTERIN Diesem ... diesem ... ach, was habt Ihr gesagt? Sancho? Nun, gern werde ich ihm zwei junge Esel geben. Komm her, du Schu... komm her, Sancho, geh in den Stall, und hol dir die Esel! O Himmel, was geht bei uns vor? *Ab.*

SANCHO O Freude! O Freude und nochmals o Freude! Ehrlich gesagt, ich hatte Euch nicht geglaubt, aber jetzt bin ich überzeugt, daß Ihr die Prinzessin von Mikomikon seid.

PEREZ Ja, aber vergeßt nicht, uns zu sagen, wo Don Quijote sich aufhält.

SANCHO In einer Felsschlucht der Sierra Morena.

ANTONIA Was macht er dort?

SANCHO Er hat sich entschlossen, in den Bergen Buße zu tun wegen der Grausamkeit seiner Dulcinea von Toboso. Damit ahmt er Roldan und Amadis nach. Ich zeige Euch den Weg.

ANTONIA Wir müssen sofort losziehen, damit ihm kein Leids geschehe!

SANCHO Erlaubt mir, Euch abzuküssen, verehrter Bruder Tinacrios des Wissenden! *Schließt Perez in die Arme, dieser verliert seinen Bart.* Nanu? Señor Lizentiat?

NICOLAS *umarmt Sancho* Was? Wer? Was für ein Lizentiat? Wo ist ein Lizentiat?

Perez hängt wieder den Bart um.

SANCHO Vor Freude wurde mir schwarz vor Augen, und mir schien plötzlich, Pandalifando hätte Euch den Bart abgerissen und Euch in den Lizentiaten verwandelt! Aber jetzt sehe ich, mich hat ein Spuk genarrt! O Freude! *Läuft in den Hof und öffnet die Stalltür.* Da sind sie, da sind sie, meine Braven! *Schreit* Verehrte Dueña, jetzt spielt Ihr komischerweise nicht auf der Gitarre! *Nicolas spielt auf der Gitarre. Man hört ein Fuhrwerk rollen.*

ANTONIA In die Sierra Morena!

PEREZ In die Sierra Morena!

Vorhang
Ende des zweiten Aktes

Dritter Akt

Fünftes Bild

Bei Don Quijote. Es ist Tag. Auf die Pforte zu rollt ein riesiger Karren, darauf sitzen Don Quijote und, verkleidet, Antonia, Perez und Nicolas. Nicolas, der neben dem Kutscher sitzt, spielt auf der Gitarre. Hinter dem Karren reitet Sancho auf seinem Esel. Zuletzt erscheint Rosinante, an Sanchos Sattel gebunden. Die Haushälterin kommt aus der Küche gelaufen.

HAUSHÄLTERIN Guten Tag, Señor Alonso! Herzlich willkommen! Herzlich willkommen! Wie freuen sich alle Euch liebenden Herzen, daß Ihr endlich geruht, in Euer Haus zurückzukehren! Ach, Señor Alonso, herzlich willkommen.

DON QUIJOTE Guten Tag, meine brave Haushälterin!
Antonia, Perez und Nicolas helfen dem hinkenden Don Quijote vom Karren. Der Karren entfernt sich. Sancho führt den Esel und Rosinante zum Pferdestall. Erlauchte Prinzessin, erlaubt mir, Euch unsere ehrenwerte Haushälterin vorzustellen.

ANTONIA Das ist mir sehr angenehm.

DON QUIJOTE *stellt vor* Die Dueña ... die Haushälterin ... Ich bin überzeugt, Ihr werdet einander auf den ersten Blick liebgewinnen.

NICOLAS Wie habe ich von dieser Begegnung geträumt!
Umarmt die Haushälterin.

DON QUIJOTE Ich bitte Euch, mein Haus zu beehren, teure Gäste.

Antonia, Perez und Nicolas treten unter Verbeugungen ins Haus.

Wo ist Antonia?

HAUSHÄLTERIN Antonia ist im Hause, gnädiger Herr, sie empfängt bereits die Prinzessin, deren Namen ich nicht weiß, und diesen Bärtigen.

DON QUIJOTE *setzt sich auf eine Bank* Pst ... das ist kein Bärtiger, wie Ihr Euch ausdrückt, sondern der hochgestellte, wenn auch zutiefst unglückliche Oheim der Prinzessin. Ich stehe noch immer unter dem Eindruck der Tragödie seines Bruders, des Königs von Guinea, den Pandalifando mit dem schiefen Blick abgeschlachtet hat.

HAUSHÄLTERIN Laßt ihn doch, mein ehrenwerter Señor! Schön, man hat den Guineer abgeschlachtet, was will man da tun! Es hat eben sollen sein! Ihr könnt ihn doch nicht wieder lebendig machen. Ich habe zu Euren Ehren die beiden fettesten Hühner geschlachtet, um Euch eine Bouillon zu kochen, und davon werdet Ihr wahrlich mehr Nutzen haben als vom guineischen König.

ANTONIA *kommt in ihrer gewöhnlichen Kleidung aus dem Hause gelaufen* Mein lieber Oheim, wie bin ich glücklich, daß Ihr zurückgekehrt seid!

DON QUIJOTE Guten Tag, Antonia, hast du gebührend für die Prinzessin und ihre Dueña gesorgt?

ANTONIA Gewiß, Oheim! Hört Ihr, die Dueña spielt schon in meinem Zimmer Gitarre.

SANCHO *kommt aus dem Stall* Ja, sie spielt, möge ihr der Schöpfer das ewige Heil nicht versagen! Wenn aber ein verzauberter Mohr ihr die Gitarre stehlen möchte, wäre ich glücklich! Sie spielt bei jeder Gelegenheit und zu jeder Zeit!

DON QUIJOTE Du bist von etwas grober Natur, Sancho. Man muß die Musik lieben. Wo Musik ist, laß dich ruhig nieder.

SANCHO Selbst gebratene Tauben können einem über werden, Señor, wenn man sie von früh bis spät zu essen bekommt. Und wenn ich dieses Geklimper höre, würde ich am liebsten über den Zaun springen. Erlaubt mir, mich für kurze Zeit zu entfernen, ich möchte meine Teresa besuchen.

HAUSHÄLTERIN Geh, Sancho, geh, niemand hält dich.

DON QUIJOTE Geh, mein Freund, aber kehre bald zurück.

HAUSHÄLTERIN *flüsternd* Geh und komm nie wieder hierher, hast du mich verstanden?

SANCHO Aber mein Herr ...

HAUSHÄLTERIN *flüsternd* Komm nie wieder her, wenn du nicht auch noch die Reste deines Bartes verlieren willst. Du kennst mich doch?

SANCHO Wer kennt Euch nicht? Da bin ich in eine schöne Klemme geraten! *Ab.*

DON QUIJOTE Komm, Antonia, gehen wir ins Haus. *Geht mit Antonia ins Haus, die Haushälterin begibt sich in die Küche. Im Zimmer hilft Antonia Don Quijote, die Rüstung abzulegen, und setzt ihn in den Sessel. Durch die Tür erscheint Perez in seiner gewöhnlichen Kleidung.*

PEREZ Guten Tag, mein lieber Gevatter. Maese Nicolas und ich haben erfahren, daß Ihr zurückgekehrt seid, und sind sofort gekommen, Euch unsere Hochachtung zu bezeigen.

DON QUIJOTE Wie freue ich mich, Euch zu sehen, mein lieber Lizentiat. Antonia, bitte doch den Bruder des Königs her! Ich möchte ihn mit Señor Perez bekannt machen.

ANTONIA Sofort, Oheim! *Sie umarmt Don Quijote und küßt ihn, und währenddessen schlüpft Perez ins Nebenzimmer.* Ich hole ihn gleich, lieber Oheim. *Geht ins Nebenzimmer.*

PEREZ *mit Bart, schaut zur Tür hinein* Señor Don Quijote ...

DON QUIJOTE Ah, Euer Hoheit! Tretet doch näher!

PEREZ *in der Tür* Ich bin nicht ganz angezogen, Don Quijote.

DON QUIJOTE Macht nichts, Ihr seid auf Reisen, da wird es Euch niemand verübeln.

Perez verschwindet.

Señor Lizentiat, darf ich Euch den Bruder des Königs vorstellen? Nanu, wo ist denn der Lizentiat? Er war doch eben noch hier! *Geht zur Ausgangstür.*

Perez blickt ohne Bart aus der inneren Tür.

PEREZ Ich bin hier, Don Quijote

DON QUIJOTE Was für ein Wunder! Ich sah Euch nicht! Hattet Ihr Euch entfernt?

PEREZ Kein Gedanke.

DON QUIJOTE Mich dünkt immer mehr, in meinem Hause geht es nicht mit rechten Dingen zu. Antonia, wo bist du?

ANTONIA *als Prinzessin gekleidet und maskiert* Entschuldigt mich, tapferer Ritter, ich habe mich verspätet.

DON QUIJOTE Erlaubt mir, bezaubernde Prinzessin von Mikomikon, Euch meinen Freund Pedro Perez vorzustellen.

PEREZ Ich bin entzückt, Prinzessin.

ANTONIA Ich habe viel von Euch gehört!

NICOLAS *als Dueña verkleidet* Hier bin ich, tapferer Ritter!

DON QUIJOTE Ah, endlich sind alle beisammen! Nein, es fehlt der ehrenwerte, doch eigensinnige Bruder des Königs.

PEREZ Ich hole ihn sofort. *Geht ins Nebenzimmer.*

DON QUIJOTE Wo ist denn Maese Nicolas?

PEREZ *als Königsbruder* Da bin ich endlich.

Nicolas schlüpft ins Nebenzimmer.

DON QUIJOTE Herr Königsbruder, ich möchte Euch mit meinen Freunden bekannt machen, dem Lizentiaten und dem Barbier. Maese Nicolas!

Nicolas erscheint in seiner gewöhnlichen Kleidung. Antonia versteckt sich hinter dem Bettvorhang.

PEREZ Da ist er ja, der tugendhafte Barbier, von dem Ihr mir schon so viel erzählt habt! Genauso habe ich ihn mir vorgestellt!

NICOLAS Und ich habe bitterlich geweint, als ich von dem entsetzlichen Unglück hörte, das Pandalifando im Königreich Eures Bruders angerichtet hat!

DON QUIJOTE Antonia, komm doch endlich her!

ANTONIA *tritt in ihrer gewöhnlichen Kleidung hinter dem Bett-vorhang hervor* Hier bin ich, Oheim!

Perez verschwindet hinter Don Quijotes Sessel.

DON QUIJOTE Ich möchte, daß du aus dem Munde des Königsbruders von dem Unheil hörst, das die königliche Familie heimgesucht hat. Señor Lizentiat, tretet doch etwas näher!

PEREZ *blickt ohne Bart hinter dem Sessel hervor* Ich höre aufmerksam zu. *Versteckt sich hinter dem Sessel und blickt mit Bart wieder hervor.* Ja, dieser abscheuliche Riese steht mir noch immer vor Augen! *Versteckt sich hinterm Sessel, nimmt den Bart ab, zeigt sich wieder Don Quijote.* Was Ihr nicht sagt, ehrenwerter Bruder des Königs!

NICOLAS *zu Antonia* Wir sind verloren!

ANTONIA *zu Nicolas* Schnell den Zauberer! *Zu Don Quijote* Ja, wie entsetzlich, Oheim!

PEREZ *tritt mit Bart hinterm Sessel hervor* Ich höre lieber auf zu erzählen, liebenswürdige Señora Nichte, wenn es Euch so aufregt.

ANTONIA Nein, nein, fahrt fort!

DON QUIJOTE Ja, fahrt fort, aber ich bitte alle, sich hinzusetzen, denn ich muß gestehen, mir flimmert es vor den Augen ... *Nicolas schlüpft ins Nebenzimmer. Perez stürzt ans Fenster.*

... und manchmal weiß ich gar nicht, wen ich vor mir habe.

Hinter der Bühne ertönt das Klirren zerschlagenen Geschirrs. Perez läßt die Jalousie herunter, im Zimmer wird es dunkel.

Was ist das? Was ist los?

NICOLAS *hinter der Bühne* Zu Hilfe! Ein Zauberer!

PEREZ Zu Hilfe!

DON QUIJOTE *greift nach dem Schwert* Wo?

NICOLAS *kommt hereingelaufen* Der Zauberer hat vor meinen Augen die Prinzessin geraubt!

PEREZ Wo ist der Bruder des Königs?

ANTONIA Die Dueña ist auch nicht da!

DON QUIJOTE Das stand zu erwarten! Wir waren ins Gespräch vertieft, und plötzlich kam der tückische Zauberer angeflogen! Meinen Waffenträger! Auf zur Verfolgung!

PEREZ Das ist zwecklos, Don Quijote! Schließlich könnt Ihr ihm nicht durch die Luft hinterherfliegen!

NICOLAS Ich habe selbst gesehen, wie er in schwarzem Mantel übers Haus flog und den Königsbruder am Bart schleifte!

DON QUIJOTE Warum habt Ihr ihm nicht die Hand abgehauen?

NICOLAS Ich habe sie verfehlt!

DON QUIJOTE Ach, das werde ich mir nie verzeihen! Wo war denn die Wache? Gebt mir Schild und Roß!

ANTONIA Oheim, ich flehe Euch an, bleibt ruhig!

DON QUIJOTE Die Prinzessin stand unter dem Schutz meines Wortes! Laßt mich durch! Ihr seid von Angst gepackt, aber ich fürchte mich nicht und werde ihn verfolgen, und sollte er so schnell wie der Wind durch die Luft sausen! Laßt mich! *Läßt das Schwert fallen, sinkt in den Sessel.*

ANTONIA Oheim, was habt Ihr?

DON QUIJOTE Ach, meine Wunden sind aufgebrochen. Ich bin plötzlich ganz kraftlos, er hat mich verzaubert.

ANTONIA Oheim, hört doch auf Eure Nichte, die Euch liebt! Ihr müßt ausruhen und Euch kräftigen. Mein liebster Oheim, hört auf mich!

PEREZ Hört auf uns, Señor Ritter, und legt Euch zu Bett. Der wohltätige Schlaf wird Euch stärken.

DON QUIJOTE Ja, ich bin jetzt außerstande, mich vom Fleck zu rühren. Der Zauber hält mich wie in Ketten gefangen.

Antonia und Perez führen Don Quijote zum Bett und sind ihm beim Hinlegen behilflich.

ANTONIA *zieht den Bettvorhang zu* Er ist eingeschlafen. Mein armer, armer Oheim!

PEREZ Ihr dürft nicht verzweifeln, Señora Nichte. Der Schlaf wird ihn erfrischen, und vielleicht ist er dann ruhiger. Wir wollen gehen, Maese Nicolas. Lebt wohl, Señora Nichte, am Abend kommen wir fragen, wie es ihm geht.

ANTONIA Auf Wiedersehen, Señores, ich danke Euch für alles, was Ihr für meinen Oheim getan habt.

PEREZ Wir haben nur unsere Pflicht getan. *Mit Nicolas ab. Antonia geht hinunter in die Küche. Nach einiger Zeit kommt durch die Pforte, die zur Landstraße führt, Simson Carrasco.*

SIMSON Da ist er, der Hof, der meinem Herzen so teuer ist! Zwei Jahre war ich nicht zu Hause, doch nichts hat sich inzwischen verändert. Da ist ja auch die Bank, auf der ich vor zwei Jahren mit Antonia gesessen habe. Wer ist zu Hause? Gebt Antwort!
Haushälterin und Antonia erscheinen.

ANTONIA Ach!

HAUSHÄLTERIN Ist er's wirklich?

SIMSON Ich bin's, meine liebwerte Señora Haushälterin!

HAUSHÄLTERIN Gerechter Gott, wer hätte gedacht, daß der Sohn Bartholomaeus Carrascos, eines einfachen Bauern, so ein gelehrter und großartiger Herr wird! Ach, Simson, jetzt wirst du uns gar nicht mehr anschauen wollen!

ANTONIA Ihr werdet uns gar nicht mehr kennen wollen, nicht wahr, Simson, das heißt, ich wollte sagen, Señor Carrasco?

SIMSON Verehrte Haushälterin, Ihr habt nur in einem recht: Ich bin wirklich ein Gelehrter geworden. Vor Euch steht ein Bakkalaureus der Universität zu Salamanca, ich besitze vier wissenschaftliche Grade und trage den Lorbeerzweig! Aber großartig bin ich nicht geworden, Haushälterin! Darf ich Euch als Beweis umarmen?

HAUSHÄLTERIN Ach, Simson, wie freut sich mein Herz, daß Ihr nicht von Stolz gepackt seid und Eure Landsleute nach wie vor freundlich behandelt!

SIMSON Antonia, wie schön Ihr geworden seid! Nein, Stolz ist mir fremd, und wenn ich zwanzigmal Bakkalaureus wäre!

Umarmt Antonia.

ANTONIA Aber Señor Bakkalaureus!

HAUSHÄLTERIN Ach, das ist doch nicht schlimm, schließlich ist er kein Fremder, sondern aus unserm Dorf. Dasselbe Land hat Euch ernährt, dieselbe Sonne hat Euch gewärmt!

SIMSON Nein, mein Herz ist bewegt, weil ich wieder in meinem Heimatdorf bin, und besonders, weil ich Euch sehe, Antonia! *Will sie umarmen, aber sie entschlüpft ihm, und so umarmt er die Haushälterin.* Und Euch, ehrenwerte Haushälterin! *Streckt den Arm nach Antonia aus, küßt ihr die Hand.* Ich habe Euch oft im Traum gesehen.

HAUSHÄLTERIN Ich Euch auch, lieber Simson!

SIMSON Antonia, freut Ihr Euch denn ein bißchen, daß ich wieder da bin?

ANTONIA Ja, ich … freue mich …

HAUSHÄLTERIN Ich freue mich auch.

Beide fangen plötzlich an zu weinen.

SIMSON Ich habe noch nie gesehen, daß Freude sich in Schluchzen äußert. Was habt Ihr?

ANTONIA Mein Oheim ist verrückt geworden!

SIMSON Was sagt Ihr da?

HAUSHÄLTERIN Die verdammten Bücher haben den Verstand des klugen und gutmütigen Señors umnebelt!

ANTONIA Er hat sich einen rostigen Harnisch angelegt und ist aus dem Hause gelaufen, um mit irgendwelchen Riesen zu kämpfen und Prinzessinnen zu retten. Auf dem Kopf hat er ein Barbierbecken, er fuchtelt mit dem Schwert … Unserm Nachbarn Sancho Pansa hat er gänzlich das Gehirn verkleistert, er nennt ihn seinen Waffenträger und hat ihn mitgenommen. Gerade eben haben wir ihn durch List zurückgebracht. Simson, du bist doch bestimmt hungrig. Señora Haushälterin, vielleicht könnt Ihr unserm Gast etwas zu essen geben?

HAUSHÄLTERIN Gewiß doch, er ist doch hier bei Freunden und Vertrauten. Das Essen ist bald fertig. *Geht in die Küche.*

SIMSON Euer Leid rührt mich tief, meine liebe Antonia!

ANTONIA Ihr wart schon immer klug, und jetzt seid Ihr auch noch gelehrt. Vielleicht fällt Euch etwas ein, wie wir unsere Sorgen loswerden, ich würde Euch abküssen, Simson!

SIMSON Was sagt Ihr? Abküssen? Hört, ich habe einen Plan. Küßt mich, Antonia!

ANTONIA Sagt Ihr die Wahrheit?

SIMSON Ich habe in unserem Dorf nie für einen Lügner gegolten, Antonia.

ANTONIA Ich glaube daran, daß Ihr mich nicht betrügt, Simson! *Antonia küßt Simson, und im selben Moment zeigt sich Sanchos Kopf über dem Zaun.*

SIMSON Teufel noch eins! Das ist doch Sancho!

ANTONIA Ja, er ist es.

SIMSON Bei mir reift ein Plan. Laßt mich mit ihm allein, Antonia.

ANTONIA Gut, gut, ich glaube an Euch, Simson! *Dreht sich in der Küchentür nochmals um* Simson …

SIMSON Küßt mich noch einmal, Antonia!
Wieder zeigt sich Sanchos Kopf überm Zaun.

ANTONIA Später. *Ab.*

SIMSON Warum denn so schüchtern, mein Verehrter? Tretet doch näher.

SANCHO Ist die Natter hier?

SIMSON Von wem sprecht Ihr?

SANCHO Wen kann man schon so nennen? Die Haushälterin natürlich.

SIMSON Sie ist in der Küche.
Sancho führt seinen Esel herein und stellt ihn in die Ecke.
Ach, Ihr seid es, verehrter Sancho Pansa?

SANCHO Wenn das nicht ein Trick des verfluchten Zauberers Freston ist, seid Ihr unser Landsmann Simson, der Sohn des alten Bartholomaeus?

SIMSON Beschütze uns der Himmel vor Zauberern! Ich bin's.

SANCHO Hol's der Teufel, Ihr seid ja Bakkalaureus, Simson! *Küßt ihn.*

SIMSON Aber sagt mir doch, teurer Nachbar, wo habt Ihr die Hälfte Eures Bartes gelassen?

SANCHO Im Hause eines Gehenkten spricht man nicht vom Strick, Señor Carrasco, habt Ihr das auf der Universität noch nicht gehabt? Gebe Gott, daß in Euren Taschen so viele Münzen klimpern, wie mir in der letzten Woche Haarsträhnen aus dem Bart gerissen wurden!

SIMSON Das ist traurig, Señor Pansa, aber ich hoffe, Euch wird ein neuer Bart wachsen, noch prächtiger als der vorherige.

SANCHO Ich meinerseits wünsche, daß Eure Gelehrsamkeit so prächtig sei wie mein zukünftiger Bart.

SIMSON Ei, wie artig Ihr zu antworten wißt! Ihr habt doch nicht etwa auch in Salamanca studiert?

SANCHO Ich brauche nicht in Salamanca zu studieren, denn ich hoffe, auch ohnedies in Kürze eine Statthalterei zu bekommen.

SIMSON Wie? Das müßt Ihr mir erklären! Ich möchte auch Statthalter werden.

SANCHO Und wenn ich Euch noch soviel erklärte, es würde Euch nicht helfen. Dazu muß man Waffenträger des großen Ritters Don Quijote von La Mancha sein.

SIMSON Ja, Wahnsinn ist ansteckend, wie ich sehe.

SANCHO Was habt Ihr gesagt?

SIMSON Ach, nichts weiter.

SANCHO Ihr habt doch etwas zu mir gesagt.

DON QUIJOTE *erwachend* Sancho, zu mir!

SANCHO Hört Ihr? Mein Herr ruft.

SIMSON Sehr schön. Führt mich zu ihm, Sancho
  Geht mit Sancho ins Haus.

SANCHO Señor, Ihr habt Besuch.

DON QUIJOTE Sehr erfreut.

SIMSON Erlaubt mir, Euch zu begrüßen, Señor Don Quijote von La Mancha! Euer Ruhm hat sich schon verbreitet und die Ohren Eures ergebenen Dieners und bescheidenen Landsmannes, des Bakkalaureus Simson Carrasco, erreicht.

DON QUIJOTE Wie, Ihr seid der Sohn von Bartholomaeus Carrasco?

SIMSON Ja, Señor, der bin ich.

DON QUIJOTE Ich bin sehr glücklich, einen Landsmann bei mir zu sehen, der einen so hohen wissenschaftlichen Grad errungen hat.

SIMSON Ich bin noch glücklicher, Gast eines Ritters zu sein, dessen Heldenruhm durch die ganze Umgebung schallt.

DON QUIJOTE Setzt Euch, Señor Bakkalaureus. Ihr besucht mich im Moment eines entsetzlichen Unglücks.

SIMSON Ihr betrübt mich, Señor.

DON QUIJOTE Mein ewiger Feind, der tückische Zauberer Freston – einem Gelehrten brauche ich nicht zu sagen, wer das ist, Ihr habt natürlich schon hundertmal von ihm gelesen –, hat soeben aus meinem Hause eine unter meinem Schutz stehende unglückliche Waise entführt, die Prinzessin von Mikomikon, ferner ihren reizenden Oheim, der von königlichem Geblüt ist, und die Dueña Dolores.

SANCHO *verzweifelt* Abindarraez de Vargas! Verflucht will ich sein mitsamt meiner Sippe! *Schleudert die Mütze zu Boden.*

DON QUIJOTE Ihr seht, Señor Bakkalaureus, selbst diese, mit Verlaub, ziemlich hartgesottene Natur ist über die Nachricht in Verzweiflung.

SANCHO Wie sollte ich nicht in Verzweiflung sein, wenn mir die Statthalterei aus den Händen gleitet! Ich habe schon einen Zipfel des Statthaltermantels in meinen Händen gehalten und davon geträumt, wie Ihr das Heer des Riesen zersprengt und das Reich unser wird.

DON QUIJOTE Ja, Señor Bakkalaureus, das ist also geschehen.

SIMSON Ich bin bestürzt! Was gedenkt Ihr jetzt zu tun?

DON QUIJOTE Ich mache mich sofort auf zur Verfolgung!

SIMSON Und dieser Entschluß ist unabänderlich?

DON QUIJOTE Das fragt Ihr noch, Bakkalaureus? Es ist für mich eine Ehrenpflicht.

SANCHO Natürlich, schließlich seid Ihr kein Yangueser!

SIMSON Was?

SANCHO Nichts … Es gab da so eine Geschichte, doch davon zu erzählen lohnt nicht. Fünfzehn Mann schlagen auf zwei ein, womit es sich gerade trifft, und reißen einem den halben Bart aus.

SIMSON O Gott! *Zu Don Quijote* Aber wo wollt Ihr die Prinzessin und ihren Entführer suchen?

DON QUIJOTE Ein guter Geist hat mir einen Traum geschickt, der mich überzeugte, der Bösewicht habe sich nach Nordosten gewendet, in die Besitzungen des Herzogs. Dorthin gehe auch ich. Sancho, meinen Harnisch! *Sancho hilft Don Quijote, die Rüstung anzulegen.*

SIMSON Sagt mir doch, Señor, und wenn das Schicksal Euch nun nicht wohlwill und einer Eurer Feinde Euch besiegt?

DON QUIJOTE Nun, wenn ich im Zweikampf unterliege, nehme ich die Bedingungen meines Gegners genauso an, wie er es im Fall meines Sieges täte.

SIMSON Reitet sofort los, Ritter Don Quijote!

DON QUIJOTE Señor Bakkalaureus, Ihr seid ein Mann, der von der Ehre die gleiche Meinung hat wie ich! Sancho, mein Pferd! *Sie treten in den Hof. Aus der Küche kommen die Haushälterin mit einer Schüssel und Antonia.*

HAUSHÄLTERIN O Kummer! Señor Alonso trägt wieder den Harnisch! Und diese feiste Mißgeburt führt schon den Esel heraus. Alle vier Beine soll er sich brechen!

SANCHO Señora Haushälterin, ich muß doch ergebenst bitten … *Reitet flink zum Tor hinaus.*

DON QUIJOTE Leb wohl, Antonia! Lebt wohl, Señora Haushälterin!

HAUSHÄLTERIN O kummervolles Leben! Schon wieder haben sich die Tore des Wahnsinns vor ihm geöffnet, und er reitet mit geschlossenen Augen in sein Verderben!

ANTONIA Was macht Ihr denn, Oheim, besinnt Euch! Simson, redet ihm zu, Ihr habt es mir doch versprochen!

DON QUIJOTE *im Sattel* Wie, Señor Bakkalaureus, Ihr wollt mir zureden, abzustehen von dem, was die Ehre erfordert?

SIMSON Nie und nimmer! Reitet nur, Ritter Don Quijote von La Mancha, ich wünsche Euch von Herzen Erfolg!

DON QUIJOTE Lebt wohl denn, meine treuen Kinder! Ich weiß, Ihr liebt mich, aber haltet mich nicht länger zurück und trauert nicht um mich! *Reitet davon.*

HAUSHÄLTERIN Bakkalaureus, mir fehlen die Worte für die gebührende Antwort auf Euer Benehmen! Eigenhändig stoßt Ihr den armen Irren zur Pforte hinaus! Offenbar hat Euch die Gelehrsamkeit den letzten Rest von Gewissen aufgefressen, so daß Ihr kein Mitgefühl habt für arme Menschen, die ins Unglück geraten sind, und sie gar noch verspottet!

SIMSON Urteilt nicht so voreilig, hört mich erst an!

HAUSHÄLTERIN Ich will Euch nicht anhören! Verflucht soll sie sein, Eure Universität in Salamanca! *Läuft zur Pforte hinaus, Don Quijote hinterher.* Señor Alonso! Ich beschwöre Euch bei allen Heiligen, haltet ein!

SIMSON Antonia!

ANTONIA Kommt mir nicht zu nahe, Simson! Ich traue meinen Augen und Ohren nicht mehr! Wollt Ihr uns absichtlich Übles zufügen? Wofür nur? Was haben wir Armen Euch getan?

SIMSON Antonia!

ANTONIA Ich weiß, Ihr handelt aus Feigheit, um Señor Alonso gefällig zu sein; statt ihn zurückzuhalten, treibt Ihr ihn zu neuem Unverstand! Getäuscht habt Ihr mich, Simson!

SIMSON So schweigt doch! Ich ein Feigling? Ihr werdet sehen, wie unrecht Ihr mir tut, Antonia, und Eure Worte bitter bereuen! Ich habe Euch doch gesagt, daß ich ihn retten will, unvernünftiges Mädchen, und ich werde ihn retten!

ANTONIA Ich glaube Euch nicht mehr!

SIMSON Haltet Euren Verstand beisammen, Antonia, und beleidigt mich nicht! Ich reite ihm nach und bringe ihn zurück, aber diesmal für immer! Wenn mir das nicht gelingt, kehre ich selbst niemals wieder! Das wäre traurig, Antonia, denn ich bin ja nach Hause geeilt, um Euch zu sehen! Na wennschon! Dann werde ich Euch eben nicht mehr sehen! Aber jetzt habe ich keine Zeit, mit Euch zu reden, da ich fürchte, seine Fährte zu verlieren. Lebt wohl, Antonia! *Läuft davon.*

ANTONIA Simson! Simson! Ich glaube Euch. Sagt doch, was habt Ihr vor?

SIMSON *von weitem* Ich sag's nicht.

HAUSHÄLTERIN *weit weg* Señor Alonso, haltet ein!

Vorhang

Sechstes Bild

Es ist Tag. Ein Saal im Kastell des Herzogs.

HERZOG *tritt ein* Zu mir! Hierher!
Sein Gefolge strömt herbei.
Wir werden sogleich einen Gast im Kastell haben, nämlich den verrückten Hidalgo, der sich Don Quijote von La Mancha nennt, und seinen Waffenträger. Er wird mit allen Ehren empfangen, und niemand wage es, Zweifel zu zeigen, daß er ein fahrender Ritter ist. *Zum Haushofmeister* Ich bitte Euch und *zu Doktor Aguero* auch Euch, in mein Kastell vor der Stadt zu gehen und alles für den Empfang des Waffenträgers als Statthalter vorzubereiten. Sagt ihm, er befinde sich auf der Insel Barataria. Die Herzogin und ich werden in ein paar Tagen hinkommen und seine Absonderlichkeiten bewundern.

HAUSHOFMEISTER Sehr wohl, Euer Durchlaucht.
Doktor Aguero und der Haushofmeister mit einigen Pagen ab.

Zurück bleiben Dueña Rodriguez, einige weitere Dueñas und
Pagen. Hörner erschallen. Auf tritt Herzogin, sie übergibt ihren
Falken ihrem Pagen. Nach der Herzogin treten Don Quijote und
Sancho ein.

HERZOGIN Herzlich willkommen in unserem Hause, Ritter
Don Quijote!

DON QUIJOTE *an der Tür* Nach Euch, Durchlaucht!
Sancho tritt als erster ein.
Großmütige Herzogin, verzeiht ihm seine Unwissen-
heit!

HERZOGIN Keine Sorge, Señor, seine Einfalt und Gerad-
linigkeit sind entzückend.

HERZOG Ich freue mich, Señor Don Quijote. Man wird
Euch einen Empfang bereiten, der einem Ritter ge-
bührt.

DON QUIJOTE Ich bin sehr glücklich, Euer Durchlaucht. *Zu*
Sancho Wenn du ewiger Tölpel und Hanswurst mich
noch einmal mit Schande bedeckst, schlage ich dir den
Kopf ab!

SANCHO Habe ich etwas falsch gemacht, Señor? Ich ver-
spreche, mich künftig aufs anständigste zu benehmen,
und wenn mir wieder ein Fehler unterläuft, werde je-
denfalls nicht ich schuld sein.

DON QUIJOTE Schweig!

HERZOG Bitte in dieses Zimmer, Ritter, da mögt Ihr Euch
von der Reise erfrischen.
Herzogin ab.
Sancho, sei deinem Herrn behilflich.

SANCHO Nach Euch, Durchlaucht. *Wendet sich an Dueña Ro-*
driguez Euer Gnaden, draußen am Tor ist mein Esel
zurückgeblieben. Laßt ihn doch in den Stall bringen,
oder noch besser, tut es selbst, denn ich habe zu niemandem Vertrauen. Denkt aber daran, er ist sehr
furchtsam.

RODRIGUEZ Ihr habt wohl den Verstand verloren!

SANCHO Ich? Nein. Mein Herr hat mir erzählt, den Ritter Lanzarote hätten Señoras gepflegt und sein Pferd

Dueñas. Ich bin zwar auf einem Esel hergeritten, aber der ist wahrhaftig mehr wert als jedes Pferd!

RODRIGUEZ Das ist ja eine Heimsuchung! Ein Esel ist auf einem Esel zu uns ins Kastell gekommen! Ich, Dueña Rodriguez, soll einen Esel in den Stall führen? Da! *Zeigt Sancho eine Feige.*

SANCHO Ach so? Sehr schön. *Zu Don Quijote* Wartet, Señor, geht nicht weg. *Leise* Die Alte da hat mir eben eine Feige gezeigt.

DON QUIJOTE Du lügst, Schurke!

SANCHO Ich sage die Wahrheit, Señor. Was meint Ihr, soll ich diese Beleidigung ungesühnt lassen?

DON QUIJOTE Willst du mich um den Kopf bringen, du Verbrecher?

HERZOG Was habt Ihr, Señor Don Quijote?

DON QUIJOTE Ach, hört nicht auf ihn, Euer Durchlaucht!

SANCHO Doch, warum denn nicht? *Zum Herzog* Sie hat mir eine Feige gezeigt.

HERZOG Die Rodriguez? Ja, sie hat einen abscheulichen Charakter. Na wennschon, zeigt ihr auch eine Feige.

SANCHO Aber sicher, denn ich fühle mich gekränkt.

DON QUIJOTE Euer Durchlaucht!

HERZOG Macht nichts, erfrischt Euch, Señor Don Quijote. *Mit Don Quijote ab.*

SANCHO *zur Rodriguez* Da habt Ihr meine Antwort.

RODRIGUEZ Ach, ach, ach! *Läuft hinaus.*

Sancho folgt Don Quijote. Musik. Das Gefolge reicht Wein. Nach einiger Zeit kehren Don Quijote, die Herzogin und der Herzog zurück und setzen sich an den Tisch. Sancho stellt sich hinter Don Quijotes Sessel. Auftritt Beichtvater des Herzogs, er nimmt in einiger Entfernung Platz.

HERZOGIN Sagt uns, Don Quijote, habt Ihr Nachricht von der reizenden, bezaubernden Dulcinea von Toboso?

DON QUIJOTE Ach, erlauchte Señora, mein Unglück ist grenzenlos! Ich habe schon mehr als einen Riesen besiegt und sie alle zu ihr geschickt, damit sie das Knie vor ihr beugen, aber sie können sie nicht finden, denn böse

Zauberkräfte haben sie in ein gewöhnliches Bauernweib verwandelt.

HERZOG Sehr betrüblich.

BEICHTVATER Was höre ich? *Zum Herzog* Euer Durchlaucht, Ihr werdet Gott vor dem Jüngsten Gericht Rechenschaft abzulegen haben. Wie könnt Ihr die beiden Verrückten dem allgemeinen Gaudium preisgeben? *Zu Don Quijote* Und Ihr? Wer hat Euch in den Kopf gesetzt, daß Ihr ein fahrender Ritter seid und Riesen besiegt und gefangennehmt? Hört auf, durch die Welt zu schweifen, Wind zu schlucken und braven Menschen etwas zu lachen zu geben! Laßt Eure Tollheiten, kehrt nach Hause zurück, erzieht Eure Kinder, wenn Ihr welche habt, und verwaltet Eure Wirtschaft! Wo in Spanien habt Ihr fahrende Ritter, böse Riesen oder verzauberte Prinzessinnen gesehen? Wo sind sie, all diese Dummheiten, mit denen Ihr die Leute belustigt?

HERZOG Wartet, heiliger Vater!

HERZOGIN Heiliger Vater, ich flehe Euch an!

DON QUIJOTE Nein, Euer Durchlaucht, laßt mich antworten! *Zum Beichtvater* Bedenkt, nur die Tatsache, daß ich Gast des Herzogs bin, und Euer Stand dämpfen meinen Zorn, sonst würde es Euch übel ergehen. Nun gut, ich werde mit Eurer Waffe, der Zunge, gegen Euch kämpfen. Sagt mir doch, für welche meiner Tollheiten Ihr mich am meisten verurteilt und mir befehlt, Kinder zu erziehen, die ich nie gehabt habe? Ihr glaubt, ein Mensch, der durch die Welt zieht, nicht um Wollüste, sondern um Bedrängnisse zu suchen, sei verrückt und verschwende seine Zeit? Die Menschen wählen verschiedene Wege. Einige wandeln auf dem weiten Felde des stolzen Hochmuts, andere gehen durch knechtische und niedrige Schmeichelei, noch andere durch betrügerisches Heucheln. Ist einer dieser Wege der meine? Nein! Ich wandle auf der engen Bahn der Ritterschaft und verachte die irdischen Güter, keineswegs aber die Ehre! Wen habe ich denn gerächt, als ich mit den Riesen kämpfte, die Euch so verdrießen? Ich bin eingetreten für die Schwachen, die von Starken beleidigt wurden! Wo ich das Böse sah, nahm ich den tödlichen Kampf auf mich, um die Ungeheuer des Bösen und des Verbrechens auszurotten! Habt Ihr sie noch nirgends gesehen? Dann habt Ihr schlechte Augen, heiliger Vater! Mein Ziel ist licht – ich will allen Gutes und keinem Böses tun. Und dafür verdiene ich nach Eurer Meinung Tadel? Hätten mich Ritter für einen Narren gehalten, so hätte ich es für einen Schimpf genommen, doch Eure Worte sind mir keinen Heller wert und kommen mir lächerlich vor!

SANCHO Fein gesprochen, ich schwöre es bei der Statthalterei, die mein Herr mir erobern wird.

BEICHTVATER *zu Sancho* Besinn dich, du armer Irrer! Von was für einer Statthalterei träumst du, Unwissender?

SANCHO *leise zu Don Quijote* Señor, er hat mich beschimpft!

HERZOG O nein, hier irrt Ihr, heiliger Vater! Ich erkläre, hier in Gegenwart aller, daß ich den Waffenträger Sancho Pansa zum Statthalter der Insel Barataria ernenne, die zu meinen Besitzungen gehört.

HERZOGIN Ich bin entzückt darüber, Herzog!

SANCHO *zum Beichtvater* Da habt Ihr Euren Unwissenden! Ach, wie schade, daß meine Frau Juana Teresa nicht hier ist, sie würde vor Freude zur Salzsäule erstarren!

DON QUIJOTE Sancho, danke dem erlauchten Herzog, daß dein Traum endlich in Erfüllung geht!

BEICHTVATER Euer Durchlaucht, jetzt sehe ich, daß Ihr genauso unverständig seid wie die beiden! Da ich jedoch nicht das tadeln mag, was ich nicht bessern kann, ziehe ich es vor zu gehen! *Ab.*

HERZOGIN *zu Don Quijote* Vortrefflich habt Ihr meinem Beichtvater geantwortet, Señor! Jeder kann sehen, wie unverständig sein Zorn ist.

HERZOG Sehr richtig. Begebt Euch nunmehr auf die Insel, Sancho, deren Bewohner Euch bereits erwarten wie den Regen im Mai.

DON QUIJOTE Durchlaucht, erlaubt mir, ihm noch einige Belehrungen zu erteilen, um ihn in seiner neuen hohen Stellung vor falschen Schritten zu bewahren.

HERZOG Ein guter Gedanke, Señor.

HERZOGIN Wir entfernen uns und lassen Euch allein.

Alle ab außer Don Quijote und Sancho.

DON QUIJOTE Höre mich aufmerksam an, Sancho. Ich bin erregt, und meine Seele ist erschüttert. Du hast plötzlich bekommen, was andere unglaubliche Anstrengungen kostet und wofür mancher, getrieben von Ehrgeiz oder Habsucht, alle möglichen, manchmal sogar unsauberen Mittel anwendet und doch nicht seine Absicht erreicht. Ich sage dieses alles, damit du diese Gunst nicht deinen Verdiensten beimessen mögest, damit du dich nicht aufbläßt wie der Frosch, damit du keinen Spott oder gar böse Verleumdung auf dich herabbeschwörst, vor der einen selbst die höchste Stellung nicht zu bewahren vermag. Sei stolz darauf, daß du ein einfacher Bauer bist, und halte es nicht für erniedrigend, dies jedermann einzugestehen. Ich brauche dir nicht zu beweisen, daß ein armer, aber ehrbarer Mann mehr wert ist als ein angesehener Sünder und Bösewicht. Verleugne weder deine Abkunft noch deine Angehörigen. Was wollte ich dir noch sagen? Ach ja! Immerhin wirst du über Menschen zu Gericht sitzen. Das ist sehr schwer, Sancho. Höre mich darum an, und vergiß nichts. Wenn du Gericht hältst, greife nie zur Willkür. Wirst du dir das merken?

SANCHO Ja, Señor.

DON QUIJOTE Suche stets unermüdlich nach der Wahrheit, und schätze die Tränen des Armen höher als die Beteuerungen des Reichen oder gar seine Versprechungen. Lasse dich vom Gesetz leiten, aber merke dir, wenn dieses Gesetz streng ist, so drücke nicht mit seinem Gewicht den Angeklagten nieder! Wisse, nicht größer ist der Ruhm des strengen Richters als der des mitleidigen. Vor Gericht kann mancherlei geschehen. Vielleicht steht eines Tages dein Feind vor dir. Was mußt du in solchem Falle tun? Du mußt die Beleidigung vergessen, die er dir angetan hat, und so über ihn urteilen, als sähest du ihn zum erstenmal. Es kommt vor, Sancho, daß der Richterstab plötzlich in des Richters Hand erzittert. Wenn dir solches widerfährt, so denke nicht daran, ihn zu senken, weil jemand dir etwas zugeflüstert und dir einen klirrenden Beutel in die Kapuze gesteckt hat. Dieses letzte merke dir vorzüglich, Sancho, wenn du nicht willst, daß ich dich verachte. Und solltest du einmal kleinmütig den Richterstab senken wollen, so nur aus Mitgefühl! Was muß ich dir noch sagen? Sei nie grob zu Tieferstehenden, Sancho, und noch eines – schwätze nicht soviel! Dein Geschwätz kann dich noch an den Galgen bringen. Und sei sauber. Wenn du diese meine Ratschläge befolgst, wirst du glücklich sein in deinem neuen Amt. Hast du mich verstanden?

SANCHO Macht Euch keine Sorgen, Señor, ich habe Euch verstanden.

DON QUIJOTE Sieh mir in die Augen. Ich vertraue dir. So laß uns denn Abschied nehmen. Wir sehen uns nicht mehr wieder, unsere Wege haben sich getrennt. Ich werde hier im Kastell des Herzogs ausruhen und mich dann dahin auf den Weg machen, wohin die Pflicht mich ruft.

SANCHO Ach, gnädiger Herr ...

DON QUIJOTE Warum seufzest du?

SANCHO Ich denke daran, wie es Euch ohne Waffenträger ergehen wird.

DON QUIJOTE Ich werde einen anderen finden.

SANCHO Ob ein anderer mit Euch gehen wird, ist noch sehr die Frage. Wißt Ihr, Señor, ich rate Euch, versprecht ihm ebenfalls eine Insel. Ich würde ja bei Euch bleiben, aber ...

DON QUIJOTE Nein, nein, ich verstehe dich gut.

SANCHO Erlaubt mir, Señor, Euch zum Abschied auch einige Belehrungen zu geben. Was wollte ich Euch sagen? Ach ja. Mein Herz spürt, daß man Euch prügeln wird, Señor. Darum müßt Ihr bei Schlägereien besonders Euren Kopf schützen und ihn keinen Schlägen aussetzen. Euer Kopf steckt voll kluger Gedanken, und es wäre jammerschade, wenn er zerspränge wie ein irdener Topf. Sollen die Stöcke lieber über Eure Seiten tanzen; eine oder zwei Rippen, das ist nicht so schlimm. Was noch, Señor? Ach ja, Ihr habt da noch eine Flasche vom Balsam des Fierabras. Gießt sie aus, Señor, mag sie zum Teufel gehen, denn wenn man Euch nicht im Kampfe tötet, so gibt Euch gewiß der Balsam den Rest. Beherzigt meine Ratschläge, gnädiger Herr, dann werdet Ihr glücklich sein in Eurem neuen Amt! Ich werde mich sehr nach Euch sehnen.

DON QUIJOTE Ich danke dir, daß du dich so um mich sorgst. Leb wohl und reise in Frieden!

Man hört Trompetenstöße, die Türen werden aufgerissen, es erscheinen die Herzogin, der Herzog sowie Pagen mit einem Statthaltergewand.

Vorhang

Siebentes Bild

Ein Saal im Kastell des Herzogs außerhalb der Stadt. Ein Richtersessel. Ein Bett mit Baldachin. Man hört Trompeten. Sancho, als Statthalter gekleidet, tritt mit Gefolge ein und setzt sich in den Sessel.

HAUSHOFMEISTER Señor Statthalter, auf unserer Insel Barataria herrscht seit alters der Brauch, daß ein neuer Statthalter bei der Übernahme seiner Amtsgeschäfte öffentlich zwei oder drei verwickelte Aufgaben lösen muß, damit die Einwohner erfahren, ob er klug ist oder ein unverbesserlicher Idiot, und damit sie je nachdem jubeln oder gleich verzweifeln können.

SANCHO Her mit den Aufgaben!

HAUSHOFMEISTER Sehr wohl, Durchlaucht!

Auftreten zwei prozessierende Greise, der zweite mit einem Rohrstock in der Hand.

SANCHO Was habt Ihr mir zu sagen, meine Freunde?

ERSTER GREIS Euer Ehren, ich habe diesem Manne zehn Dukaten in Gold geliehen und sie, als die Frist um war, von ihm zurückgefordert. Da hat er mir geantwortet, er habe sie mir bereits gegeben. Das ist jedoch nicht wahr, und ich habe keine Zeugen. Nun bin ich von Gericht zu Gericht gelaufen und konnte nichts ausrichten, weil er schwört, mir das Geld zurückgegeben zu haben. Helft mir, Señor Statthalter!

SANCHO *zum Zweiten Greis* Hat er dir zehn Golddukaten geliehen?

ZWEITER GREIS Ja, Euer Gnaden, aber ich habe sie ihm zurückgegeben.

ERSTER GREIS Er lügt, Euer Ehren, er hat sie mir nicht zurückgegeben!

ZWEITER GREIS Nein, er ist es, der lügt, ich habe ihm die volle Summe zurückgegeben.

SANCHO *zum Zweiten Greis* Und du bist bereit, das zu beschwören?

ZWEITER GREIS Jederzeit.

SANCHO Gut. Schwöre.

ZWEITER GREIS *zum Ersten Greis* Sei so gut, Nachbar, und halte derweil meinen Stock.

Der Erste Greis nimmt den Stock.

ergreift Sanchos Richterstab. Ich schwöre, daß ich ihm die zehn Dukaten zurückgegeben habe, die er mir geliehen hat.

ERSTER GREIS Wie kommt es, daß der Himmel ihn nicht straft?

Der Zweite Greis streckt die Hand aus, um vom Ersten den Stock zurückzunehmen.

SANCHO Nein, mein Freund, du hast die Wahrheit gesagt, als du schworst, aber der Stock soll von nun an ihm gehören.

ERSTER GREIS Ist er etwa zehn Dukaten wert, Euer Ehren?

SANCHO Jawohl! Er ist sie wert, oder ich habe statt des Gehirns Ziegelsteine im Kopf! Man zerbreche sofort den Stock! *Der Stock wird zerbrochen, Goldstücke kommen zum Vorschein.*

ERSTER GREIS Mein Geld! O weisester aller Statthalter!

ZWEITER GREIS *fällt auf die Knie* Vergebt mir, Señor Statthalter!

SANCHO Geh, hinterlistiger Spitzbube! Merke dir aber, wenn du noch einmal jemanden übers Ohr haust, ergeht es dir schlecht!

ERSTER GREIS O großer Statthalter!

HAUSHOFMEISTER, GEFOLGE Großer Statthalter!

Die Greise ab. Auf tritt eine Frau, hinter ihr ein Schweinetreiber.

FRAU Gerechtigkeit! Gerechtigkeit! Sollte sie mir hier auf Erden versagt bleiben, so werde ich sie im Himmel suchen!

SANCHO Was ist dir widerfahren, gute Frau?

FRAU Euer Gnaden, dieser Strolch ist mir heute auf dem Felde begegnet und hat mir mit Gewalt die Ehre geraubt!

SANCHO *zum Schweinetreiber* Ach, ich sehe schon, du …

SCHWEINETREIBER *verzweifelt* Durchlaucht, seht, ich bin Schweinetreiber …

SANCHO Na und? Daraus, mein Freund, folgt noch gar nichts.

SCHWEINETREIBER Ich will ja zugeben, Euer Gnaden, daß ich ihr tatsächlich auf dem Feld begegnet bin. Seht, ich habe heute vier Schweine verkauft … und … es stimmt, die Sünde ist geschehen, aber sie war damit einverstanden, und ich habe sie obendrein dafür bezahlt.

FRAU Er lügt!

SANCHO Mein lieber Schweinetreiber, hast du Geld bei dir?

SCHWEINETREIBER Ja, Euer Gnaden. Zwanzig Silberdukaten.

SANCHO Also bitte, mein Freund, bezahle.

Der Schweinetreiber gibt der Frau betrübt den Geldbeutel.

FRAU Der Herrgott verlängere das Leben unseres Statt-
halters, des Beschützers aller Geknechteten! *Ab.*

SANCHO *zum Schweinetreiber* Du bist traurig, mein Freund?

SCHWEINETREIBER Ja, ich traure um das verlorene Geld.

SANCHO Nun, wenn du trauerst, so nimm ihr den Beutel
wieder weg.

*Der Schweinetreiber stürzt hinaus. Man hört einen Schrei, dann
kommt die Frau hereingelaufen und zerrt den Schweinetreiber
hinter sich her.*

FRAU Señor Statthalter, dieser Räuber hat am hellichten
Tag versucht, mir den Beutel wegzunehmen, den Ihr mir
zugesprochen habt!

SANCHO Na und, hat er ihn dir weggenommen?

FRAU Ich trenne mich eher von meiner Seele als von dem
Geld! Das würde er mir nicht mal mit Löwenklauen entreißen!

SCHWEINETREIBER Ich verzichte auf das Geld!

SANCHO *zur Frau* Gib den Beutel her.

FRAU Señor Statthalter, wieso denn?

SANCHO Gib sofort den Beutel her! Hättest du deine Ehre
ebenso kräftig verteidigt wie dieses Geld, so hätte selbst Her-
kules sie dir nicht nehmen können. Geh, habgierige Lüg-
nerin! *Zum Schweinetreiber* Da hast du deinen Beutel.

SCHWEINETREIBER Ich danke Euch, großmütiger Señor
Statthalter!

SANCHO Keine Ursache, geh in Frieden, und sei nicht
wieder so leichtsinnig.

SCHWEINETREIBER *sich entfernend* Es lebe unser Statthalter!

HAUSHOFMEISTER Die Bevölkerung ist von Euch begeistert,
Señor Statthalter! Die Aufgaben sind gelöst, das Abendessen steht bereit.

SANCHO Dann bin ich auch begeistert. Her damit!

*Eine reichgedeckte Tafel erscheint. Sancho setzt sich an den
Tisch. Hinter seinem Sessel erscheint Doktor Aguero. Jedesmal,
wenn Sancho eine Schüssel berührt, tippt Aguero mit seinem
Stab daran, und man trägt sie ab.*

Was soll das heißen?

AGUERO Señor Statthalter, ich bin Arzt, und mir obliegt es, ständig um Euch zu sein und darüber zu wachen, daß Ihr nichts eßt, was Eurer kostbaren Gesundheit abträglich wäre. Dieses Gericht könnte Euch schaden.

SANCHO So gebt mir ein Stück Rebhuhn!

AGUERO Keineswegs! Hippokrates, der Vater der Medizin und Lehrmeister aller Ärzte, sagt …

SANCHO Gut, gut, wenn er es sagt. Gebt mir ein Stück Kaninchen!

AGUERO Um Himmels willen, Señor Statthalter!

SANCHO Sagt mir doch, wie Ihr heißt, Señor Doktor, und wo Ihr studiert habt.

AGUERO Ich bin Doktor Pedro Recio de Aguero, und ich stamme aus einem Flecken, der zwischen Caraquel und Almodobar del Campo gelegen ist. Den Doktorhut erhielt ich auf der Universität zu Ossuna.

SANCHO Dann hört mir mal gut zu, verehrter Herr Doktor Pedro Recio de Aguero aus dem Flecken Almodobar del Campo! Schert Euch zum Teufel mitsamt dem Doktorhut, den Ihr auf der Universität zu Ossuna erhieltet! Hinaus!

AGUERO Señor Statthalter!

SANCHO Hinaus!

Aguero läuft hinaus.

Kaninchenbraten her!

HAUSHOFMEISTER Sehr wohl, Señor Statthalter.

Sancho beginnt zu essen. Man hört eine Trompete schmettern. reicht Sancho einen Brief Ein Brief für Euer Durchlaucht vom Herzog.

SANCHO Wer ist hier mein Sekretär?

HAUSHOFMEISTER Ich, Euer Durchlaucht.

SANCHO Könnt Ihr lesen?

HAUSHOFMEISTER Ich bitte Euch, Durchlaucht!

SANCHO So lest vor, und sei es silbenweise, ich kapier's schon.

HAUSHOFMEISTER *liest* »Verehrter Statthalter, ich habe Kunde, daß der Feind in einer der nächsten Nächte die Euch

273

anvertraute Insel überfallen will. Ergreift entsprechen-
de Maßnahmen …«

SANCHO Weg mit dem Kaninchen. Mir ist der Appetit vergangen. *Zum Haushofmeister* Ich bin Euch sehr dankbar
für das Vorlesen. Es tut mir aufrichtig leid, daß man
Euch lesen gelehrt hat.

HAUSHOFMEISTER Es geht hier noch weiter.

SANCHO So gebt mir schon den Rest.

HAUSHOFMEISTER *liest* »Überdies, verehrter Statthalter, teile
ich Euch mit, daß die Feinde Euch nach dem Leben
trachten. Nehmt Euch beim Essen in acht, man könnte
Euch vergiften. Euer Herzog.«

SANCHO Habe ich's mir doch gleich gedacht. Das Ende ist
noch schlimmer als der Anfang. Man räume sofort den
Tisch ab! Hinweg mit alldem! *Steht auf.* O Gott, o Gott!
Laßt mich wenigstens ruhig schlafen, wenn ich nach all
den Mühen schon nicht essen darf.

HAUSHOFMEISTER Sehr wohl, Señor Statthalter.

Es dunkelt.

*Man führt Sancho zum Bettvorhang, hinter dem er verschwindet,
und räumt den Tisch ab. Der Saal leert sich. Leise Musik ertönt.
Dann schlägt eine Alarmglocke an, in der Ferne ertönt Lärm.*

SANCHO *lugt hinter dem Bettvorhang hervor* Was ist denn das?

In der Ferne ertönt ein Schuß.

Aha, es geht schon los, was der verfluchte Brief an-
gekündigt hat! *Versteckt sich hinter dem Bettvorhang.*

HAUSHOFMEISTER *kommt mit einem Degen hereingelaufen* Señor
Statthalter! Señor Statthalter!

SANCHO *schaut hervor* Was ist? Ich hoffe, auf der Insel ist
alles wohl?

HAUSHOFMEISTER Keineswegs! Der Feind hat die Insel plötzlich überfallen! Zu den Waffen, Señor Statthalter, zu
den Waffen! Stellt Euch an die Spitze des Heeres, sonst
werden wir alle abgeschlachtet wie Hühner!

SANCHO Zu den Waffen? Ach, wenn doch mein Herr hier
wäre! Die Pest soll mich holen! *Versteckt sich hinter dem
Bettvorhang.*

274

HAUSHOFMEISTER *zieht den Bettvorhang weg* Euer Durchlaucht, was zögert Ihr?

GEFOLGE *stürzt mit Fackeln herein* Zu den Waffen!

HAUSHOFMEISTER Man hole große Schilde her!

Sancho wird zwischen zwei Schilde verpackt, so daß er einer riesigen Schildkröte gleicht.

Vorwärts, Señor Statthalter, vorwärts!

SANCHO Was heißt vorwärts, wenn ich mich nicht von der Stelle rühren kann!

HAUSHOFMEISTER Man trage den Statthalter!

Sancho wird aufgehoben und hinausgetragen. Kampflärm, Fackelschein. Die Schilde rollen zurück, Sancho bleibt hilflos und unbeweglich liegen, den Kopf eingezogen. Rings um ihn stampft das Gefolge, vor den Fenstern Schreie und Schüsse.

springt auf Sanchos oberen Schild, kommandiert Vorwärts, Insulaner, vorwärts! Gebt siedendes Öl her! Sehr schön! Gießt es aus! Werft sie herunter von den Sturmleitern! Vorwärts! Vorwärts! Aha, sie weichen bereits! Versorgt die Verwundeten! Hierher! Zu mir! *Tanzt auf dem Schild herum.*

GEFOLGE Der Feind weicht! Er flieht! Sieg! Sieg!

Der Kampflärm verstummt.

HAUSHOFMEISTER *springt vom Schild* Sieg! Befreit den Statthalter!

Sancho wird befreit und aufgehoben.

Meinen Glückwunsch, Durchlaucht! Unter Eurem Oberbefehl hat das Heer der Insulaner den Feind zurückgeschlagen! Ihr könnt triumphieren!

SANCHO Gebt mir einen Schluck Wein.

Man reicht Sancho Wein.

Oder laßt, nicht nötig. Vielleicht ist bei Euch auch der Wein vergiftet? Nicht nötig. Holt mir meinen Esel.

HAUSHOFMEISTER Sehr wohl, Señor Statthalter.

SANCHO Macht mir Platz, Señores!

Das Gefolge tritt auseinander, Sancho verschwindet hinter dem Bettvorhang. Der Esel wird auf die Terrasse vor dem Saal geführt. Sancho tritt wieder hervor, angetan mit seiner gewöhnlichen Kleidung.

Zu mir, mein Esel! Zu mir, mein treuer grauer Freund! *Umarmt den Esel.* Früher haben wir füreinander gelebt, du für mich, ich für dich. Damals hatte ich nur eine Sorge – deinen kleinen Körper zu ernähren. Wie glücklich flossen damals unsere Jahre und unsere Tage dahin, daheim und auf der Wanderschaft! Jetzt aber, wo ich aus Ehrgeiz diese Höhe erklommen habe, martern tausend Sorgen und zweitausend Kümmernisse mir Seele und Leib! Macht Platz, Señores! Gebt mir mein früheres Leben zurück! Ich gehe wieder zu meinem Ritter, ich bin nicht zum Statthalter geboren! Ich kann Weinreben verschneiden, aber keine Insel regieren. Ich bin es gewohnt, die Sichel zu halten, und sie gefällt mir besser als der Statthalterstab! Ich schlafe ruhiger im Grase als auf dem feinsten Statthalterpfühl, und meine Jacke wärmt mich besser als der Statthaltermantel. Lebt wohl, Señores, lebt wohl! Bestätigt aber dem Herzog, daß ich ebenso arm gegangen wie gekommen bin. Ich habe nichts eingebüßt, mir aber auch nichts angeeignet. Seht, meine Taschen sind leer, ich habe nichts gestohlen! Lebt wohl! *Besteigt den Esel.*

HAUSHOFMEISTER Señor Statthalter, wir bitten Euch, bei uns zu bleiben.

GEFOLGE Bleibt bei uns!

SANCHO O nein, um keinen Preis! Meine Seele ist ebenso gequält und geschunden wie mein Leib.

AGUERO Señor Statthalter, ich gebe Euch die besten Pflaster und Arzneien!

SANCHO O nein! Kein Pflaster kann mich von meinem Entschluß abbringen! Ich bin vom Geschlechte der Sanchos, und wenn ich etwas gesagt habe, so gilt es!

HAUSHOFMEISTER Wir haben Euch liebgewonnen, weil Ihr so gescheit und so einfallsreich seid, Señor Statthalter. Bleibt bei uns!

SANCHO Nein. Macht mir Platz!

HAUSHOFMEISTER Da kann man nichts machen! Lebt wohl, Sancho Pansa! Ihr wart der ehrlichste und beste aller Statthalter, die diese Insel regiert haben. Lebt wohl!

SANCHO Lebt wohl! *Reitet davon.*

Vorhang
Ende des dritten Aktes

Vierter Akt

Achtes Bild

Terrasse und Garten beim Herzog. Lichter im Garten. Man hört Musik. Der Herzog und die Herzogin sitzen auf der Terrasse.

DON QUIJOTE *hinter der Bühne* »O Eifersucht, grausame Herrscherin im Reich der Liebe, umwinde mir die Arme mit Ketten!«

HERZOGIN Schon wieder ein Anfall. Hört Ihr, wie er zur Musik deklamiert! Er tut mir leid. Ich glaube, ohne diesen unglückseligen Wahn wäre er einer der klügsten Männer. Wenn er frei ist von seinen Visionen, urteilt er sehr vernünftig, und seine Gedanken sind klar und gut.

HERZOG Ihr irrt, meine Teure, er ist unheilbar, und man kann nur noch wünschen, daß sein Wahnsinn zur Erheiterung der Leute beiträgt.

Man hört Trompetengeschmetter. Auftritt Page.

PAGE Euer Durchlaucht, ein Ritter ist im Schloß eingetroffen und bittet, ihn zu empfangen.

HERZOG Was für ein Ritter!

PAGE Niemand kennt ihn, Euer Durchlaucht, er trägt eine Rüstung und hat das Visier heruntergeklappt.

HERZOG Ach, das sind gewiß die Pagen, diese Schelme! Natürlich, ein Scherz des Haushofmeisters.

PAGE Nein, Euer Durchlaucht, wirklich nicht! Diesen Mann kennt niemand, und er weigert sich, seinen Namen zu nennen.

HERZOG Na schön, auf jeden Fall ist es amüsant. Ruf ihn her.

Page ab. Man hört Trompeten. Auf tritt Simson in Rüstung, mit Schwert und Schild. Auf seiner Brust ein Bild des Mondes.

SIMSON Verzeiht mir, Euer Durchlaucht, daß ich ungeladen zu Euch ins Schloß komme.

HERZOG Ich freue mich sehr. Wer seid Ihr?

SIMSON Ich bin der Ritter des Weißen Mondes.

HERZOG Ah, sehr interessant! *Zur Herzogin* Jetzt haben wir also zwei Verrückte im Kastell. *Zu Simson* Was führt Euch hierher, Ritter? Aber was immer es sei, ich freue mich, Euch zu sehen.

SIMSON Man hat mir berichtet, Don Quijote sei bei Euch zu Gast. Ich bin gekommen, ihn zu treffen.

HERZOG Ja, Don Quijote wohnt bei mir, und ich werde Euch gern eine Begegnung mit ihm ermöglichen. *Zum Pagen* Bitte Don Quijote zu mir.

PAGE Sehr wohl. *Ab.*

HERZOGIN Ich spüre eine dumpfe Unruhe, Herzog. Ob diese Begegnung ungefährlich ist?

HERZOG Keine Sorge, meine Teure, ich versichere Euch, es ist ein Scherz der Höflinge.

DON QUIJOTE *deklamiert hinter der Bühne* Ja, mein Tod ist nah ... ich sterbe. Ich habe auf nichts mehr zu hoffen, weder im Leben noch im Tode! *Tritt in seiner Rüstung, aber ohne Helm ein. Erblickt Simson.* Wer ist das? *Zum Herzog* Ah, Euer Durchlaucht! Warum laßt Ihr nicht Euren Beichtvater rufen? Er sagte doch, es gebe in Spanien keine Ritter und Ungeheuer? Jetzt könnte er sich überzeugen, daß es fahrende Ritter gibt! Da habt Ihr schon den zweiten vor Euch! Lichter spielen auf seinem Panzer, und Kampfesmut brennt in seinen Augen, die ich durch das Visier sehe. Warum habt Ihr mich rufen lassen?

SIMSON Ich will zu Euch, Don Quijote von La Mancha.

279

DON QUIJOTE Hier bin ich.

SIMSON Don Quijote, man nennt mich den Ritter des Weißen Mondes.

DON QUIJOTE Was führt Euch zu mir?

SIMSON Euch den Fehdehandschuh hinzuwerfen bin ich gekommen, Don Quijote! Ich werde Euch zwingen zu bekennen, daß meine Dame, wie immer sie heißt, schöner ist als Eure Dulcinea von Toboso! Wenn Ihr es nicht zugebt, müßt Ihr mit mir kämpfen. Einer von uns wird unterliegen und muß die Befehle des Siegers entgegennehmen. Ich warte auf Antwort.

DON QUIJOTE Ritter des Weißen Mondes, ich habe von Euern Heldentaten weder gelesen noch gehört und kann daher von ihnen nicht beeindruckt sein, aber Euer Hochmut beeindruckt mich. Es gibt keinen Zweifel, daß Ihr Dulcinea von Toboso nie gesehen habt, sonst würdet Ihr nicht wagen, so von ihr zu reden.

SIMSON Wenn ich Euch herausfordere, kann ich von ihr reden, wie ich will. Antwortet mir: Nehmt Ihr meine Herausforderung an oder nicht?

DON QUIJOTE Genug, Ritter des Weißen Mondes, Eure Herausforderung ist angenommen! *Zum Pagen* Gebt mir meinen Helm und den Schild! Herzog, teilt die Sonne unter uns auf!

HERZOGIN Ein Zweikampf! Ich habe Angst!

HERZOG Aber Herzogin, das ist doch höchst interessant! He, bringt Fackeln!

Man bringt Fackeln. Der Page reicht Don Quijote sein Barbierbecken und den Schild.

Wo wollt Ihr stehen, Ritter des Weißen Mondes?

SIMSON Da, wo ich stehe.

HERZOG Stellt Euch hierher, Don Quijote.

DON QUIJOTE Meine Dame, hilf dem von uns, der recht hat!

HERZOG Der Zweikampf kann beginnen.

Don Quijote stürzt sich auf Simson und versetzt ihm einen Schwertschlag, von dem Simsons linker Arm taub wird.

SIMSON Ach! *Stürzt sich auf Don Quijote, zerbricht ihm das Schwert, zerschlägt ihm Schild und Rüstung und haut ihm das Barbierbecken vom Kopf.*
Don Quijote fällt.
HERZOGIN Genug! Genug! Er ist besiegt!
HERZOG Haltet ein!
SIMSON Nein, tretet alle zurück! Ich habe eine Rechnung mit ihm zu begleichen! *Setzt Don Quijote die Schwertspitze an die Kehle.* Ergebt Euch, Ritter von der traurigen Gestalt, Ihr seid besiegt! Erfüllt die Bedingung des Zweikampfes, und sprecht mir nach: Ja, Eure Dame, Ritter des Weißen Mondes, ist schöner als Dulcinea. Wiederholt das!
DON QUIJOTE Ja, Eure Dame ... Nein, ich kann nicht! Ich bin besiegt, das gebe ich zu, aber ich kann nicht bekennen, daß es auf der Welt eine schönere Dame gibt als Dulcinea! Es gibt keine! Aber da ist etwas, was mir plötzlich viel mehr angst macht als Euer Schwert. Eure Augen! Euer Blick ist kalt und grausam, und plötzlich dünkt mich, daß Dulcinea gar nicht in dieser Welt weilt! Nein, es gibt sie nicht! Meine Stirn bedeckt sich mit kaltem Schweiß, wenn ich daran denke. Es gibt sie nicht! Aber trotzdem sage ich nicht, wozu Ihr mich zwingen wollt. Es gibt keine schönere! Doch das wird Euer eisernes Herz nicht begreifen. Stoßt zu, ich fürchte den Tod nicht.
SIMSON Ich töte Euch!
HERZOG Haltet ein, ich befehle es!
SANCHO *erscheint* Señor Don Quijote! Mein lieber Señor, da bin ich ja zur rechten Zeit gekommen. Ich bin von der Insel weggelaufen, bin kein Statthalter mehr! Hört auf den Rat Eures Waffenträgers, und gebt Euch geschlagen! *Zum Herzog* Euer Durchlaucht, verhindert, daß diesem ehrlichen und gescheiten Hidalgo das Leben genommen wird!
HERZOGIN Beendet den Zweikampf! Ich befehle es!
SIMSON Ich wiederhole – laßt uns! *Zu Don Quijote* Ich entbinde Euch von Eurem Wort. Lebt weiter mit Eurem

Traum von Dulcinea, es gibt sie nicht, und ich bin zufrieden, denn meine Dame lebt und ist schon darum schöner als die Eure! Sprecht mir also etwas anderes nach: Ich erkläre mich bereit, die Forderung meines Bezwingers, des Ritters des Weißen Mondes, zu erfüllen und für immer auf mein Gut in La Mancha zurückzukehren. Ich werde keine Heldentaten mehr vollbringen und nirgendwo hinreiten!

DON QUIJOTE Ihr habt ein Herz von Stein.

SIMSON Schwört, denn meine Geduld ist bald zu Ende!

HERZOGIN Schwört!

SANCHO Ja, schwört!

DON QUIJOTE Ich schwöre ... Ich bin besiegt ...
Simson steckt das Schwert in die Scheide, tritt zurück. Was ist mit mir? Sancho, hilf mir, mein Schlüsselbein ist zerschlagen.

SANCHO Helft mit, ihn aufzuheben!
Pagen stürzen zu Don Quijote und heben ihn auf.

HERZOGIN Holt einen Arzt!
Don Quijote wird hinausgetragen, auf der Bühne bleiben der Herzog und Simson.

HERZOG Ihr habt den Scherz zu weit getrieben, und ich verlange, daß Ihr Euer Visier öffnet und mir Euren Namen nennt.

SIMSON *klappt das Visier hoch* Ich bin der Bakkalaureus Simson Carrasco aus La Mancha. Ich war niemals Ritter und wünsche es auch nicht zu sein. Mir tat der arme Hidalgo Alonso Quijano leid. Ich achte und liebe ihn, und ich hatte mich entschlossen, seinem Wahn und seinen Fahrten ein Ende zu setzen.

HERZOG Hm ... Eure Tat ist edel, Baccalaureus, und ich sehe, Ihr habt mit Eurem Arm dafür bezahlt. Das macht Euch Ehre. Trotzdem bedaure ich, daß Quijanos Fahrten beendet sind. Sie waren vergnüglich. Er und sein Waffenträger haben den Leuten Spaß verschafft.

SIMSON Wir sollten das nicht bedauern, Euer Durchlaucht. Es gibt schließlich andere Zerstreuungen auf der Welt!

Die Beizjagd, Tanz im Fackelschein, Gastmähler, Zwei-
kämpfe ... Daran herrscht bei den Edelleuten kein Man-
gel. Soll man zum Spaß die Zahl der geborenen Narren
vergrößern und einen Menschen, der es nicht verdient,
zum Berufsnarren machen?

HERZOG Ehrenwerter Bakkalaureus, Eure Worte erinnern
mich an eine Moralpredigt, und derlei bin ich gar nicht
gewohnt.

SIMSON Davor bewahre mich der Himmel, Herzog! Ich bin
nicht so dreist, Euch belehren zu wollen. Nehmt es einfach für ein Selbstgespräch.

HERZOG Nehmt zur Kenntnis, Bakkalaureus, der beste
Platz für solche Selbstgespräche ist Euer eigenes Haus.
Wäre mir Euer Plan bekannt gewesen, so hätte ich Euch
nicht in mein Kastell gelassen!

SIMSON Oh, eben das hatte ich vermutet, daher bin ich,
um Euer Durchlaucht gefällig zu sein, unter dem Deck-
mantel des Spaßes ins Kastell eingedrungen.

HERZOG Genug! Lebt wohl.

Simson dreht sich um und geht.

He, man führe den Ritter des Weißen Mondes aus dem
Kastell!

Trompetenstöße.

Vorhang

Neuntes Bild

*Haus und Hof Don Quijotes. Sonnenuntergang. Hof und Zim-
mer sind leer. Auf dem Hügel an der Straße, hinter der Pforte,
erscheint gebückt und auf einem Stock gestützt Don Quijote
mit verbundenem Arm. Sancho führt Rosinante und den Esel.
Rosinante ist mit der Rüstung beladen, und es sieht aus, als
reite auf dem Pferd ein hohler Ritter mit zerbrochener Lanze.*

SANCHO Da ist es, unser Dorf, Señor! Oh, ersehnte Heimat! Blicke auf deinen Sohn Sancho Pansa, und nimm
ihn in deine Arme. Er kehrt zu dir zurück, nicht geadelt,

doch reicher an Erfahrungen, die er Nöten, Aufregungen und Unglücksfällen verdankt. Alles hat er durchmachen müssen, von Stockschlägen, die auf seinen armen, schutzlosen Körper niederprasselten, über den Spott und die Schmähungen von Leuten, die nicht begriffen, was ein Waffenträger ist, bis zu den unerhörten Ehren, die ihm als Statthalter zuteil wurden. Diese Statthalterschaft hat sich verflüchtigt wie Rauch, der Schmerz von den Stockschlägen ist vergangen, und der Sohn seiner Heimat ist zurückgekehrt zu seinem Ausgangspunkt, unter den Schatten dieser Bäume, an den heimatlichen Brunnen. *Bindet Rosinante und den Esel an. Don Quijote steht währenddessen unbeweglich auf dem Hügel und schaut in die Ferne.* Nichte! Señora Haushälterin! Furchtlos rufe ich, denn ich weiß, Señora Haushälterin, daß Ihr mir jetzt nicht mehr Eure scharfen Klauen in den Leib schlagen und mich nicht mehr mit Schmähreden überschütten werdet, von denen auch dem Tapfersten das Herz zu Eis erstarrt. Wir sind zurückgekehrt für immer! Heute ist Samstag, sie ist in der Kirche. Señor Don Quijote, warum kommt Ihr nicht in Euer Haus? Wohin schaut Ihr, Señor?

DON QUIJOTE Ich betrachte die Sonne. Da ist es, das Himmelsauge, ewige Fackel des Alls, Schöpferin der Musik, Arzt der Menschheit! Aber der Tag neigt sich der Nacht zu, eine unaufhaltsame Kraft zieht sie abwärts. Kurze Zeit noch, dann verschwindet sie unter der Erde, und Finsternis bricht herein. Aber diese Finsternis ist nicht von Dauer, Sancho! Schon nach wenigen Stunden wird Licht emporsprühen hinter dem Erdenrand, und wieder wird er den Himmel hinanfahren, der goldene Wagen, den der Mensch nicht anblicken kann. Eben habe ich daran gedacht, Sancho, daß mein Lebenswagen nicht mehr auffahren wird, wenn er sich einmal der Erde zuneigt. Wenn mein Tag zu Ende ist, Sancho, wird es keinen zweiten mehr geben. Bei diesem Gedanken erfaßt mich Wehmut, denn ich spüre, mein einziger Tag geht zu Ende.

SANCHO Señor, Ihr erschreckt mich! Eure Wunden haben sich geöffnet. Man weiß doch, wenn der Körper schmerzt, so schmerzt auch die Seele. Ihr seid krank, gnädiger Herr, und müßt so schnell wie möglich ins Bett.

Don Quijote betritt den Hof und setzt sich auf die Bank.

Kommt, gnädiger Herr, ich bringe Euch zu Bett, man wird Euch zu essen geben, und der Schlaf wird Euch heilen.

DON QUIJOTE Nein! Ich will die Bäume betrachten. Schau, das Laub wird schon gelb. Ja, der Tag geht zur Neige, Sancho, das ist klar. Mich ängstigt, daß ich meinen Sonnenuntergang leer begrüße und diese Leere mit nichts ausfüllen kann.

SANCHO Was für eine Leere, Señor? Ich verstehe nichts von Euren traurigen und krausen Gedanken, obwohl ich meinen Verstand in der Zeit, als ich Statthalter war, sehr geschärft habe. Hat etwa dieser verfluchte Ritter des Weißen Mondes – daß man ihn im ersten Kampf spalten möge wie einen überreifen Kürbis – mit seinem Schwert nicht nur Euren sündigen Leib beschädigt, sondern auch Eure unsterbliche Seele?

DON QUIJOTE Ach, Sancho, Sancho! Die Schäden, die sein Stahl mir zugefügt hat, sind unbedeutend. Auch hat er meine Seele mit seinen Schlägen nicht berührt. Ich fürchte eher, er hat sie kuriert, sie aber dabei mit fortgenommen und mir keine andere eingesetzt. Er hat mir das kostbarste Gut des Menschen geraubt – die Freiheit! Es gibt viel Böses auf der Welt. Aber schlimmer als die Unfreiheit ist nichts, Sancho! Er hat mich in Ketten geschmiedet, Sancho! Sieh, die Sonne ist schon zur Hälfte durchgeschnitten, die Erde steigt immer höher und verschlingt sie. Die Erde kommt über ihren Gefangenen! Sie wird mich verschlingen, Sancho!

SANCHO Ach, gnädiger Herr, je mehr Ihr redet, desto weniger verstehe ich. Ich sehe nur eines, daß Ihr schwermütig seid, und ich weiß nicht, wie ich Euch helfen soll! Wie kann ich Euch aufheitern? Wo ist der frühere Ritter geblieben? Na schön, Ihr seid von jenem besiegt worden und werdet nicht mehr reisen und nicht mehr das Schwert ziehen. Aber erinnert Euch, gnädiger Herr, Ihr wolltet doch im schlimmsten Falle Hirt werden! Und ich gehe gern mit Euch, gnädiger Herr, wenn Ihr mir noch zwei junge Esel schenkt, denn ich hänge sehr an Euch. So sagt doch etwas, gnädiger Herr! Ach, das Schicksal selbst kommt mir zu Hilfe! Jetzt sehe ich Eure Augen leuchten! Erhebt Euch, gnädiger Herr, dort kommt Euer Traum, dort kommt Dulcinea von Toboso!

Durch die Pforte, die ins Dorf führt, tritt Aldonsa Lorenzo mit einem Korb. Sie erschrickt, als sie Don Quijote erblickt.

ALDONSA Ach Gott, so ein Pech! Da läuft er mir schon wieder über den Weg, der verrückte Hidalgo!

SANCHO Schöne Prinzessin und majestätische Königin! Vor Euch steht der bezwungene Ritter Don Quijote von La Mancha.

ALDONSA Bist du auch schon übergeschnappt, dicker Sancho Pansa? Oder willst du dich über mich lustig machen? Wenn es so ist, spare dir deine Scherze für jemand anders auf und laß mich meiner Wege gehen! Und wage nicht, mich Dulcinea zu nennen! Ich habe immer Aldonsa geheißen, und so wird es bleiben. Ohnehin lachen schon alle über mich, und daran ist dein Herr schuld, der unglückliche Don Alonso! Gib diesen Korb der Haushälterin, und laß mich gehen!

SANCHO Hört nicht auf sie, Señor, sie ist ganz und gar verzaubert!

DON QUIJOTE Aldonsa!

ALDONSA Was wünscht Ihr, gnädiger Herr?

DON QUIJOTE Habt Ihr Angst vor mir?

ALDONSA Ja, ich habe Angst. Ihr sprecht so seltsam, gnädiger Herr, und erkennt keinen …

DON QUIJOTE Ich werde Euch sagen, wer Ihr seid. Ihr seid Aldonsa Lorenzo, eine Bäuerin aus dem Nachbardorf. Ihr wart niemals Dulcinea von Toboso. So habe ich Euch in meiner Geistesverwirrung genannt, dafür bitte ich

Euch um Vergebung. Na, habt Ihr jetzt noch Angst vor mir?

ALDONSA Nein, jetzt nicht mehr. Habt Ihr mich wirklich erkannt?

DON QUIJOTE Ja, Aldonsa. Geht ruhig Eures Weges, wir werden Euch nicht kränken. Sancho, halte sie nicht.
Aldonsa läuft davon.

SANCHO Na, gnädiger Herr, jetzt merke ich, der Ritter des Weißen Mondes hat wirklich in Eurem Kopf alles durcheinandergewirbelt! Ich lasse mich hängen, wenn es mir nicht so vorkommt, als ob ich dauernd diesen Ritter sehe. Als wir uns dem Dorf näherten, war mir, als versteckte er sich hinter uns in den Feldern.

DON QUIJOTE Du täuschst dich nicht, Sancho, er war es wirklich. Er ist uns nachgeritten, obwohl er nie ein Ritter war. Ja, er ist kein Ritter, und dennoch ist er der beste Ritter von allen, die wir auf unseren Fahrten getroffen hatten. Aber er ist grausam.

SANCHO Ich schwöre bei meinen Kindern, dieses Rätsel würde auch der schlaueste Statthalter nicht lösen!

DON QUIJOTE Gehen wir ins Haus.
Sie gehen ins Haus, Sancho trägt die Rüstung. Im Zimmer stellt er sie in eine Ecke, dann zieht er den Bettvorhang zurück.

SANCHO Oh, Ihr seid wirklich krank, gnädiger Herr! Legt Euch sofort hin, ich laufe rasch zum Señor Lizentiat und zum Barbier, die werden Euch helfen. Bin gleich zurück, gnädiger Herr! *Läuft auf den Hof, geht und führt den Esel mit fort.*
Nach einiger Zeit betritt Antonia den Hof.
Auf dem Hügel hinterm Zaun erscheint Simson in seiner Rüstung. Er geht langsam, sein Arm ist verbunden wie der Don Quijotes.

ANTONIA O Gott! Wer ist denn das? Mein Oheim? Nein, er ist es nicht! Habe ich etwa auch schon vor Kummer den Verstand verloren? Sehe ich wirklich einen Ritter vor der untergehenden Sonne, oder spielt mir die Sonne einen Streich? Auf seiner Brust leuchtet der Mond, und auf seinem Helm flattern Federn! Oder sind wir alle verrückt, und nur mein Oheim hat seine fünf Sinne beisammen? Am Ende hatte er recht, als er behauptete, es gebe fahrende Ritter? Wer seid Ihr?

SIMSON *tritt ein* Antonia, ich bin's. *Nimmt den Helm ab.*

ANTONIA Simson!

SIMSON Vorsicht, Antonia, der Arm tut mir weh.

ANTONIA Seid Ihr verletzt, Simson? Was habt Ihr?

SIMSON Nichts. *Befreit sich von der Rüstung.* In die Hölle mit dem Schild und dem Mond und dem Schwert!

ANTONIA Simson, Ihr sagtet doch, Ihr würdet nur zurückkehren, wenn … Wo ist mein Oheim? Ist er tot?

SIMSON *zeigt auf das Haus* Er ist zu Hause. Ich habe mein Wort gehalten, Antonia, Alonso Quijano wird seinen heimatlichen Herd nie wieder verlassen.

ANTONIA Zu Hause ist er? Wenn das stimmt, seid Ihr ein wirklicher Zauberer, Simson! Dann hat man Euch mit Recht zum Bakkalaureus gemacht. Wie sollte man den klügsten Mann der Welt nicht zum Bakkalaureus machen? Ach, was rede ich da! Meine Gedanken verwirren sich. Aber das ist vor Freude, Simson! Wie habt Ihr das angestellt? Simson! Simson! *Küßt ihn.*

SIMSON Warum küßt Ihr einen Feigling und Betrüger?

ANTONIA Sprecht nicht so, Simson! Warum seid Ihr so böse, womit habe ich das verdient? Ich habe das damals doch nur vor Kummer gesagt. Nein, Simson, Ihr seid unser bester Freund, Ihr seid der beste und edelste Mensch! *Küßt ihn und läuft ins Haus.*
Die Sonne ist untergegangen, es wird dunkel.
Oheim, wo seid Ihr?

DON QUIJOTE *hinterm Bettvorhang* Wer ist da?

ANTONIA Ich bin's, Señor Alonso, ich, Antonia! *Zieht den Bettvorhang zurück.*

DON QUIJOTE Mir ist heiß, Antonia.

ANTONIA Bleibt liegen! Wollt Ihr wohl liegenbleiben!

DON QUIJOTE Nein, mir ist heiß, ich bin unruhig, ich setze mich lieber hin. Rufe jemanden her, Antonia!

288

ANTONIA Oheim, der Bakkalaureus Simson ist hier, soll ich ihn holen?

DON QUIJOTE Ach, hat er sich gezeigt? Das habe ich erwartet. Rufe ihn her, aber schnell.

ANTONIA Simson! Simson!

SIMSON Hier bin ich, Señor Don Quijote.

DON QUIJOTE Warum nennt Ihr mich so? Ihr wißt doch genau, daß ich nicht Don Quijote von La Mancha bin, sondern Alonso Quijano, genannt der Gutmütige, so wie Ihr der Bakkalaureus Simson Carrasco seid und nicht der Ritter des Weißen Mondes.

SIMSON Ihr wißt alles?

DON QUIJOTE Ja, ich weiß es. Ich habe Eure Augen im Visier erkannt und Eure Stimme, die so erbarmungslos Gehorsam forderte, damals, bei dem Zweikampf. Mein Verstand ist frei von den düsteren Schatten. Die Befreiung geschah, als Ihr im blutroten Fackelschein über mir standet, im Kastell. Kurzum, jetzt sehe ich Euch, ich sehe alles.

SIMSON Verzeiht mir, daß ich Euch angegriffen habe, Señor Quijano.

DON QUIJOTE Nein, nein, ich bin Euch dankbar. Eure Schläge haben mich aus der Gefangenschaft des Wahnsinns befreit. Ich bedaure nur, daß meine Dankbarkeit nicht von langer Dauer sein kann. Antonia, ist die Sonne schon untergegangen? Er naht!

ANTONIA Oheim, beruhigt Euch! Hier ist niemand!

DON QUIJOTE Nein, versuche nicht, mich zu trösten, Antonia, meine Tochter, ich fürchte mich nicht! Ich habe sein Kommen geahnt und seit dem Morgen auf ihn gewartet. Nun ist er zu mir gekommen. Ich freue mich. Als Simson den Reigen der verhaßten Gestalten verscheuchte, die mich in der Finsternis meines Geistes quälten, hatte ich Angst, in Leere zu bleiben. Aber nun ist er gekommen, füllt meinen leeren Harnisch aus, umfängt mich in der Dämmerung ...

SIMSON Gebt ihm Wein, Antonia, Wein!

DON QUIJOTE Antonia, heirate den Mann, der sich nicht für Ritterbücher begeistert, der aber die Seele eines Ritters hat. Simson, Eure Dame ist wirklich schöner als Dulcinea. Sie lebt ... Ruft die Haushälterin ... Nein, Sancho, Sancho soll kommen! *Fällt hintenüber.*
Sancho kommt über den Hof gelaufen, tritt ins Haus.

SANCHO Señor Bakkalaureus! Helft ihm!

SIMSON Antonia, gebt ihm Wein! Sancho, Licht!
Antonia eilt hinaus.

SANCHO Señor Quijano, sterbt nicht! Señor Quijote, hört Ihr meine Stimme? Seht mich an! Ich bin's, Sancho! Wir werden Hirten, ich gehe gern mit Euch! Warum antwortet Ihr nicht?

ANTONIA *kommt mit einem Leuchter hereingelaufen* Was sollen wir tun, Simson? Was sollen wir tun?

SANCHO Er antwortet mir nicht!

SIMSON Ich kann nichts mehr tun. Er ist tot.

Vorhang

Ende

Moskau, 18. Dezember 1938

Die Bulgakow-Ausgabe umfaßt folgende Bände:

Band 1
Die weiße Garde
Roman

Band 2
Das Leben des Herrn de Molière
Aufzeichnungen eines Toten
Romane

Band 3
Der Meister und Margarita
Roman

Band 4
Der schwarze Magier
Urfassungen von »Der Meister und Margarita«

Band 5
Die rote Krone
Autobiographische Erzählungen und Tagebücher

Band 6
Teufeliaden
Erzählungen

Band 7
1. Halbband: **Ich habe getötet**
Erzählungen und Feuilletons
2. Halbband: **Der sprechende Hund**
Feuilletons

Band 8
Die Tage der Turbins
Die Flucht
Stücke

Band 9
Sojas Wohnung
Die Purpurinsel
Stücke

Band 10
Adam und Eva
Glückseligkeit
Iwan Wassiljewitsch
Stücke

Band 11
Kabale der Scheinheiligen
Die letzten Tage
Batum
Stücke

Band 12
1. Halbband: **Don Quijote**
Stücke
2. Halbband: **Peter der Große**
Filmszenarien und Libretti

Band 13
Briefe (in zwei Halbbänden)

.